COLLECTION

DE PIÈCES

RELATIVES

A L'HISTOIRE DE FRANCE.

II. 8ᶜ LIV.

IMPRIMERIE DE G.-A. DENTU,
rue des Beaux-Arts, nᵒˢ 3 et 5.

COLLECTION

DES

MEILLEURS DISSERTATIONS,

NOTICES

ET TRAITÉS PARTICULIERS

RELATIFS

A L'HISTOIRE DE FRANCE,

COMPOSÉE, EN GRANDE PARTIE,

DE PIÈCES RARES,

OU QUI N'ONT JAMAIS ÉTÉ PUBLIÉES SÉPARÉMENT;

POUR SERVIR A COMPLÉTER
TOUTES LES COLLECTIONS DE MÉMOIRES SUR CETTE MATIÈRE.

Par C. Leber.

TOME QUINZIÈME.

PARIS.

CHEZ G.-A. DENTU, IMPRIMEUR-LIBRAIRE,
rue des Beaux-Arts, nos 3 et 5;
ET PALAIS-ROYAL, GALERIE VITRÉE, Nº 13.

M D CCC XXXVIII.

COLLECTION

MEILLEURS NOTICES ET TRAITÉS PARTICULIERS

RELATIFS

A L'HISTOIRE DE FRANCE.

SIXIÈME PARTIE.
SCIENCES, LETTRES, ARTS.

CHAPITRE PREMIER.
HISTOIRE LITTÉRAIRE.

§ II (Suite).

DISSERTATION

SUR L'ÉTAT DES SCIENCES, DE 1031 A 1314 (suite).

PAR LEBEUF.

DEUXIÈME PARTIE.

ÉTAT DES SCIENCES DIVINES.

De la théologie.

SANS m'arrêter à la pensée du docteur Alain, qui a placé la théologie dans une espèce de firmament au-dessus de toutes les sciences, et qui la fait parvenir

II. 8ᵉ LIV.   1

en ce lieu par le moyen du charriot dont les roues sont les sept arts libéraux, j'envisagerai ici cette science comme j'ai fait les autres, et avec les variétés dont elle a été susceptible, ou les nuages dont elle a été obscurcie.

Les écoles de Fulbert enfantèrent des disciples qui virent naître parmi eux de nouvelles manières d'enseigner la théologie. Le plus grand nombre, à la vérité, s'attacha à l'ancienne méthode de lire les Pères et de prendre leur doctrine pour principe de leurs raisonnemens. Bérenger, qui crut que les anciens s'étaient trompés dans ce qu'ils avaient écrit sur l'eucharistie, excita contre lui tous les théologiens : et comme ses fauteurs commencèrent à mettre en usage les subtilités des anciens philosophes, ses adversaires crurent aussi devoir lire ces sortes d'ouvrages. De là se forma peu à peu la théologie scolastique, dont la méthode, bonne en soi, ne tarda pas à dégénérer; en sorte qu'il arriva dans la théologie la même chose qu'en philosophie : comme il y eut une logique de platoniciens, une de péripatéticiens, et une troisième de faux dialecticiens et grands parleurs, il y eut des gens qui s'en tinrent, comme leurs prédécesseurs, à l'Ecriture et aux Pères; d'autres qui y mêlèrent un peu des principes d'Aristote; et d'autres enfin qui ne retentirent que du langage de ce philosophe, connaissant à peine les sources de la théologie chrétienne, et mêlant dans la théologie beaucoup de questions purement philosophiques. On n'en vint point à cette extrémité qu'après avoir passé dans le milieu. On se

tenait encore dans une juste médiocrité pendant l'onzième siècle ; mais au douzième les barrières furent
franchies ; et dans le treizième, où vivaient les neveux
de ceux qui avaient commencé à altérer la théologie,
l'on ne retrouva presque plus que la lie qui resta de
ces anciennes disputes. De sorte que ce n'était plus
seulement la citation d'Aristote qui frappait, mais
c'était la manière qui était devenue singulière. Et plus
on voulut devenir méthodique dans l'arrangement du
discours, plus aussi on parla sèchement et dans un style
trivial. Tel est le tableau général que j'ai cru pouvoir
faire des traités théologiques de nos trois siècles.

La question de l'eucharistie occupa tout le reste
de l'onzième siècle. Quelques ouvrages de saint Anselme occasionnèrent aussi d'autres disputes. Son mo-
nologue et son prologue furent attaqués par Gaunilon,
moine de Marmoutier, par les mêmes argumens avec
lesquels l'on a depuis attaqué Descartes. Les erreurs
de Roscelin, d'Abailard (1), de Gilbert, de la Porrée, de Pierre Lombard et Pierre de Poitiers furent
une raison qui obligea dans le siècle suivant à consulter de plus près les anciens : mais ceux qui consul-
tèrent ces auteurs éloignés qu'Abailard canonisait,
loin d'y trouver de quoi rendre les mystères du christianisme plus respectables, en vinrent jusqu'à les
faire mépriser. On vit alors mettre en question si Jésus-Christ, comme homme, était quelque chose. Ceux

---

(1) Il regardait comme saints Platon et Socrate. *Annal.
Bened.*, t. 6, p. 680.

qui le niaient furent appelés *nihilianistes*. Gautier, prieur de Saint-Victor, crut devoir rendre odieux les quatre derniers théologiens ci-dessus nommés, en les qualifiant de *labyrinthes* dans ses écrits; et il fit voir qu'il respectait moins qu'eux les sources de la scolastique de l'Eglise orientale, lorsqu'il avoua naïvement qu'il ne connaissait point de Jean Damascene, ou qu'il crut pouvoir en parler avec mépris (1). Jean de Sarisbery ne pouvait souffrir qu'on mît en question si Dieu existe, s'il est bon, s'il est puissant, sage, etc. Il traitait ces questions d'irréligieuses, et il aurait voulu qu'on eût puni ceux qui les proposaient. C'est une preuve qu'elles étaient fort nouvelles au milieu du douzième siècle. Si la théologie d'Abailard fut justement qualifiée de *frivologia* par Hugues Metellus, certaines questions dont on farcit les Sommes, au treizième siècle, ne méritaient pas une plus honorable dénomination. Les plaintes des gens pieux et éclairés étaient déjà anciennes. Etienne de Tournay avait écrit au pape, dès l'an 119 (2), touchant ces nouveautés. Il avait dit que les maîtres, cherchant plutôt la gloire que la vérité, avaient rédigé de petits sommaires de théologie, comme si les opuscules des saints n'eussent pas suffi; et qu'en conséquence de ces cahiers on disputait publiquement sur l'incompréhensible divinité et sur la sainte trinité, en sorte qu'il y avait autant d'erreurs que de docteurs, autant de scandales que de classes.

---

(1) *Nescio quis Joannes Damascenus.* (Hist. univ. P., t. 2)
(2) Il manque ici un chiffre. *Lisez* : fin du douzième siècle.

Ce mal était déjà parvenu à un certain point en 1192, lorsque Foulques, curé de Neuilly-sur-Marne, en fit de sévères réprimandes aux théologiens de Paris : et les choses étaient dans le même état en 1228, quand Grégoire IX leur marqua d'enseigner la théologie dans sa pureté, sans aucun mélange de science profane et sans corrompre la parole de Dieu par des fictions philosophiques. Roger Bacon, dans un ouvrage dédié à Clément IV, les traite de fatrassiers; et il trouvait fort ridicule qu'à Paris, du temps de saint Louis, les professeurs de l'Écriture sainte fussent bien moins partagés qu'eux, pour ce qui était des commodités temporelles.

Les personnes éclairées avaient présumé, avec assez de fondement, que la Somme de Pierre Lombard aurait dû arrêter le cours des subtilités que l'on puisait dans les philosophes, et que le poids aussi bien que le nombre des autorités qu'il avait réunies sous un point de vue, l'emporterait sur ces raisonnemens captieux. Mais la méthode de ce théologien déplut bientôt. Ceux qui aimèrent à raisonner, et qui formèrent toujours le grand nombre, reprirent le style de dialecticiens, et revinrent au langage sophistique. Quelques-uns ont cru que Pierre Lombard n'avait fait que transcrire dans son recueil la compilation d'un nommé *Baudin* ou *Banduin*, et ils n'ont peut-être pas tout à fait tort de soupçonner ce théologien de s'être un peu aidé des lectures d'autrui.

Au reste, je ne prétends pas qu'autre que Pierre Lombard ne lût les Pères de l'Église. Il fallait bien

qu'on les lût, puisqu'on en fit plusieurs abrégés. Lietbert ou Lambert, abbé de Saint-Ruf de Valence, et
auparavant chanoine régulier de l'Isle (1), fit un
excellent extrait des *Commentaires* de saint Augustin et de Cassiodore sur les Psaumes. Arnoul, abbé
de Bonneval, au diocèse de Chartres, en rédigea un
du *Commentaire* de saint Jérôme sur Isaïe. Trois
écrivains presque contemporains mirent en abrégé
les œuvres morales de saint Grégoire, pape : savoir,
Guillaume de Champeaux, Alulfe, moine de Saint-
Martin de Tournay, dont l'ouvrage fut pour cette
raison appelé du nom de *Gregorial*, et Garnier, sous-
prieur de Saint-Victor de Paris, dont la collection fut
intitulée *Opus gregorianum*.

Il y eut aussi des collections de sentences qui pré-
vinrent celles de Pierre Lombard, et qui font douter
que le travail qui porte son nom soit entièrement de
lui. Quelques moines de Saint-Tron avaient déjà eu
l'idée d'un recueil assez semblable avant l'an 1100.
Le moine Rodulfe transcrivait alors cette collection :
elle différait seulement de celle de Pierre Lombard,
en ce qu'elle contenait beaucoup de canons : en quoi
elle ressemblait davantage à celle que Gratien publia
depuis. Guillaume de Champeaux fit un ouvrage intitulé *Sentences ;* mais c'est un abrégé de Théologie.

_____

(1) Ce n'est pas de Lille en Flandre, comme les Flamands l'ont cru, mais de l'île de Médoc, abbaye au diocèse
de Bourdeaux. (*Voyez* le supplément ci-joint sur les écrivains du douzième siècle.)

Hugues de Saint-Victor travailla à une plus ample théologie, aussi intitulée du nom de *Sentences*. On dit la même chose de Guillaume de Saint-Thierry et de Pierre de Poitiers, chancelier de Paris. J'en ai trouvé d'écrites au douzième siècle, dont l'auteur se nomme *Othon* ou *Odon*. Mais il est toujours vrai de dire que celle de Pierre Lombard fut la plus ample et la plus méthodique, en ce qu'elle imita celle des canons ramassée par Yves de Chartres.

Les Pères de l'Eglise ne furent donc pas moins estimés par les gens doctes et pieux au douzième siècle, que dans le siècle précédent. Pierre de Celles dépeignait ainsi un moine appliqué à les étudier : *Sedes ad mensam divitis Augustini....... benigni Gregorii, pecuniosi Hieronymi, gloriosi Ambrosii, Bedæ omnium monetarum nummosi, profundissimi tanquam maris magni Hilarii, suavissimi eloquii Origenis. Si nova placent, ecce magistri Hugonis, ecce magistri Gileberti, et magistri Petri scripta.* Ce passage fait voir le jugement que l'on portait alors des Pères de l'Eglise, et quels étaient les théologiens du douzième siècle que l'on regardait comme les plus orthodoxes et les plus féconds. Saint Augustin est nommé le premier. Sa lecture avait converti, à la fin du onzième siècle, le célèbre Odon d'Orléans, depuis évêque de Cambray. Lambert d'Ardres écrit que Baudoin, comte de Ghisnes au douzième siècle, l'avait pris pour son théologien. Deux écrivains de la vie de saint Louis marquent les œuvres de ce saint docteur comme les premières que ce saint roi lisait après les livres sacrés. L'érudition universelle d'Hugues de Saint-Victor est très-connue. Thomas de Cantinpré le qualifia de second Augustin. Celle de saint Bernard l'est encore davantage. Dès le treizième siècle, Guillaume, moine de Citeaux, avait fait un volume d'extraits de ce Père qu'il avait intitulé *Bernardinus*. Gilbert, diacre de l'église d'Auxerre, depuis évêque de Londres, fut surnommé l'*Universel*, à cause de l'étendue de ses connaissances, et l'*Histoire sacrée* de Pierre, doyen de Troyes, quoiqu'aujourd'hui peu estimée, fut aussi appelée communément l'*Histoire scolastique*, par la grande réputation qu'elle avait.

La Somme des Sentences de Pierre Lombard étant la plus remplie d'autorités des Pères, l'emporta, comme je l'ai dit, sur tous les autres extraits. On la lisait communément et on l'expliquait dans les classes de théologie. Comme les livres coûtaient beaucoup à écrire, et que la gravure n'était pas usitée comme à présent, il y avait sur les murs des classes de grandes peaux étendues, sur les unes desquelles étaient réprésentées, en forme d'arbre, les histoires et généalogies de l'Ancien Testament, et sur d'autres, le catalogue des vertus et des vices. On peut voir un modèle de ces arbres dans les œuvres de Hugues de Saint-Victor. Pierre le Poitevin, chancelier de Notre-Dame de Paris, est loué dans un Nécrologe pour avoir inventé ces espèces d'estampes à l'usage des pauvres étudians, et en avoir fourni les classes. Abailard avait eu une idée fort singulière pour représenter la Sainte Trinité à ses écoliers et à ses religieuses. Il avait fait tailler un bloc de pierre, de manière qu'il représentât trois corps adossés avec un visage entièrement semblable. Le premier disait : *Filius meus es tu;* le second répondait : *Pater meus es tu;* le troisième ajoutait : *Ego utriusque spiraculum* (1).

L'établissement d'une chaire théologale qui avait été ordonné dans un concile de Latran, sous Alexandre III, fut confirmé en un autre, tenu au même lieu en 1215, et renouvelé par le pape Honorius III. Mais la ville qui en eut le moins de besoin fut celle de Paris. Pierre Lombard avait, à ce que l'on croit, établi dès le milieu du douzième siècle, dans les études de théologie de Paris, plusieurs sortes de degrés, à l'imitation de ceux de Boulogne nouvellement créés : de sorte qu'il y avait un grand nombre de professeurs en théologie. Au lieu de continuer le nombre de ces professeurs, Innocent III les réduisit à huit, à cause des soupçons que l'on eut contre quelques-uns, au sujet de l'hérésie des Albigeois.

L'histoire de ce siècle rapporte les changemens qui survinrent par rapport à la théologie, après l'établissement des religieux mendians. Ce qui en résulta de plus utile aux théologiens, furent les conférences qu'on assure qu'Albert-le-Grand établit en faveur des étudians. Pendant ce temps-là, la scolastique prenait

_____

(1) Il en était resté quelque chose dans les anciens missels manuscrits, à la fête de la Trinité, et les fondateurs des Célestins de Marcoucies ont fait mettre au portail de l'église une semblable figure.

racine de plus en plus, et la théologie voyait enfanter, sinon des nouveautés, au moins des termes nouveaux. On sait que c'est Guillaume d'Auxerre, professeur à Paris, qui s'est servi le premier des termes de *materia* et de *forma*, dans le sens qu'ils sont employés au traité des sacremens. On ferait un volume, si on entreprenait de recueillir tout le jargon de distinctions qui fut alors mis en usage. Aussi saint Louis ne lisait-il pas volontiers les traités de ces professeurs : *Non libenter legebat in scripturis magistralibus, sed in Sanctorum libris autenticis et probatis.* Ce furent ceux-ci principalement qu'il eut soin de faire copier, et non pas les autres. Mais une chose des plus salutaires que ce saint roi ordonna pour le progrès de la théologie chrétienne, fut la recherche des livres du Thalmud, que les théologiens de Paris avaient condamnés. Il commanda que de tout le royaume on les apportât à Paris pour les brûler. L'année de sa mort, il y eut une assemblée chez l'évêque de Paris, où il fut dit entre autres choses, que le recteur de l'Université et les procureurs de la Faculté des arts seraient avertis d'empêcher que dans les cours de philosophie on ne traitât d'aucune matière théologique, parce qu'on avait été informé combien tout s'y traitait problématiquement; et l'année suivante la Faculté des arts se conforma aux intentions du prélat (1).

_____

(1) C'est à cette époque que l'on rapporte l'établissement de la société de Sorbonne, dont l'abbé Lebeuf ne parle point, on ne sait trop pourquoi. Il y a d'autant plus lieu de s'en

Il ne sortait plus alors de la plupart des théologiens que des Sommes qu'ils appelaient *Quodlibetiques,*

étonner, que la Sorbonne est en son genre la première institution dont la France puisse se glorifier, et l'une de celles qui contribuèrent le plus à dissiper les ténèbres du moyen âge, en donnant aux études classiques une direction régulière et solide. Cet établissement prit son nom de Robert *Sorbon,* ou de *Sorbonne,* son fondateur, qui tire lui-même le sien d'un village du Rhételais en Champagne, appelé *Sorbon,* où il naquit de parens fort pauvres et obscurs dont on ignore le véritable nom. Robert unissait à de grandes vertus, une connaissance approfondie de la théologie de son temps, et un zèle vraiment apostolique pour la propagation de cette science. Saint Louis, qui n'y était point étranger, et qui se faisait un pieux devoir de s'y instruire, avait donné toute sa confiance à celui qui lui paraissait le plus capable de lui en expliquer les vérités et les mystères. Il choisit Robert pour confesseur; et suivant le langage de Pasquier, *il en fit l'un des principaux outils de sa conscience.* Robert était dans la plus étroite intimité de ce prince; il en suivait la cour; il disposait de ses volontés en matière de religion et de bienfaisance; il était même admis à sa table. Il eut à ce sujet, avec le sire de Joinville, une dispute que ce dernier rapporte dans ses Mémoires, et qui, malgré l'humeur du courtisan, prouve que Robert, né dans l'obscurité, ne devait son élévation qu'à son mérite personnel.

« Il me prit, dit l'historien, par mon mantel, et me mena « au roy, et tuit li autre chevalier vindrent après nous. *Lors* « *demandai je à mestre Robert: mestre Robert, que me voulez-* « *vous?* Et me dist: je vous veil demander se le roy se sèoit « en cest prael, et vous vous aliez seoir sur son banc plus « haut que li, se en vous en devroit bien blasmer. Et je li

parce qu'on y traitait de toutes les matières théologiques dans lesquelles on pouvait agiter le pour et le contre.

« diz que oil. Et il me dit : dont faites vous bien à blasmer,
« quant vous estes plus noblement vestu que li roy ; car
« vous vous vestez de vair et de vert, ce que li roy ne fait
« pas. Et je li diz : mestre Robert, salve vostre grace, je ne
« foiz mie à blasmer se je me vest de vert et de vair, car
« cest abit me lessa mon pere et ma mere; mès vous faitez à
« blasmer, car vous estes filz de vilain et de vilaine, et avez
« lessiè l'abit vostre pere et vostre mere, et estes vestu de
« plus riche camelin que li roy n'est. Et lors je pris *le pan*
« *de son seurcot et du seurcot le roi,* et li diz : or esgardez se
« je diz voir. Et lors li roy entreprist à deffendre mestre
« Robert de paroles, de tout son pooir. » (P. 8 de l'édit. de
l'imp. royale.)

Après avoir reçu le diplôme de docteur, Robert conçut et exécuta l'heureux projet de former une société d'ecclésiastiques qui, réunis sous le même toit et soumis à la vie commune, pussent se consacrer à l'enseignement de la théologie, et propager les connaissances alors réputées les plus utiles pour des chrétiens. Ce fut en 1253, qu'aidé des conseils et de la bourse de ses amis, à la tête desquels le saint roi s'était placé, Robert fonda le célèbre collége qui retint son nom, et qui servit de modèle à tous les autres. Comme le roi avait contribué à cet établissement, et qu'il en avait même posé la première pierre, Robert refusa le titre de *fondateur,* et se contenta de celui de *proviseur,* qui demeura depuis aux chefs des maisons destinées à l'enseignement de la jeunesse. Par ses statuts, il n'admit comme membres de son collége que des hôtes et des associés, *socii et hospites*, mais sans distinction de nations et de pays.

Pour être hôte, *hospes,* il fallait avoir le grade de bache-

Pierre de Tarentaise, dominicain, depuis archevêque
de Lyon et enfin pape, en fit une. Ranulfe d'Hum-

---

lier, soutenir une thèse appelée du nom de l'instituteur, *Ro-*
bertine, et être reçu à la pluralité des suffrages dans trois
scrutins différens. Ces *hospites* ont toujours subsisté jusqu'à
la dissolution de la Sorbonne. Quant aux associés, *socii*, ils
ne pouvaient être reçus en cette qualité qu'après avoir pro-
fessé publiquement un cours de philosophie, et il fallait,
outre la thèse *robertine* et l'épreuve des trois scrutins des
hospites, que leur admission fût encore confirmée par deux
autres scrutins. Les *socii* étaient les véritables membres de
la société. Robert voulut que toute la maison et les affaires
qui l'intéressaient fussent administrées et réglées par eux
seuls, et qu'il n'y eût entre eux ni supérieurs ni principal.
C'est pourquoi il défendit aux docteurs de qualifier les bacheliers de *disciples*, et aux bacheliers de donner aux docteurs
le titre de *maîtres*. De là vient que les anciens sorbonistes
disaient : « Nous ne sommes pas entre nous comme des
« maîtres et des subordonnés, mais comme des associés et
« des égaux ; *sed omnes sumus sicut socii et æquales.* » La création d'une succursale pour l'enseignement des humanités et
de la philosophie suivit de près l'institution des cours de
théologie, sous le nom de la *Petite Sorbonne*, et les fonds ne
manquèrent point pour subvenir à toutes ces dépenses.
Cet établissement renferma donc en lui, dès son principe,
tous les élémens de prospérité et d'illustration qui se déve-
loppèrent depuis dans l'espace de six siècles. Il s'enrichit
à la fois des écrits et des biens de son fondateur, dont il
fut légataire : les biens étaient, dit-on, considérables. A l'é-
gard des écrits, la Sorbonne conservait dans sa bibliothèque
un bon nombre d'ouvrages manuscrits attribués à Robert,
parmi lesquels on distinguait divers *Traités de la conscience,*

blonières, évêque de Paris, en composa une autre vers l'an 1260. Pierre d'Auvergne, chanoine de Notre-Dame de Paris, en écrivit une troisième vers l'an 1270. Ce fut dans ce même temps que saint Thomas d'Aquin composait sa grande Somme. On en eut aussi de Godefroy de Fontaines, chancelier de la même église de Paris, vers l'an 1280 ; et de Jacques de Thermes, abbé de Chaalis, sous le règne de Philippe-le-Bel. Il fallait que ces sortes de Sommes théologiques méritassent alors quelque estime, puisqu'il y en a un certain nombre nommées parmi les livres du recteur de ces temps-là. Ce ne peut être que de ces sortes d'opuscules, qui étaient à bon marché, dont le synode de Bayeux de l'an 1300 recommanda la lecture aux curés, lorsqu'il les exhorta à étudier la théologie. Il est vrai qu'alors il s'était déjà fait des copies de la Somme de saint Thomas, mais elles étaient encore

---

de la confession et du mariage, le livre des voies du Paradis, beaucoup de sermons et les statuts de la société.

Les historiens ont fait remarquer comme une preuve de l'antique opulence de la Sorbonne, qu'elle avait en propriété quinze couverts d'argent. Cependant, on a jadis donné à ce collége et à ceux qui l'habitaient, l'épithète de pauvres. On disait les pauvres de Sorbonne. L'Estoile en parle avec plus d'irrévérence, quand il définit la Sorbonne : « Trente ou « quarante pédans, maistres-ès-arts crottés, qui, après grâ- « ces, traitent des sceptres et des couronnes. » Mais il s'agit ici de la Sorbonne factieuse, de sujets ligués contre leur roi, et dont les fautes réelles peuvent bien faire excuser la boutade du chroniqueur.   (Edit. C. L.)

trop rares et trop chères pour être entre les mains de tous les prêtres. Cette théologie de saint Thomas est bien postérieure à son explication des quatre livres des sentences, et bien plus étendue. On y compta plus de trois mille articles, et au-delà de quinze mille argumens ou difficultés éclaircies. A mesure qu'on en rendit la lecture plus commune, on s'aperçut qu'il n'y avait point de corps de théologie plus parfait, tant pour le fond que pour la forme.

ÉTAT DE LA SCIENCE DE L'ÉCRITURE SAINTE ET DE CELLE DE LA LITURGIE.

La connaissance de l'Ecriture sainte a toujours fait la principale partie des études théologiques. Et comme le texte sacré est susceptible de plusieurs sens, si cette connaissance a été longue à acquérir, elle a aussi rendu très-habiles ceux qui l'ont acquise dans les différens temps. Guibert de Nogent, qui fit ses études dans l'onzième siècle, nous assure qu'étant moine de Flay, au diocèse de Beauvais, il alla au Bec, qu'il y apprit à expliquer l'Ecriture selon ses trois ou quatre sens; ce qui lui donna le talent de la prédication, en sorte qu'à son retour il fut en état de faire un sermon sur la Madeleine. Son abbé n'approuva pas qu'il poursuivît cette étude. Il fut obligé de se cacher pour rédiger son Commentaire sur l'ouvrage des six jours, et il ne l'acheva qu'après la mort de ce supérieur. Il y dit qu'il préfère le sens moral au tropologique et à l'allégorique, parce qu'il le croit apparemment plus utile. Lanfranc contribua au moins autant que saint Anselme au progrès de l'étude de l'Ecriture sainte. Sachant que les copistes avaient gâté les livres, il entreprit de les revoir, et la réputation qu'il s'attira par ses travaux s'étendit jusque bien avant dans l'Allemagne. Etienne, abbé de Citeaux, fit aussi corriger le texte de l'Ancien Testament de la Bible de son monastère : mais il appela à son secours, comme je l'ai déjà insinué ci-dessus, des Juifs versés dans l'hébreu et le chaldaïque. Il était en effet impossible de donner sans cela des commentaires exacts. Et comme, dans tous les temps dont je traite, il y a eu de ces commentateurs, il était nécessaire pour eux de s'assurer de l'exactitude du texte. On ne peut comprendre la hardiesse d'Abailard, qui, tout nouvellement sorti des études de la dialectique, entreprit d'expliquer Ezechiel. On peut conclure sans doute que ces sortes de commentaires ou paraphrases verbales étaient fort superficielles. On ne se contenta donc pas de trouver des explications toutes faites par les anciens ; chacun voulut en donner à sa façon. Ce fut un sujet de reproche, que Bérenger de Poitiers fit à saint Bernard, de ce qu'après Origène, après saint Ambroise, après Rhétice d'Autun (1) et après Bede, il avait osé travailler sur le Cantique des Cantiques, et *tourner en pleurs un livre de joie.* Radulfe de Flay ou de Saint-Germe fit vingt livres sur le Lévitique, malgré la stérilité du sujet. La glose interlinéaire passe pour être

---

(1) Je crois qu'il a voulu dire Remy d'Auxerre.

du siècle de ces auteurs, c'est-à-dire du douzième. Les uns l'attribuent à Anselme de Laon, d'autres à Gilbert, diacre d'Auxerre, sous le règne de Louis-le-Gros et de Louis-le-Jeune. Celle-là est fort courte, et n'a dû guère coûter à son auteur. Zacharie de Chrysople (par où il faut peut-être entendre Besançon) composa une concorde des quatre évangélistes. Un anonyme qui écrivait vers l'an 1170 ne conseillait à Hugues, son ami, au sujet de l'intelligence de l'Ecriture sainte, que de se munir d'un livre qu'il appelait en latin *Derivationum*, qu'on trouvait, dit-il, dans les grandes bibliothèques, et du livre appelé *Partionarius* ou *Glossaire*, duquel il dit que plus il est ancien, plus il renferme de mots inconnus.

L'étude de la lettre des livres sacrés, ou de leurs sens littéral, ne fut pas également estimée de ceux qui se piquaient d'érudition au douzième siècle. Il y en eut qui soutinrent que ce n'était pas une science. Est-ce, par exemple, une science, disaient-ils, de connaître qu'Abraham a eu deux fils; que le même patriarche a eu tant de bœufs, Sebeon tant d'ânes, Job tant de chameaux? Pauvre littérature, selon eux. Héloïse, femme éclairée pour ce temps-là, n'était pas dans de tels sentimens. Elle ne cessa de proposer à Abailard les difficultés littérales et autres qui l'arrêtaient dans l'Ecriture sainte; celui-ci fut quelquefois embarrassé à lui en donner la solution; et en certaines occasions il ne la paya que de paroles : comme quand elle lui demanda pourquoi il n'y eut que les quadrupèdes et les oiseaux qui furent amenés à Adam pour recevoir des noms, et non pas les reptiles; il ne put lui en donner qu'une raison mystique, qui n'est aucunement satisfaisante.

Quoique la plupart du temps nos savans de Paris du onzième et douzième siècle ne fussent pas en état de mieux résoudre les doutes sur l'Écriture sainte, on ne laissa pas de les appeler *Magistros in sacra pagina,* autrement, *Maîtres en Divinité;* et la ville de Paris passa toujours, comme le disait Philippe Harveng, pour une cariathsepher, c'est-à-dire cité des lettres sacrées; ou, comme s'exprime Pierre de Blois, pour une seconde Abela, dont on pouvait dire: *Qui interrogant interrogent in Abela,* passage que cet auteur détournait de son sens naturel (1).

Si l'on ne prit pas alors les vrais moyens d'entendre l'Écriture sainte, il paraît que, dans le treizième siècle, on tenta une nouvelle voie d'en développer le sens naturel mieux qu'on n'avait fait jusque-là : ce fut de rapprocher les textes semblables. Hugues de Saint-

---

(1) Saint Bernard fut celui de tous les savans de nos trois siècles qui posséda le mieux le langage de l'Écriture sainte; il en employa les tours et même les mots pour exprimer tout ce qui se présenta, mais non pas dans des usages si bas que l'a fait une fois Étienne de Tournay, qui, dans une de ses lettres, parlant d'un beau cheval qu'on lui avait envoyé, emploie au masculin ce qui est dit au féminin dans le cantique des cantiques, et dit : *Totus pulcher est et macula non est in eo.* Il fut aussi très-éloigné de faire comme Pierre de Celles, qui prit pour texte d'un de ses sermons sur l'Ascension, ce cri des enfans contre Élisée : *Ascende calve!*

Cherfs ou de Vienne, cardinal de l'ordre de Saint-Dominique, ayant revu et corrigé la Bible en entier, et mis en marge les variantes des manuscrits hébreux, grecs et anciens latins écrits sous Charlemagne (1), fit travailler à la concordance de tous les textes, par des religieux du couvent de Saint-Jacques de Paris; d'où vint qu'on les appela d'abord *Concordantiæ Sancti-Jacobi.* Cet ouvrage fut si fort applaudi, que les Grecs et les Juifs entreprirent d'en faire un semblable. On n'est pas d'accord parmi les savans sur celui qui fit le partage de la Bible en chapitres, sans quoi il était impossible d'exécuter cette concordance. Genebrard croit qu'il fut fait en ce temps-ci. Baleus le dit d'Etienne de Langton, archevêque de Cantorbéry, qui demeura long-temps en France (2). Quoi qu'il en soit, dès l'an 1236 on commençait parmi les dominicains à trouver dans l'Ecriture sainte de nouveaux sens littéraux, que le chapitre général défendit d'adopter. Et en 1256 il fut déclaré par le chapitre général du même ordre, tenu à Paris, qu'on n'approuvait pas les corrections de la Bible de Sens, et qu'on ne voulait pas que les religieux s'appuyassent sur ces corrections.

---

(1) Une bible, ainsi apostillée en deux volumes, fut payée deux cents livres par Etienne Tempier, évêque de Paris : ce qui reviendrait bien à mille livres d'aujourd'hui. Cet évêque mourut en 1273. (*Hist eccl. Paris.*, p. 503.)

(2) Il avait été chanoine de Notre-Dame de Paris, avant son épiscopat. Il se retira depuis à Pontigny, au diocèse d'Auxerre.

Je crois ne devoir pas finir mes remarques sur les mesures que l'on prit pour le progrès de la science de l'Ecriture, sans faire observer que dans presque tous ces siècles on s'est cru proche du temps de l'Antechrist. Cette opinion ne fut pas si commune dans l'onzieme, où l'on ne faisait que de sortir de l'époque que l'on avait cru être la fin du monde. Mais dans le douzième, Hugues Metellus écrivait hautement à Adalberon, archevêque de Trèves : *Tempora Antichristi imminent.* Arnoul, archidiacre de Séez, observe qu'on publiait de son temps que Pierre de Léon, anti-pape, était l'Antechrist, et il en apporta les preuves, qui sont curieuses à lire (1). Adam de Perseigne ne fut pas si simple que d'ajouter foi à l'abbé Joachim, lorsqu'il lui dit à Rome que l'Antechrist était alors dans l'âge de l'adolescence. En 1250 on crut tout de bon que l'arrivée de l'Antechrist était prochaine, à la vue de la désolation que les Tartares, les Sarrazins et les Albigeois avaient causée parmi les chrétiens : et peu s'en fallut que Guillaume de Saint-Amour ne le dît, lorsqu'il parla des séducteurs prédits par saint Paul.

Autant cés méprises des savans du douzième et

---

(1) Il s'appuyait sur ce que, *primò,* ce Pierre était de race juive ; *secundò,* sur ce qu'il aimait qu'on l'appelât la ruine de l'univers, *ruina orbis,* et qu'il s'en felicitait même, comme il arriva à Vezelay, où par ce principe il déclara qu'il aimait naturellement à voir détruire des édifices : *tertiò,* sur ce qu'il aimait le goût de l'encens dans les sauces et les ragoûts. (*Spicileg.,* t. 2.)

treizième siècle marquent leur peu d'habileté à pénétrer dans l'avenir, qui n'est connu que de Dieu seul, autant leur sentiment sur les épreuves du feu, de l'eau, etc., prouve qu'ils ne croyaient pas le tenter en l'engageant à leur découvrir le passé. Anselme de Laon, cet oracle des théologiens au douzième siècle, en fit faire une fort singulière pour connaître les auteurs d'un larcin commis au trésor de la cathédrale. Les théologiens de Soissons firent baigner en cérémonie, aussi au commencement du même siècle, les habitans de Bussi-le-Long, qu'on soupçonnait de manichéisme. C'était aussi la seule épreuve que Samson, archevêque de Reims, permît alors à certaines conditions, car il ne souffrit point celle du feu. Pierre le Chantre les regarde toutes généralement comme fort douteuses.

Je passerai légèrement sur la théologie de la chaire; il suffit d'ouvrir la *Bibliothèque des Pères* pour connaître que plus on s'éloigna des anciens temps, moins on prêcha bien. Les sermons du onzième siècle sont plus sententieux que ceux du douzième. Ces derniers ont quelquefois plus de citations; mais si on excepte ceux de saint Bernard et quelques autres, ils ne sont pas plus remplis d'onction. La scolastique commença, sur la fin, à s'y introduire; et dans le treizième siècle, rien ne fut plus commun que d'entendre prêcher dans un style bas et rampant. On s'imaginait que l'arrangement méthodique des divisions et sous-divisions devait tenir lieu d'onction. Le docteur Alain avait été au-devant de ces défauts dans sa Somme *de*

Arte prædicatoria; mais, tout excellente qu'elle
était, elle fut peu suivie (1). L'ordre des dominicains
se distingua parmi les meilleurs prédicateurs. L'un
de leurs généraux, né en France, prit la peine de
dresser un canevas pour toutes sortes de sermons, suivant la composition de l'auditoire, devant les personnes de tout état et condition, ecclésiastiques, ordres religieux, gens du monde, et pour toutes les
circonstances imaginables, baptêmes, premières messes, déposition d'évêques, tenue de parlemens, tournois, foires, marchés, etc. Les évêques ne négligeaient
point pour cela le devoir de la prédication : il y en
eut qui rédigèrent eux-mêmes leurs sermons par
écrit, et qui, les croyant dignes de passer à la postérité, les léguèrent à des abbayes dont les bibliothèques étaient célèbres (2).

La théologie du tribunal de la pénitence souffrit
aussi ses variétés. Comme c'est un sujet qui a été traité
par d'habiles gens, j'observerai seulement, par rapport à l'histoire de France, que la maison de Saint-
Victor de Paris fut le lieu où l'on cultiva le plus cette

---

(1) Humbert de Romans, t. 25. *Bibl. patrum.*—Quelques-
uns croient que cette collection est plutôt de Guillaume
Perald, célèbre dominiquain français.

(2) Thibaud, qui de chanoine de Troyes fut fait évêque
de Châlons-sur-Saône, du temps de saint Louis, fit au monastère de la Ferté-sur-Gronc, où il élut sa sépulture, un
legs de ses sermons en ces termes : *Sermones nostros quos pro-
pria manu scripsimus.* (Camuzat. *Promptuar.*)

science dans les deux derniers siècles dont il est question, et que les ouvrages de ce genre y ont été fort
communs.

Pour ne rien omettre dans ce discours, je dirai un
mot sur les écrivains liturgiques qui ont figuré avec
les théologiens. Jean, évêque d'Avranches, fut dans
l'onzième siècle le plus considérable parmi les Français. S'attachant à la lettre, il n'est pas farci de raisons mystiques, la plupart fausses ou arbitraires,
comme on en trouve dans ceux du douzième et du
treizième, savoir : l'abbé Rupert, Hugues de Saint-
Victor, Beleth, Pierre, chancelier de Chartres, Guillaume d'Auxerre, Durand de Mende et Guibert de
Tournay. On peut rendre justice à ces écrivains en
les envisageant plutôt comme de simples historiens
des rites, que comme de graves théologiens. Cette
matière étant fort peu éclaircie dans ces trois siècles,
produisit une infinité de questions, et même de disputes, dont les décisions se trouvent dans les collections publiées de nos jours. Une des plus singulières
fut s'il était permis de dédier des églises sous le titre
du Saint-Esprit, comme avait fait Abailard. Les Bre-
viaires ou extraits des livres de chœur, déjà connus
avant l'onzième siècle, se multiplièrent depuis. Le
nombre en était étonnant au treizième siècle; et en
plusieurs diocèses chaque église, même de la campagne, était tenue alors d'avoir un extrait de l'Ordinaire de la cathédrale, afin que chacun fût instruit
dans la science des cérémonies ecclésiastiques. L'Ecriture sainte ne fut pas le seul livre d'où l'on tira ce

qui formait les parties de chant; on en a la preuve dans les offices composés par saint Bernard et par tant d'autres, et même dans celui de saint Louis, qu'Arnoul Dupré, dominicain, rédigea, et qui fut autorisé par Philippe-le-Bel. L'office du Saint-Sacrement, composé par saint Thomas d'Aquin, fut dans un goût tout nouveau, que l'on a rendu plus commun de nos jours.

CONNAISSANCE DE L'HISTOIRE.

Etat de la Critique, science des Antiques.

Comme dans tous les temps il y a eu de nouveaux évènemens, il y a eu aussi des personnes attentives à les transmettre à la postérité. L'histoire ecclésiastique et profane, celle des guerres, des princes, des évêques, ont eu différens écrivains : de là se sont formés les Chroniques, les Annales, les Légendaires, les Martyrologes, les Obituaires ou Nécrologes, et même les Cartulaires. Cette matière est trop vaste pour être discutée ici comme elle le mériterait. Ces ouvrages ont été plus ou moins parsemés de faussetés, selon que les auteurs ont eu plus ou moins de critique; car l'erreur s'est toujours présentée sous les apparences de la vérité, en ces siècles-là comme dans les précédens, et tous les écrivains n'étaient pas également précautionnés contre les fables. L'étude de l'histoire a été protégée, dans l'onzième et le douzième siècle, par plusieurs évêques et abbés du royaume, qui ont fait écrire ou retoucher les gestes de leurs

prédécesseurs (1). L'histoire a été écrite par une infinité de moines qui se sont plu à faire connaître leur
monastère; par des ecclésiastiques qui voulaient faire
honneur à leur patrie (2), et inspirer la vénération
envers leurs saints particuliers; par des comtes qui
ont pris la peine de la rédiger eux-mêmes, comme
Foulques, comte d'Anjou, au onzième siècle, et les
comtes de Ghisnes, au douzième, qui trouvèrent un
bon écrivain dans Lambert, prêtre d'Ardres. L'histoire ne fut pas non plus négligée dans le treizième
siècle; on y écrivit des vies de saints, on y continua
des chroniques.

Les actions de nos rois furent celles sur lesquelles
l'attention des religieux, principalement ceux de
Saint-Benoît-sur-Loire et de Saint-Denis, se tourna
entièrement. Le goût de la fable ni du merveilleux
ne trouva guère d'accès dans ces derniers écrivains,
quant aux évènemens de leur temps, sur lesquels ils
n'auraient pas manqué d'être démentis; mais en quantité de villes et d'églises particulières, les historiens
farcirent leurs collections de fables et quelquefois de
puérilités. Il y eut trois sortes d'écrivains en fait d'histoire : les uns qui croyaient tout et qui l'écrivaient
de même; d'autres qui écrivaient bien des choses et
n'en croyaient qu'une partie; d'autres enfin qui,

---

(1) Godefroy de Champaleman, évêque d'Auxerre sous le
règne de Henri Ier. Baudry, évêque de Cambray, etc.

(2) *Willelm. Pratellens. Archid. Lexov. Gesta Norman-
norum.*

dans le cours de leurs narrés, aimaient mieux se taire sur certaines choses que d'écrire des faussetés ou des faits douteux. De cette dernière classe fut l'anonyme auteur de la vie du vénérable Poppon, abbé de Marchiennes; Baudri de Cambrai, Foucher de Chartres. Je ne puis entrer dans le détail des autres. Quoique ces trois sortes d'historiens ne soient pas également estimables, on ne doit pas cependant nier qu'il n'y ait eu quelquefois à profiter dans leurs histoires les plus fabuleuses, comme sont celles de Césaire d'Heisterbach, de Thomas de Cantimpré, parce qu'en rapportant des faits fabuleux, ils ne peuvent se dispenser de les revêtir de circonstances qui indiquent les usages de leur temps (1). La secte des Cornificiens, dont parle Sarisbery, eût été moins blâmable si elle n'eût regardé comme *infâmes* que ces sortes d'historiens; mais elle en voulait à tous les historiographes. Il pa-

---

(1) J'en dis autant de ceux qui mirent les faits de l'histoire en vers vulgaires. Ces écrivains ne doivent pas passer pour fort exacts. Ils s'arrogeaient des licences de plus d'une sorte. On en sera convaincu en lisant une chronique de faits choisis du treizième siècle, que je pourrai donner au supplément. Ces poètes s'appliquèrent quelquefois à des sujets qu'on regarderait aujourd'hui comme peu intéressans. Il serait bon de voir là-dessus l'ouvrage indiqué par Sanderus, p. 209, dans le catalogue des manuscrits de la cathédrale de Tournay, en ces termes : *Un livre en vieux français de quelques joutes et festins faits à Chavancy en Bourgogne, dont est auteur Jean Breter, qui commença le livre en* 1285, *en Suumes en Ausay :* apparemment à Salmaise en Auxois.

raît qu'elle ne lisait ni les anciens ni les modernes.

C'est aux historiens mêmes que nous avons l'obligation d'être informés de l'état où était, en ces trois
siècles, la science de l'histoire. Sans eux nous eus-
sions ignoré, par exemple, qu'il y eût alors des critiques sensés ; que Gérard, évêque de Cambrai, réfuta
l'écrit prétendu venu du ciel, après la mort du roi
Robert, qui ordonnait de quitter les armes et de pratiquer l'abstinence les vendredis et les samedis ; qu'on
ne voulut pas croire certaines femmes qui dirent, du
temps de la première croisade, que c'était par un miracle que la croix se trouvait imprimée sur leur chair ;
qu'il y eut bien des gens qui rejetaient l'ancienne
prophétie attribuée à sainte Luce, sur Dioclétien et
Maximien.

On reconnut un goût de critique et de discernement dans plusieurs autres historiens. Robert du mont
Saint-Michel passa en général pour avoir été très-judi-
cieux. Robert d'Auxerre orna sa Chronique d'un beau
trait en faveur de la vérité, lorsqu'il eut occasion de parler de l'histoire de l'invention de la croix (1). Abailard,

---

(1) Il combattit l'existence du saint Quiriace, évêque de
Jérusalem, et ajouta ces mots : *Confutandum est igitur quod
sic et autoritas refellit et ratio, arbitrandumque est figmentum
esse falsitatis, cùm ibi nullum eluceat vestigium veritatis. Quòd si
quis afferat hoc ideo esse tenendum quia recitari in ecclesia ex
longa consuetudine sit inductum, sciat quia ubi ratio repugnat
usui, necesse est usum cedere rationi.* M. de Tillemont a connu
cette sentence de Robert (fol. 48., *Chron.*), et s'en est servi
à propos.

qu'on sait avoir distingué plusieurs saint Denis, ne regarda que comme un conte tout ce qu'on disait tiré d'un écrit de Seth, touchant l'étoile des mages. Sarisbery regarda l'histoire de saint Eustache comme pieuse, mais non comme autorisée, et il rejeta le livre intitulé *Conjectorium Danielis*. Guigues, général des chartreux, eut le talent de discerner les vraies lettres de saint Jérôme d'avec les fausses. Clarius, moine de Sens, renvoyait au jugement des savans ce qu'on disait des miracles d'un pèlerin de Château-Landon. L'évêque de Soissons défendit, en 1173, de consulter une fille qui se disait douée de l'esprit de prophétie. Pierre de Celles s'abstint de grossir son recueil des miracles de saint Thomas de Cantorbéry, par une règle digne de nos plus sévères critiques (1). Enfin, le culte superstitieux d'un prétendu saint Guinefort ne fut découvert et rejeté que par l'attention d'un dominicain à certains faits dont on lui parla. Voilà quelques exemples de l'usage d'une saine critique dans les siècles dont je parle.

Mais les exemples de la fausse critique et de méprises insignes furent bien plus communs. A Péri-

---

(1) *Nolui certa pro incertis scribere : superflua enim sunt impendia lucernæ ubi sol meridianus lucet in virtute sua, et denigrat majestatem verorum admixtum modicum fermenti mendacii et falsitatis. Credo magis laborandum, ut plura demantur miracula quæ mera veritate fulciuntur in gloria Dei et præfati martyris, quàm ut aliqua furtiva et emendicata supponantur.* (**Petrus** Cellensis, *lib.* 6, *epist.* 18, *ad priorem Cantuar.*)

gueux, en l'an 1072, sur ce qu'on trouva aux doigts
d'un évêque dont on y découvrit le corps, dans l'ancienne église de Saint-Pierre, un anneau sur lequel
on lisait distinctement *papa Leo,* on s'imagina que
ce devait être le corps de Léon III, pape sous Charlemagne, lequel serait venu mourir en France; et
cela parce qu'on ignorait alors que le titre de *papa* se
donnait plus anciennement à tous les évêques. Ives
de Chartres crut que nos rois de la première race s'é-
taient fait sacrer chacun dans le canton de leur
royaume. Hugues de Flavigny voulut, vers le même
temps, faire le critique sur l'étymologie de Verdun,
en commençant la Chronique de la même ville, et il
ne rencontra guère mieux que ceux qui l'avaient précédé. Guibert de Nogent crut aussi véritable l'histoire de Quilius, roi breton, qui alla visiter les apôtres à Jérusalem, et il admit une inscription *Virgini
pariturœ.* Abailard croyait aux sybilles et à ces fameux vers mystérieux qui commencent par ces mots:

Judicii signum, tellus sudore madescet.

Il ajoutait pareillement foi à la lettre de Sénèque à
saint Paul. Hugues Metellus admettait les faux actes
de saint Jean l'évangéliste, où il est parlé du philosophe Criton; il croyait aussi que saint Grégoire pape
avait prié pour Trajan. Sarisbery était persuadé que
les corps des trois rois étaient conservés à Cologne; il
ajoutait pareillement foi à la donation des îles faite à
l'Eglise romaine par l'empereur Constantin. Pierre de
Blois pensait, comme les Limousins, que saint Mar-

tial, apôtre de Limoges, était le jeune homme de l'Evangile. Dans le même temps, plusieurs ajoutaient foi à un livre de la Conception de la Vierge, faussement attribué à saint Anselme. Les moines de Saint-Denis tenaient pour authentique une inscription qui portait que saint Eugène, dont ils avaient le corps, était l'évêque de Tolède ; et ils la montrèrent à Raimond, archevêque de cette ville, allant en 1148 au concile de Reims, aussi bien qu'une légende qui contenait les mêmes faits. Arnold, comte de Ghisnes, regardait comme véritables les fables de Roland et d'Olivier. Guillaume le Breton croyait, au treizième siècle, qu'une pyramide qu'on voyait alors proche la ville de Tours, était élevée sur le corps de Turnus, qu'il disait fondateur de cette ville. Nangis parut persuadé de l'histoire de Jean des Temps, qui aurait vécu depuis Charlemagne jusqu'à l'an 1139. On ajouta foi communément au livre des douze patriarches. Baudoin, prémontré de Ninove, mit en sa Chronique le transport de saint Antide, évêque de Besançon, à Rome, par le diable. Richer de Senones marqua dans la sienne une apparition de saint Denis à Philippe Auguste, assez semblable au conte qu'on avait fait sur Dagobert. Guillaume de Saint-Amour cita dans ses écrits les faux actes de saint Simon et saint Jude. Enfin, la Légende dorée de Jacques de Voragine enchérit sur Vincent de Beauvais, et inonda toute la France de fables ; et toute mauvaise qu'elle fût, elle eut le crédit de se voir citée dans un synode d'Angers.

Je n'ai point insisté sur les fables de Merlin, sur lesquelles nos savans de France furent partagés, suivant le parti qu'ils tenaient par rapport au roi d'Angleterre. Arnoul de Lisieux y ajouta foi, aussi bien que l'écrivain appelé *Alain* et Baudoin de Ninove. Pierre de Blois, au contraire, les méprisa (1). Sarisbery atteste qu'on n'en faisait pas grand cas, et il les expliqua à sa manière. On voit là qu'il agissait par ressentiment.

Les curieux du onzième et douzième siècle exercèrent quelquefois la sagacité de leur critique sur les bulles qu'on disait être des papes ou sur les chartes des seigneurs. Dom Mabillon a fait observer que dans l'onzième siècle on ne se laissait plus surprendre par les faussaires, et que, s'il y en eut alors, la fraude fut aussitôt découverte. Au concile de Saintes, tenu sous Grégoire VII, au sujet de la prééminence de l'archevêque de Tours sur l'évêque de Dol, on reconnut certainement que les lettres du pape Adrien sur le pallium de cet évêque étaient fausses, et qu'elles avaient été supposées par un clerc, qui fut obligé lui-même d'en convenir. Lorsqu'on ne pouvait pas avoir des preuves si évidentes de la fausseté, on la soupçonnait au moins ; et l'on trouvait que les soupçons avaient été bien fondés, lorsque les faussaires avouaient leur fourberie au lit de la mort. C'est ce qui arriva à un nommé Sigibold, moine de Saint-Rambert, sous le règne de Philippe Ier, et à un nommé *Guernon,*

(1) *Hist. univ. Paris.*, t. 2, p. 436.

moine de Saint-Médard de Soissons, sous l'un des
rois suivans. Sur la fin du douzième siècle, Etienne,
évêque de Tournay, eut des preuves manifestes de
quelque falsification de bulles dont un prêtre bénéfi-
cier de sa cathédrale était auteur, et il en découvrit
les moules et les modèles. Il dit ailleurs qu'il en
était sorti de cette boutique de si évidemment fausses
en faveur de l'abbé de Saint-Martin de la même
ville, qu'un enfant aux rudimens aurait pu en connaître la supposition. Pierre de Blois gémissait en
voyant la multitude de fausses exemptions qui étaient
dans les archives des moines, dont il n'y avait que
les juges vraiment critiques qui pussent s'en apercevoir. Et peut-on dire qu'il eût tort, puisqu'on recon-
naissait ouvertement dans l'ordre de Citeaux qu'il y
avait des falsificateurs de chartres et de sceaux? Le
chapitre général de l'an 1157 statua, en défendant de
se servir de ces faux titres, que si c'étaient des moines
dans les ordres qui en fussent les auteurs, ils seraient
interdits; si c'étaient des frères lais, ils seraient mis
au dernier rang, et que les uns et les autres jeune-
raient tous les vendredis au pain et à l'eau. On n'eut
pas moins de vigilance sous le règne de Philippe
Auguste, qui concourut avec le pontificat d'Innocent III. Ce pape donna même des règles suivant lesquelles on pouvait reconnaître les faux titres. De là
vint qu'il déclara fausses les lettres prétendues obte-
nues de lui en faveur du curé de Lachy, proche l'abbaye de Vauluisant, au diocèse de Sens. Bernard,
évêque de Metz, en jugea de même d'une bulle que

certains moines de son diocèse avaient produite contre
ceux de Vazor ; et Gervais, abbé-général de prémontré, vint à bout de découvrir des lettres munies faussement de son nom et scellées de son sceau par un
chanoine d'Angleterre. Sous le règne de saint Louis
et les suivans, où l'on devint encore plus clairvoyant,
ceux qu'on soupçonna le plus de fausseté, en fait de
bulles, furent les différens quêteurs qui se répandirent dans le royaume, munis d'indulgences ; mais
ces faussetés ne tiraient pas si fort à conséquence. Je
ne puis m'étendre sur les falsifications de sceaux,
qui furent presque toujours reconnues ; cependant
j'aurais bien des preuves à ajouter à celles qui se
trouvent dans la *Diplomatique* du Père Mabillon. La
coutume de s'assurer, par les sceaux, de la vérité des
traités contractés entre les communautés et les seigneurs, ne s'introduisit que peu à peu dans les siècles dont je fais mention ; et comme on en abusa encore, on inventa l'usage des contre-sceaux, dont les
plus anciens sont du douzième siècle.

Pour ne point faire ici un article séparé de la connaissance des antiques, je joindrai ce que j'ai à dire
sur cette matière à celle de l'histoire et de la critique,
avec lesquelles elle a tant de liaison. Je ne parle point
de la connaissance des anciens édifices romains ; ce
qu'en a écrit l'auteur des *Gestes des seigneurs d'Am-
boise,* prouve combien il était peu en état d'en juger,
puisqu'il résulte de sa propre narration que l'édifice
dont il parle n'était autre chose que des bains de
quelques seigneurs romains, tels à peu près qu'on en

a découvert à Montmartre les années dernières, et que cependant il dit qu'il avait été construit par Jules-César. Fulcoïus, poète de Meaux, sous les rois Henri Ier et Philippe Ier, ayant vu et examiné la tête d'une statue païenne qui fut trouvée de son temps dans la même ville, sous les ruines d'un temple de Mars, décida qu'elle devait être de ce dieu; ce qui était très-vraisemblable, à en juger par la description qu'il en fit (1). Ebrard, chanoine régulier, qui a écrit au douzième siècle sur les antiquités de Guatines en Flandre, paraît aussi s'être assez bien connu en antiquités romaines, et avoir rencontré juste, aidé par le texte d'Orose. Je dis la même chose de Lambert d'Ardres, qui fait savamment observer que les vases de terre rouge et de verre qu'on trouvait proche Selvesse, étaient du temps des païens.

Je passerai brièvement sur cette quantité de pièces que Riquin, évêque de Toul sous Louis-le-Gros, mit avec la première pierre dans les fondemens de l'église de Saint-Léon de la même ville, quoiqu'à en juger par des découvertes faites de nos jours, dans des fondations de bâtimens récens, on peut croire que ces deniers étaient d'anciennes monnaies ou médailles qu'on enfouit en cet endroit, parce qu'elles n'avaient plus de cours. Je ne m'arrêterai pas non plus sur cette ancienne chaîne d'or à laquelle on dit

---

(1) *Horrendum caput, et tamen hoc horrore decorum*
Lumine terrifico, terror et ipse decet.
(Histoire de l'église de Meaux, t. 2, p. 453.)

qu'on trouva, l'an 1145, un crapaud attaché proche
les murs de la ville du Mans : les écrivains ne sont
pas d'accord sur cette découverte (1), et, au reste, ce
qu'on découvrit avait tout l'air d'un talisman, tel
qu'on en avait trouvé un au sixième siècle sur un
pont de Paris. Il paraît, par les écrits de l'abbé Suger, qu'on possédait de son temps à Saint-Denis des
espèces de dyptiques ou tables d'ivoire d'un travail
inestimable, sur lesquelles étaient représentées d'anciennes histoires profanes. Cet abbé les tira des anciens coffres, et en fit orner une tribune ; cela marquait au moins qu'il avait du goût pour l'antiquité et
pour la sculpture des Romains.

Je n'ai plus que trois observations à insérer ici sur
de véritables trésors d'antiquités qui furent trouvés
tant au douzième qu'au treizième siècle. Le premier,
en l'an 1156, sous Louis-le-Jeune, proche une petite
ville de Bourgogne appelée *Vermenton :* c'étaient des
médailles de cuivre en grande quantité. Miles, seigneur de Noyers, voulut s'en rendre le maître au
préjudice des religieux de l'abbaye de Regny. Il y
eut action intentée à cette occasion ; et enfin Adrien IV
adressa aux évêques d'Auxerre et de Langres une
bulle, afin qu'ils obligeassent le seigneur de Noyers
de les restituer. La bulle se sert du terme de *cu-*
prum inventum. On ignore ce qu'en firent les moines
de Regny, qui sont de l'ordre de Cîteaux sous la filia-

---

(1) Guillaume de Neubrige dit que ce fut à Winton en
Angleterre (c'est-à-dire à Winchester. — *Edit.*).

tion de Clairvaux ; mais il y a tout lieu de croire qu'ils n'en composèrent point un médailler. Le second trésor, qui fut trouvé sur la fin du même siècle, était plus considérable ; aussi excita-t-il la curiosité ou l'avidité du roi d'Angleterre. Il fut découvert dans la terre d'un seigneur du pays limousin : c'était une antique toute d'or, qui représentait un empereur assis à table avec sa femme et ses enfans. Ce seigneur mit son trésor à couvert en un lieu que Rigord appelle *Castrum Lucii de Capreolo*, chez le vicomte de Limoges. Richard, roi d'Angleterre, assiégea ce château ; mais il lui en coûta la vie. L'historien qui nous a transmis cet évènement de l'an 1199, au lieu de spécifier quel était l'empereur représenté sur cette antique, s'est contenté de dire qu'on y voyait des marques qui l'enseignaient à la postérité, sans nous apprendre en quoi elles consistaient, et sans déterminer si cette antique était une espèce de bassin, ou si elle consistait en des figures séparées. Voilà jusqu'où l'on poussait alors la curiosité en ce genre. Le troisième trésor était de l'espèce du premier dont j'ai parlé ci-dessus : ce fut un pot de terre rempli de petites médailles, qui fut découvert à Seaus en Gâtinois, proche Château-Landon, l'an 1290, par des ouvriers qui jetaient les fondemens d'un mur. Comme c'était sur le territoire de l'abbaye de Saint-Maur-des-Fossés, les pièces furent mises entre les mains du maire de ce lieu et celles du prévôt de Château-Landon. Ce dernier eut la moitié, et l'abbaye l'autre. On voit par-là qu'on les prenait au poids, et qu'on ne les estimait que du côté de la matière : voilà tout le cas qu'on fit de cette découverte. Cependant on en dressa un procès - verbal (1) pour assurer la jouissance des droits seigneuriaux. On n'en savait pas alors davantage. J'ai appris, par un fragment de poésie française écrite du temps de saint Louis, qu'alors on donnait le nom de *quacuel* à ce que nous appelons médailles de cuivre ou de bronze, et que le cuivre dont elles étaient composées portait parmi le vulgaire le nom de *mahon*, qui est encore usité parmi quelques - uns de ceux qui commercent en vieux cuivre. Je renvoie à la note ci-dessous ce fragment qui m'a paru cu-

---

(1) *In Cartulari S. Mauri Fossar. Scripto sui Philippo Pulchro. Abbate Petro ; articulo de Scuga, ubi de justitiá.* L'an de grâce 1290 furent trouvés deniers de métal en un pot de terre en la ville de Seau, en la terre de la communauté, si comme l'on fesait les fondements d'un mur : et furent les deniers apportés en nostre maison, et mis en la main de nostre meire et du prévost de Chastel-Landon, c'est-à-savoir, maistre Pierre Tastepoire lors prévost ; et furent départiz : et en ot la moitié, et nos l'aultre : présens monseignor l'Abbé, Jehan de Braye et Adam de Pierre les chappelains, Guillaume de Gevisi son clerc, maistre Guillaume le fisicien, Guiart d'Arragon, Guiart le mareschal, Robert de Mereville, Philippe Buffe, Renaut Fessart, et ledit prévost, et Jehan le cendrier, sergent de Chasteau-Landon. (*Portefeuille de Gaignières,* coté 223, fol. 514, verso.) Le mot de ville se disait alors au lieu de village, et il est visible qu'il est naturellement dérivé de villa.

rieux (1). Il fera voir que les découvertes d'antiquités qu'on faisait plus communément alors, étaient d'antiques de cuivre et de médailles de la même matière.

---

(1) Codex manuscript. S. Genov. sign. Bb. 2. Paulo post medium : *Des VII manières de métal.* A l'article *Del kœuvre.*

> Au tens de no gent anchisour
> Fu li kcuvre en grant valour,
> Car fer ne fu mie en us,
> Vc se durté mie connu :
> Armcs de keuvre faisaient,
> Et lor terres en wangnoient.
> Lor monnaie de keuvre fu
> Dont il riche furent tenu :
> Encore en terre les trovon,
> Et quacuel ★ si le appelle.
> Or argent ne fu en nul pris,
> Car adonc lors estoit avis
> K'utilles fust à nul affaire :
> Ore si trovons le contraire
> K'or et argent est en honour,
> Et keuvre en poure valour
> Chu qu'il mistrent en lor trésor,
> Et ke amerent ke or (*sic*)
> Et ke adont fu chier tenu,
> Apres heus autel *lagaen* fu
> Ke en lor temple enfondoit on
> Mainta ymagene de mabon,
> Tumbes de gent et autre œuvre ;
> Et pos conclaime pos de kœuvre,
> Si cange li tans cascun jour :
> Monnoie qui fut en valour
> Devant nous est si despite
> Ke par tout est contredite, etc.

★ Serait - ce ce mot qui aurait produit celui de *caquilus* en basse latinité, que les anciens glossaires disent avoir signifié *un aigle?*

ÉTAT DES CONNAISSANCES GÉOGRAPHIQUES.

Je joindrai ici la physique et la géographie, parce
que plusieurs auteurs des siècles dont je parle ont
traité ces deux articles dans le même ouvrage : la
géographie considérant la terre et ses parties en tant
qu'habitées, et la physique regardant ces mêmes parties en tant que relatives les unes aux autres.

On ne connaît point d'écrivain français du onzième siècle, depuis la mort du roi Robert, qui ait
montré la moindre connaissance de géographie, sinon
Hugues de Sainte-Marie, moine de Fleury-sur-Loire,
lequel peut-être ne fit que copier quelque exemplaire
d'Aimoin, et Guibert de Nogent-sous-Coucy, qui,
ayant écrit sur les croisades, prit connaissance des
pays éloignés. Ces deux auteurs, quoique vivant dans
l'onzième siècle, ne sont morts que dans le suivant.
Leurs lumières, au reste, ne surpassèrent pas de beaucoup celles d'Yves de Chartres, qui s'était contenté
de jeter la vue sur les anciennes notices des Gaules,
pour s'instruire touchant l'antiquité des métropoles.
L'auteur de l'ouvrage appelé *Institutiones monasti-
cæ,* parmi les œuvres de Hugues de Saint-Victor, fit
aussi un petit traité de Géographie (1); mais avec un
Pline et quelque autre ancien, il était facile de former de ces sortes d'opuscules. Cet écrivain peut avoir

_____

(1) Quelques-uns l'attribuent à Richard de Saint-Victor.
(Oudin, t. 2, col. 1151.)

fleuri sous Louis - le - Gros. Hugues Metellus écrivit environ dans ces temps-là à Constantin, chanoine de Saint-Léon de Toul, qu'il avait autrefois étudié le globe, considéré les cinq zones, et placé des hommes jusqu'à Meroé (1) et à Sienes. Il est certain que les livres de géographie, s'ils ne furent pas beaucoup lus dans les ordres nouveaux du douzième siècle, au moins on les emprunta des anciens monastères, et on les transcrivit. Comme on avait assez communément les ouvrages de Cassiodore, on pouvait y avoir lu l'endroit qui marque expressément que les moines doivent lire les cosmographes. Si on ne profita pas de cet avis, les copies qu'on fit d'Ætichus, de l'Itinéraire d'Antonin, etc., n'en furent pas moins utiles pour les siècles suivans. Mais une preuve que les anciens moines qui n'étaient pas en congrégation n'étudiaient guère la géographie au douzième siècle, est que l'abbé de Ferrières ignorait alors qu'il y eût au Pays-Bas une ville du nom de Tournay, et, réciproquement, les moines de Tournay ne pouvaient pas découvrir la situation de l'abbaye de Ferrières. Ce fut une vraie difficulté entre ces deux monastères que de se déterrer l'un l'autre. Parmi ceux qui avaient occasion de changer de monastère, il n'arrivait pas qu'on fût si borné en fait de géographie; mais quelquefois on donnait à une province le nom d'une autre. C'est en quoi se trompa Pierre-le-Vénérable, qui, écrivant

(1) C'est dans la haute Ethiopie.

aux prélats du pays que nous appelons aujourd'hui le *Dauphiné*, au sujet des Pétrobusiens, donna à leur province le nom de *Septimanie*, quoique ce nom ne convienne qu'à une portion de la Gaule narbonnaise.

On ne faisait donc alors qu'effleurer les descriptions géographiques. On peut encore juger que cette science n'était cultivée que fort superficiellement, par celle de Guillaume de Jumieges, qui prend saint Augustin pour guide dans la cosmographie. La notice du monde universel donnée par Robert de Saint-Marien d'Auxerre, parut un peu plus raisonnée : et en y joignant ce que Gervais de Tillebery, maréchal du royaume d'Arles, son contemporain, écrivit de son côté, on put rédiger une cosmographie assez complète. On lisait dans ce dernier que quelques-uns n'admettaient que deux parties du monde, savoir, l'Europe et l'Asie, et qu'ils renfermaient l'Afrique dans l'Europe. Pour nous, dit-il, nous plaçons le monde carré au milieu des mers. Tel était le langage géographique à la mort de Philippe Auguste : cependant Alain, qui avait vécu sous le même roi, disait que la terre était ronde : *Et teretem mundi describere formam.* Alberic de Trois-Fontaines, qui vivait aussi dans le même temps, nous apprend que Gui de Basoche, chantre de l'église de Châlons-sur-Marne, avait écrit un volume intitulé *De mundi regionibus.* Ce livre ne fut pas apparemment fort connu, puisqu'il n'est pas parvenu jusqu'à nous. J'en ai découvert un autre qui contient un détail de tous les siéges épiscopaux du monde chrétien, dont je croirais que Pierre de Blois a pu être auteur, parce que ce volume ne contient que ses lettres, et que le détail des évêchés d'Angleterre, où il avait été archidiacre de Bath, y est plus complet qu'aucun autre.

Sous le règne de saint Louis, la connaissance du globe terrestre fut plus cultivée. Les différentes croisades ayant formé des relations dans l'Orient, on reçut des Mémoires sur l'Arménie, sur les Indes, sur la Tartarie. L'ordre de Saint-Dominique, qui se dévoua aux missions, fut en état de donner bien des éclaircissemens. Nous ne connaissons cependant que de faibles ouvrages en ce genre. Richard de Fournival, chancelier de l'église d'Amiens, qui avait une nombreuse bibliothèque pour ce temps-là, n'avait pour tout auteur, en matière de géographie, que le livre d'un nommé *Bernardus Sylvester*, intitulé *Cosmographus*. Outre cela, lorsqu'on entreprenait alors de donner des cartes géographiques, on n'y réussissait pas mieux, à en juger par des morceaux qui sont restés, que ceux qui dressèrent sous l'empereur Théodose les tables dites *de Peutinger*. On peut consulter l'*Image du monde*, écrite en vers français par Gautier de Metz, l'an 1245, et ornée des figures du globe du monde et des différens peuples barbares, sauvages et monstrueux qu'il place tous dans les Indes. Il fait aussi mention d'autres provinces, mais toujours par rapport aux animaux extraordinaires et aux plantes qu'on y voit. Il dit, en parlant de l'île de Meroes, qu'en plein midi il n'y a point d'ombre; il donne le nom de *Quanontille* à celle où il y a six mois de nuit et six mois de jour. Il n'oublie pas l'*île perdue*, trouvée, à ce qu'il dit, par saint Brendan : et en traitant de l'Irlande, il y admet le purgatoire fabuleux de saint Patrice (1). Bernard Guidonis ne fut pas non plus extrêmement exact dans ce qu'il rédigea, s'étant trompé même dans ce qu'il voulut écrire sur les Gaules, sous le règne de Philippe-le-Bel. Comme il était fort laborieux et qu'il avait demeuré à Limoges, dont il a donné quelques antiquités, il pourrait bien avoir été l'auteur d'un manuscrit qu'on y voyait autrefois à l'abbaye de Saint-Martial, sur les châteaux du pays limousin.

Ce qui put dégoûter d'écrire sur la géographie, et surtout de descendre dans le particulier, fut sans doute la difficulté de mettre en latin plusieurs noms de lieu. Les religieux de Chamousey, au diocèse de Toul, passèrent au douzième siècle par-dessus cet embarras, et même de dessein formé. Ils avertirent dans un échange dressé en latin, qu'ils exprimaient les noms des villages *rusticâ linguâ*, afin que s'il s'élevait quelque jour des difficultés, le titre fût clair et parlant. Robert du Mont semble improuver que les cisterciens ne conservassent pas toujours les anciens noms des lieux où on les établissait, et qu'ils leur donnassent des noms nouveaux et mystérieux, comme

_____

(1) Un nommé *Marc*, qui avait été envoyé en Tartarie et aux Indes, fit en français un livre des merveilles de ces pays-là, que Jean d'Ypres, en sa chronique, dit qu'il possédait. (*Thes. anecdot.*, t. 3, p. 747.)

Domus Dei, Claravallis, Curia Dei, Eleemosyna. Il avait remarqué que plusieurs profonds philosophes s'étaient rendus parmi eux, attirés par l'emphase du nom que portaient ces monastères. Mais ce n'étaient pas les premiers : on avait depuis peu des exemples de monastères fondés sous les spécieux noms de *Bethanie* (1), *de Josaphat,* etc. Les chartreux donnèrent une fois dans la même idée, et crurent devoir imiter les cisterciens. Quelques-uns d'entre eux ne pouvant s'accoutumer au nom de *Bellariz* ou *Beau-Lariz,* qui était celui d'une terre que les comtes de Nevers leur avaient donnée pour y bâtir une maison, parce qu'il paraissait rappeler le paganisme des dieux lares, proposèrent au chapitre général de l'an 1289 de changer ce nom : et on statua que désormais ce monastère serait appelé *Bellus locus;* ce qui n'a cependant pas été exécuté, l'ancien nom ayant prévalu. Louis VII, qui fit bâtir tant de petites villes, et sous lequel on coupa tant de forêts pour y placer des bourgs et des villages, ne fit changer les noms de ces lieux qu'en très-peu d'endroits, qui sont aujourd'hui appelés *Ville-Neuve-le-Roy.* Ainsi cela ne resta point obscurci dans l'étude de la géographie.

Les contestations qui s'élevèrent en France sur les limites des diocèses, méritent que je ne les passe pas sous silence, à cause de leurs rapports avec la géographie. Le pape Pascal II prévint, en écrivant à Lambert, évêque d'Arras, celles qui auraient pu s'élever

_____

(1) Au diocèse de Besançon. (Chiflet, t. 2, p. 247.)

sur le partage de son diocèse et de celui de Cambrai, marquant qu'il fut fait selon l'énoncé des titres. Au treizième siècle, il y en eut à l'égard du diocèse de Paris, du côté qu'il confinait à celui de Chartres et à celui de Beauvais : et à l'égard du diocèse d'Auxerre, touchant les limites de celui d'Autun, du côté qu'ils sont contigus. Toutes ces difficultés se réglaient par arbitrage sur la déposition des anciens; et jamais on ne voyait produire pour former les décisions aucune carte géographique, la perfection des sciences n'étant point encore poussée jusque-là.

SCIENCE DE LA PHYSIQUE.

Il y eut fort peu d'ouvrages et de contestations sur la physique dans l'onzième siècle. Herman le Contract fit un livre sur la lumière, mentionné dans la Chronique de Baudouin de Ninove; mais vers l'an 1100, le poète Hildebert écrivit, sur les pierres précieuses, un ouvrage qu'on appela *le Lapidaire,* dont il se fit des traductions presqu'aussitôt; ce qui est une marque qu'il y eut des curieux de matières physiques. Comme il était ordinaire de traiter de magiciens et de nécromanciens tous ceux qui paraissaient plus appliqués aux sciences, sur ce faux principe on fit courir plusieurs bruits désavantageux à la réputation de Bérenger, et on lui imputa une physique un peu surnaturelle, qu'il n'avait pas certainement apprise à l'école de Fulbert. Bérenger ne fut pas plus magicien que ceux qui, de son temps, remarquèrent les effets extraordinaires de la nature ; cette neige par exemple en si grande quantité, l'an 1047, qu'elle brisa les arbres ; ces serpens proche Tournai, qui s'entrebattirent l'an 1055 ou 1059 ; cette femme à deux corps, de l'an 1062, et ce pain qu'on trouva teint de sang l'an 1095. Il est vrai que la femme qui avait deux corps fut prise par quelques gens crédules de ces temps-là pour une figure de la réunion de la Normandie et de l'Angleterre, sous la domination d'un même prince, surtout à cause que ce fut en Normandie qu'elle parut. Mais il n'en fut pas de même de l'homme métamorphosé en âne, l'an 1049 : il ne fut inséré dans plusieurs chroniques qu'avec certaines réflexions sur la vertu des nécromanciens : par où l'on entrevoit que les écrivains se doutaient de quelque fascination.

Comme ces observations physiques faisaient l'ornement des ouvrages de ces temps - là, il ne faut pas être surpris d'y trouver, outre une Androgine célébrée par un poète, la remarque d'une fille des oreilles de laquelle il sortait des épis de blé. Celle de la neige en 1114, de la même force que celle de l'an 1047 ; celle de la rivière de Meuse, suspendue en l'air l'an 1118 ou 1116 ; du miel tombant du ciel en 1143 ; des espèces de visages d'hommes marqués sur des grains de grêle en 1142, avec une pluie d'oiseaux dont les ailes avaient vingt pieds de long. L'observation d'une autre grêle l'an 1194, entre Compiègne et Clermont en Beauvoisis, entremêlée de corbeaux qui portaient dés charbons et mettaient le feu partout. Je ne dis rien de cette double lune vue à Louvain l'an 1151.

Guibert de Nogent s'étendit fort dans ses écrits sur certaines chutes de tonnerre qui ne méritaient pas tant l'attention des physiciens, que le coudrier dit de *Saint-Gratien,* planté à quelques lieues d'Amiens, lequel produisait tous les ans des noisettes dans l'espace de la nuit du 24 octobre, ce qu'Ingeran, évéque d'Amiens, certifia véritable, et qui fut cru par Geoffroy, évêque de Chartres. Rigord fit encore alors une plaisante remarque; mais elle était de la compétence d'un médecin tel qu'il était. Il dit que depuis l'an 1187, auquel la sainte croix fut prise par les chrétiens par Saladin, les enfans qui vinrent au monde n'eurent que vingt ou vingt-deux dents au lieu de trente-deux.

Pendant que les auteurs de chroniques marquaient toutes ces merveilles de la nature, Hugues Metellus s'attacha à expliquer comment l'âme est toute entière dans tout le corps et toute en chaque membre, et il la comparait à un point indivisible. Bernard Ithier, moine de Limoges, trouvait dans le cerveau de l'homme des cellules où réside la faculté d'intelligence, et remarquait qu'un homme qui avait été blessé dans cette partie, conservait avec la mémoire la facilité de parler. Il observa que dans la cellule postérieure était le siége de la mémoire, et dans celle du milieu la faculté du discernement. Un Albéric examinait si scrupuleusement la matière, que quoiqu'une superficie fût très-polie, cependant il y trouvait toujours de petites bosses à rabattre et des coups de rabot à donner. Un Sarisbéry disait de ceux qui demandent si le soleil est lumineux, si la neige est blanche, et si le feu est chaud, que ce sont des insensés : il avouait que les physiciens ont des règles pour connaître si les corps jouiront bientôt de la santé, ou si la maladie doit leur survenir, ou enfin s'ils doivent rester dans l'état de neutralité. Il faisait observer qu'entre les animaux, le renard est d'une nature indisciplinable. Que tous ceux et celles qui croient être transportés à certaines assemblées nocturnes sont frappés d'illusion ; il doutait que le verre fût malléable, et n'ajoutait pas foi à l'histoire rapportée là-dessus chez Petrone. Pierre de Celles expliquait dans un de ses sermons, la génération du corps humain aussi physiquement que l'aurait fait un médecin. Il écrivait, dans une de ses lettres, que les Anglais sont plus rêveurs que les Français, parce qu'ils ont le cerveau plus humide. Pierre de Blois, de son côté, trouvait mauvais qu'on apprît trop tôt à la jeunesse comment se fait le reflux de la mer, et où le Nil prend sa source. Ce fut ainsi que tous ces savans du douzième siècle traitèrent incidemment dans leurs ouvrages quelques points de la physique. On conserve en quelques bibliothèques du royaumes des traités exprès d'autres savans du même temps; savoir, les questions physiques d'un nommé *Adelard,* Anglais, adressées à son neveu, qui eurent alors un certain cours en France; celles du docteur Alain, la physique de Garnier de Saint-Victor, et le traité d'un nommé *Guillaume,* sur l'homme, qui a pour titre *Microscomographie,* dont l'auteur prétend que l'homme est un abrégé de l'univers. Mais ces ouvrages n'ont pas fait fortune, et sont restés jusqu'ici manuscrits. On peut mettre dans le rang des questions physiques dont je viens de parler, celle qui regarde les assassins, en présence desquels on dit que la plaie de ceux qu'ils ont tués, quoique refermée, coule de nouveau. Cette espèce de phénomène fut observé au douzième siècle, sur le cadavre de l'abbé de Trois-Fontaines; et Pierre, huitième abbé de Clairvaux, en avertit l'abbé de Cîteaux.

Parmi les écrivains moins occupés, quelques-uns entreprirent de spiritualiser la physique. Guillaume, abbé de Saint-Thierry, écrivit la physique de l'âme. Hugues de Folieth prit la peine de représenter les oiseaux et autres animaux, dans un livre exprès, pour avoir occasion de moraliser sur chacun; et Alain, en sa complainte de la nature, la fit parler avec tous les animaux, mais d'une manière plus fine et plus savante.

Les historiens du treizième siècle, si on en excepte un d'entre eux, ne sont pas si remplis de phénomènes que ceux des deux siècles précédens. Albéric n'a ajouté à toutes ses observations précédentes, dont j'ai fait mention, que celle d'un concours de chiens au bas du Montaumer en Champagne, proche Vertus, où ces animaux, réunis de toute la Champagne, se déchirèrent entre eux, l'an 1230. Mais la Chronique de Werum, abbaye de l'ordre de Prémontré, n'oublia presqu'aucun des évènemens naturels de ces temps-là, tels que les tremblemens de terre et les débordemens de la mer : les auteurs même se plaisaient à en donner des raisons physiques. On lit aussi dans Duchesne l'apparition d'un monstre marin, en forme de lion, sous Philippe-le-Hardi; d'où l'on pronostiqua quelque chose de fâcheux; et tout de suite l'auteur rapporte que les écoliers anglais chassèrent les Picards de la ville de Paris, comme si le premier fait eût influé sur le second. L'écrivain qui s'est étendu le plus sur ces sortes de matières est Gervais de Tillebery, qui ramassa, sous la fin du règne de Philippe Auguste, tout ce qu'il put apprendre de prodigieux et d'extraordinaire en fait de physique dans la France, et surtout dans les provinces méridionales. On peut en voir quelques essais ci-dessous (1).

---

(1) C'est surtout en sa troisième partie qu'il entre dans ce détail.

Au chapitre 9, il parle d'une fenêtre du prieuré Saint-Michel *de Camissa*, proche Grenoble, où, quelque grand que soit le vent, il ne peut éteindre une chandelle.

Au chapitre 10, du réfectoire des chanoines de Puy-en-Velay, où l'on ne voit ni araignées ni mouches, et de même dans celui du lieu dit *Bariolus,* en Provence, où l'on ne voit jamais non plus de mouches : ce dont il se dit témoin.

Au chapitre 11, d'une espèce de noyer, au même lieu, qui ne fleurit qu'à la Saint-Jean.

Au chapitre 19, d'une terre proche Avignon, qui est si grasse qu'on ne peut en retirer ce qu'on y fait entrer.

Au chapitre 20, d'une tour du château dit *Livornis,* au diocèse de Valence, et appartenant à l'évêque, dont les gardes

Comme l'ouvrage de Gervais était pour désennuyer l'empereur Othon, on n'y trouve aucun raisonne-

---

qui y couchent se trouvent descendus insensiblement du haut en bas durant la nuit.

Au chapitre 21, du château *de Emolinis,* province de Narbonne, où tous les ans, vers la Saint-Jean-Baptiste, on voit un combat d'escarbots extraordinaires et en très-grande quantité.

Au chapitre 22, d'un rocher d'Embrun qu'on fait remuer du bout du doigt.

Le chapitre 34 est sur un vent singulier du château de Divion, dans l'évêché de Vaison.

Au chapitre 36, il parle d'un lieu dit *Montferrand,* où la vigne croît naturellement sans qu'on la plante, produit du bon vin pendant trois ans, puis devient stérile jusqu'à ce qu'on la brûle et qu'on laboure le terrain.

Au chapitre 39, du puits de Cerfeules, au diocèse de Gap, où est un lac avec une île flottante.

Au chapitre 40, des eaux proches Arles, qui se pétrifient en sel durant le mois d'août.

Au chapitre 42, sur les figures d'étoffes que représentent les rochers élevés du lieu dit *Trèves,* dans le diocèse de Grenoble, vers celui de Die.

Au chapitre 48, de l'eau de Puilic, au royaume d'Arles, qui sans bouillir fait cuire les viandes.

Au chapitre 55, d'un arbre merveilleux, au même pays, pour la teinture rouge.

Au chapitre 67, de l'île de Lerins, où jamais, dit-il, on ne voit de vers.

Au chapitre 91, d'une espèce de noyer du château de Ponton, au diocèse d'Aire, qui produit un fruit singulier.

Au chapitre 94, d'un arbre, au voisinage de Marseille,

ment physique. Richard de Furnival, qui dans le
même siècle écrivit en français *le Bestiaire d'amour*,
raisonna à la vérité sur la nature de différens animaux, mais assez superficiellement, et seulement
pour se faire lire par les gens oisifs. J'en dis autant
de Gautier de Metz, qui dans son *Image du monde*
se contenta de mettre en vers français ce qu'il avait
lu sur le ciel et la terre, les élémens, les météores.
Les propriétés des différentes fontaines, etc., sont ce
qu'il a de plus curieux (1). Il n'en fut pas de même

---

qui produit une espèce de fèves dont le dedans n'est que de
la pierre.

Au chapitre 102, des raisins du territoire de Roquemore
sur le Rhône, où l'on ne trouve rien quand on les croit
mûrs.

Au chapitre 122, de la vallée de Lentusele, dans les Alpes,
où, lorsqu'on tousse ou que l'on crie, on fait des monceaux
prodigieux de neige.

Au chapitre 124, d'autres raisins du Narbonnais *juxta ci-
vitatem Rocciam*, sur le terrain de l'évêque, desquels on ne
peut goûter, et qui font de très-bon vin.

Au chapitre 125, d'une fontaine du lieu dit *Spaniatum*, au
diocèse de Lodève, qui ne coule que jusqu'à ce qu'on fau-
che les prés, et qui tarit ensuite.

Au chapitre 127, d'une autre fontaine du comté d'Aix,
villa camps, *territorio argentino*, qui coule abondamment,
puis se referme, et engloutit même les marques qu'on y met.

Au chapitre 129, d'une autre du diocèse d'Uzez, qui
change de place lorsqu'on y jette quelque chose de sale.

(1) Il parle des bains chauds de *Bloumières l'abbaye* en

des ouvrages de Guillaume d'Auvergne, évêque de Paris, qui écrivit sur l'âme, les démons, etc. On a observé, entre autres particularités de ce premier traité, qu'il attaque ceux qui assurent que les âmes des bêtes ne sont que des accidens. On serait encore moins fondé à trouver de la stérilité dans Albert-le-Grand, qui a écrit en physicien sur toute la nature, jusqu'à composer des traités *de Scientia falconum secundùm antiquos; de Anatomia; de Insectis, arboribus, herbis.* L'alchimie fut un des abus de la physique qu'il combattit (1). Saint Thomas n'écrivit pas seulement sur le ciel et sur le monde, aussi bien

---

Lorraine, et des salines du même pays, proche Metz, puis sortant de France, il parle en ces termes d'une fontaine de Turquie, et de la manière dont les Sarasins en accommodaient l'eau :

> Une en a devers Orient
> Dont on fait feu greiois ardent,
> O autres choses ke on i met,
> Qui est si chaus quant espris est
> Ke d'evve * éteindre nel puet on   * (*d'eau*)
> Fors d'aisil **, dorine ou sablon: ** (*vinaigre*)
> Cele evve vendent Sarrasin
> Plus chiere qu'ils ne font bon vin.

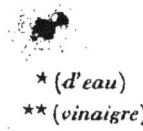

(1) Le père Echard cite là-dessus son troisième livre des minéraux, traité I. Jean d'Ipres, en sa Chronique de Saint-Bertin, cite, en faveur du même Albert, ce qu'il a dit contre l'alchimie, en son *Semita recta*, que *ferrum alchimicum non trahitur ab adamante*, et cette autre proposition : *Aurum alchimicum non curat lepros.* (Thes. anecdot., t. 4, p. 743.)

que sur le corps humain fort en détail(1), il se plut même à travailler sur la construction des canaux et aqueducs. Triveth dit qu'il avait adressé à Philippe de Châteauceaux un Traité du mouvement du cœur. Pierre d'Auvergne, son disciple, acheva ses livres sur la physique d'Aristote et sur les météores, qu'il avait laissés imparfaits. C'est lui qui mourut évêque de Clermont en 1307.

Les évêques de Paris furent souvent dans le cas de voir agiter des questions de physique. On leur déféra quelquefois des propositions suspectes : ou bien lorsqu'elles étaient évidemment hérétiques, on en faisait la preuve en leur présence. Albert-le-Grand, assistant un jour à l'une de ces conférences, y produisit au sujet des femmes enlevées par le démon, l'exemple qui est rapporté chez Thomas de Cantinpré, lequel n'a jamais passé pour un auteur de grand poids. (Lib. 2, chap. 5, p. 57.) Il paraît par le résultat de l'assemblée de l'an 1240, qu'on croyait pouvoir dire qu'il y avait *un lieu spirituel,* quoique ces deux termes ne paraissent pas convenir ensemble. Etienne Tempier condamna, en celle de 1270, les erreurs de ceux qui soutenaient que le monde était éternel, et que l'âme périssait avec le corps; et en 1277 les

(1) On ne peut pas imaginer un plus grand détail que celui de raisonner jusque sur la nature des excrémens humains. Quoique j'aie vu ces questions agitées dans sa physique, j'aime mieux croire qu'elles sont de son continuateur.

mêmes erreurs, ou à peu près, s'étant renouvelées par la lecture de quelques auteurs païens, il en fit une nouvelle condamnation. La plus singulière opinion en fait de physique était qu'au bout de trente-six mille ans les corps célestes retournaient en leur premier état, et que tout ce qu'on avait vu s'opérer dans la nature, recommençait de nouveau; erreur qui avait déjà été regardée comme très-dangereuse par Humbert de Romans, en l'un de ses sermons, et qui semblait supposer que le monde avait déjà duré des trente-six mille ans plusieurs fois répétés. Pendant qu'on répandait à Paris, et aux environs, ces faux principes de physique, on n'en débitait pas de moins extraordinaires dans la Provence. Un livre provençal du treizième siècle, intitulé : *Les Enseignemens de l'enfant sage*, marquait que le soleil donne la nuit sa lumière, tantôt au purgatoire et tantôt à la mer; puis en Orient, que la terre est soutenue par l'eau, l'eau par les pierres, les pierres par les quatre évangélistes, et ceux-ci par le feu spirituel, dans lequel est l'image des anges et la figure des archanges. La physique la moins déraisonnable qu'on enseigna sur la constitution de la machine de l'univers, fut celle qu'on lisait dans certains traités latins écrits vers le règne de Philippe-le-Hardi; mais on y comparait l'univers à un œuf au milieu duquel est la terre comme le jaune, et l'eau comme le blanc, puis l'air comme la pellicule. Au-dessus de cela c'est le feu, disait-on, qui enveloppe le tout comme la coque enveloppe l'œuf. Il paraît qu'il n'était pas aisé de concilier le cours des astres avec ces sortes de comparaisons.

De la Médecine,

Quelques auteurs ont écrit qu'on ne trouvait presque aucune mention de la science de la médecine ni des médecins, dans le temps qui s'est écoulé depuis Charlemagne jusqu'au douzième siècle. Ils ont pu être détrompés, pour ce qui est de l'intervalle qui se termine à la mort du roi Robert, par les témoignages qui ont été produits. Il n'est pas moins facile d'en trouver depuis la mort du roi Robert jusqu'à la fin du même siècle. Dès l'an 1050 paraît un Radulfe Clerc, surnommé *Mala corona,* frère de Guillaume, duc de Normandie, lequel est dit très-versé dans la science de la médecine et des choses cachées. A Marmoutier existait, l'année suivante, un moine nommé *Tetbert,* qui était si savant dans la connaissance des remèdes, et qui sauva de la mort tant de malades, que les récompenses qu'il en eut enrichirent fort le monastère. Trois ans après, on voit Baudouin, religieux de Saint-Denis, en grande réputation sur cet article. Gilbert Maminot, chapelain de Guilaume-le-Conquérant, et médecin de ce prince, passa aussi pour être très-habile dans cette science. Il fut depuis élevé à l'évêché de Lisieux, où il était toujours dans les remèdes. Si ces quatre exemples prouvent qu'il y eut d'habiles médecins en France au onzième siècle, ils font aussi voir que c'étaient des gens d'église qui exerçaient cette profession. Je ne dis rien de Jean - le - Sourd, de Chartres, qui fut médecin du roi Henri Ier (1), ni de Roger, autre médecin, ami du célèbre Guitmond, moine de la Croix-Saint-Leufroy. Un autre illustre ecclésiastique, aussi médecin dans le même siècle, fut saint Firmat, chanoine de Saint-Venant de Tours, lequel réussissait dans la cure de presque tous ses malades. Orderic Vital nous fait connaître Goisbert, fameux médecin de Chartres, vers l'an 1083. Comme l'école de Salerne commença alors à être plus versée dans les livres orientaux, par la traduction qu'en fit le professeur Constantin, au retour de ses voyages, il y a lieu de croire que la France s'en ressentit par le moyen de ceux qu'on y envoyait et qui y allaient d'Angleterre.

Si je pouvais entreprendre le détail des médecins connus du douzième siècle, je les ferais paraître encore en plus grand nombre. Le Nécrologe de Saint-Victor de Paris fait mention d'un médecin nommé *Obizon,* qui, après avoir été quelque temps chanoine de Notre-Dame de Paris, avait pris l'habit de cette maison, y mourut en 1139, et y fut inhumé dans le cloître. Il avait été médecin de Louis - le - Gros. La petite Chronique de Saint-Denis parle, à l'an 1167,

_____

(1) Les historiens modernes sont assez partagés sur la manière dont Henri Ier mourut pour ainsi dire entre ses bras, après avoir pris une médecine qu'il avait ordonnée. Il y a cependant plus d'apparence qu'il faut l'excuser. Il a dû être un homme de piété, s'il est le même Jean, médecin, auquel fut adressé le traité spirituel *de Medicina animæ*, faussement attribué à Hugues de Saint-Victor.

d'un Guillaume, médecin, qui apporta de Constantinople des livres grecs. Le célèbre Pierre de Blois fait
voir, par une consultation de sa façon, qu'il n'était
pas novice dans cette science. Les Juifs, qui se sont
toujours mêlés des professions lucratives, exerçaient
aussi la médecine en France. Brunon, archevêque de
Trèves, qui, vers le douzième siècle, était tourmenté
de différentes maladies, et qui pour cette raison avait
toujours des médecins chez lui, eut, entre autres, un
Juif appelé *Josué,* qui passait pour le plus habile. Il
ne faut pas douter que l'exemple de la savante dame
à laquelle seule céda en cette science Radulfe *Mala
corona,* dont j'ai parlé plus haut, n'eût inspiré à d'autres femmes de cultiver la connaissance des remèdes.
Abailard voulut que, dans sa communauté du Paraclet, l'infirmière sût la médecine, et qu'il y eût une
religieuse qui sût saigner, afin qu'elles n'eussent pas
besoin de chirurgien. Héloïse même ne fut pas tout-
à-fait indifférente sur le régime du corps humain,
comme il paraît par quelques-unes de ses lettres.
Sainte Hildegarde, religieuse dans les Pays-Bas, eut
une si parfaite connaissance de la médecine, qu'elle
écrivit quatre livres sur l'utilité dont étaient pour la
guérison de tous les maux, les métaux, les légumes,
les arbres, les poissons, les oiseaux et tous les animaux de la terre (1). Ce fut peut-être l'exemple de

---

(1) Ils ont été imprimés en 1533, à Strasbourg. C'était en
la même ville que Richer, moine de Senones, les avait vus
au treizième siècle.

cette femme qui excita Gilles de Corbeil, médecin de Philippe Auguste et chanoine de Paris, à rédiger par écrit en six mille vers latins, la vertu de tous les médicamens.

L'utilité de cette science et de la chirurgie, qui s'y rapporte, parut évidemment dans les différentes occasions qui se présentèrent de faire l'opération césarienne. Nous en avons deux exemples remarquables dans la personne de saint Lambert, évêque de Vence, mort en 1154, et dans celle de saint Druon, mort dans le Hainaut en 1186; mais les cures que les médecins entreprenaient ne réussissaient pas toujours. On en peut juger par celle de Veran, abbé de Saint-Benoît-sur-Loire, qu'ils ne purent guérir, vers l'an 1080, des fièvres quartes; et d'un chancelier qui, étant à Jérusalem parmi nos troupes croisées, ne put jamais être guéri par les médecins, d'un loup qui lui était venu à la cuisse. Un moine d'Andern aux Pays-Bas, sur lequel on essaya la taille *in inguine* pour la pierre, mourut de sa plaie vers la fin du douzième siècle. Toute la science, enfin, des médecins de Paris ne put tirer d'affaire Geoffroy, fils d'Henri, roi d'Angleterre. Aussi, au treizième siècle, les médecins du sultan d'Egypte passèrent-ils pour plus habiles que ceux de saint Louis.

Comme les médecins de France ne furent pas toujours heureux dans leurs entreprises, ils furent souvent exposés à la critique des auteurs de ce temps-là. Jean de Sarisbery en distinguait de trois sortes. Les uns qui se bornaient à raisonner sur les effets de la nature par rapport au corps humain, d'autres qui en tiraient des conséquences pour la santé, qui la procuraient *verbo tenus*, et dont l'art était de donner des paroles pour des choses : une troisième espèce sont, dit-il, les praticiens, qui sont savans par le moyen de l'anatomie. Il assure que les premiers lui avaient quelquefois paru raisonner sur bien des articles autrement que la foi n'enseigne. A l'égard des derniers, il les veut respecter, et il n'ose dire ce que tout le monde en pensait. Il se plaint ailleurs de ce qu'ils savaient tuer fort officieusement, comme Sénèque, Pline et Sidoine l'avaient dit autrefois ; et ce qui le poussait à parler ainsi était parce qu'aussitôt après leur retour de Salerne ou de Montpellier, ils voulaient faire les Hippocrates et les Galiens, accablant leurs malades d'aphorismes et de termes inouis, mais toujours attentifs à cet axiome de précaution : *Accipe dum dolet*, et souverainement indifférens pour les arts libéraux. Gilles de Corbeil, médecin de Philippe Auguste, se plaignit aussi de ce qu'il y en avait de son temps qui exerçaient la médecine trop jeunes. Il faut lire ses expressions (1).

Si Arnoul de Lisieux n'en voulut pas à la personne des médecins, il n'en déclama pas moins contre leurs remèdes, qu'il regardait comme renfermant

---

(1) *Nondum maturas medicorum surgere plantas*
Impuberes pueros Hippocratica tradere jura,
Doctrinâ quibus esset opus ferulæque flagello.
(Lib. 3, in Electuar. de succo rosarum.)

toujours une abominable malignité ; de sorte, dit-il, qu'ils paraissaient ne faire du bien que pour produire un plus grand mal. Il ajoute que cette espèce d'hommes prétendaient, par leur extérieur grave et sévère, faire respecter la profession, comme si elle eût dû être avilie par un caractère doux et compâtissant ; qu'ils rejetaient toujours sur la conduite du malade les mauvais succès de leurs remèdes, et qu'avec leurs discours sententieux, ils s'attribuaient la guérison que la bonté de Dieu avait permise. Etienne de Tournay affectait de se servir de leurs termes même pour se moquer d'eux. « Je ne reçois, dit-il, « jamais que des oracles ambigus de la bouche de ces « gens qui savent discerner, à l'urine dans le verre, « où sont les humeurs peccantes. » Ailleurs il plaint le chapelain de l'évêque de Senlis, qui était venu consulter ces mêmes marchands d'aphorismes, et il ne manque pas de répéter son dicton familier sur les humeurs peccantes aperçues dans le verre. Il est certain que les médecins n'étaient guère mieux venus auprès de Pierre de Blois, quelque versé qu'il fût dans la médecine, puisque, dans une lettre qu'il écrivit à l'un d'entre eux, il marque que le vice commun de leur profession est de varier toujours sur les maladies ; de sorte que si l'on en faisait venir trois ou quatre pour voir un malade, jamais ils n'étaient du même sentiment sur la cause du mal ni sur le remède.

Si saint Bernard ne fut pas favorable aux médecins, c'était par un autre principe. Il consentait bien que les religieux usassent des remèdes les plus simples et les plus communs, mais il ne voulait pas entendre parler de ce qu'on appelait *species emere, quærere medicos, accipere potiones;* plus rigide peut-être en cela que les chartreux, dont un des premiers statuts rédigés sous Guigues, leur cinquième général, vers l'an 1110, porte seulement ces mots : *Medicinis, excepto cauterio et minutione sanguinis, perrarò utantur.* Ce qui leur était le plus permis se réduisait à cinq saignées par an et à l'usage du cautère. Abailard, qui se mêlait de tout, veilla aussi avec attention à la santé de ses religieuses du Paraclet. Il leur défendit de manger du pain tendre : il voulait que leur pain fût au moins du jour précédent; et pour médecines il leur permettait du vin pur, ou mêlé de quelques herbes infusées.

Il semble qu'on pourrait inférer de tout cela qu'aucun des religieux ne s'appliquait alors à l'étude de la médecine; mais cette conclusion serait mal fondée. Les moines et les chanoines réguliers s'y appliquaient tellement au douzième siècle, qu'il leur fut défendu, au concile de Reims de l'an 1131, de l'exercer, tant pour ne pas paraître avides du gain que pour éviter les occasions de blesser la pudeur (1). Un concile romain de l'an 1139 renouvela la même défense. Il fallait qu'on y eût peu d'égard, puisqu'un moine de Flavigny, qui exerçait cette profession, se retira en l'ab-

_____

(1) Albéric, en sa Chronique, à l'an 1125, rapporte sur la fin de l'article un fait qui est de cette nature.

baye de Clairvaux ; et Godefroi, sous-prieur de Saint Victor sous le règne de Louis VII, écrivit même sur l'anatomie du corps humain un traité exprès en vers latins, où il entre dans un grand détail. Au moins est-il vrai que deux conciles de France défendirent encore depuis aux religieux de vaquer à la médecine, savoir, celui de Montpellier de l'an 1162, et celui de Tours de l'an 1163 ; et qu'en 1212 le 20ᵉ canon d'un concile tenu à Paris, ordonna que les réguliers qui étaient sortis de leur cloître pour l'étude de la médecine et du droit, seraient tenus d'y rentrer : mais on peut douter si ce canon fut bien exécuté, puisqu'on voit quelque temps après un abbé de Sainte-Geneviève de Paris, qualifié par honneur du titre de *médecin* ou d'*expert en la médecine* (1). On assure même dans la maison qu'il avait écrit des livres sur cette science.

Au reste, on peut juger, par ce que j'ai dit plus haut, qu'on ignorait alors dans les communautés, ces pharmacies ou ces apothicaireries qui font aujourd'hui l'admiration des curieux. Je rapporterai cependant deux exemples de pharmacie naissante, et qui prouveront que les pays étrangers fournissaient ce qui manquait à la France. Le premier est celui de Bertrand de Saint-Cosme, abbé de Saint-Gilles, qui en-

---

(1) Je trouve dans le catalogue des abbés de cette maison, sous le règne de saint Louis, un *Odo medicus*. Dans le cloître devant le chapitre, on lit sur sa tombe qu'il fut *medicina et logices methodo pollens*, et qu'il mourut en 1270.

voya à Louis VII des drogues venues du Levant pour
lui marquer son respectueux attachement. Le second
est d'Etienne de Tournai, abbé de Sainte-Geneviève, qui fit tenir à l'évêque de Lunden en Dane-
marck, une fiole remplie de thériaque d'une grande
vertu, qu'un suffragant patriarche d'Antioche lui avait
envoyée. Il paraît que Louis VII était curieux de recevoir des médicamens de la main des étrangers.
Jacques, cardinal diacre, lui envoya les sucreries qu'il
lui avait demandées contre la chaleur de foie; savoir,
des tablettes de roses vieilles, et d'autres de vio-
lettes (1).

Mais comme je ne prétends pas que ces exemples
suffisent pour prouver qu'il y ait eu alors des salles de
pharmacie en forme, je n'ai eu aussi aucune intention d'assurer que dès le douzième siècle il y eût à
Paris des écoles publiques de médecine. Le témoignage de Sarisbéry sur Salerne et Montpellier, empêche de le croire. Rien de ce que du Boulay a rapporté là-dessus, ne prouve ce qu'il a avancé. Il tire
des auteurs des conséquences que leur texte ne fournit pas; et les vers qu'il rapporte de Gilles de Corbeil, prouvent seulement que, vers l'an 1200, la médecine commençait à s'établir sur la même montagne
où l'on enseignait la logique.

Il paraît aussi, par l'endroit de Sarisbéry ci-dessus
rapporté, que l'on connaissait alors une troisième es-

(1) *Zuccarum rosarum præteriti anni et zuccarum violatum præteriti anni quæ multum contra calorem hepatis valent.*

pèce de médecins qui étaient assez semblables à ce que nous appelons *chirurgiens*, ou qui étaient en partie comme les apothicaires. Un célèbre médecin d'Auxerre appelé *Maître Abbon*, chanoine fort considéré par l'évêque Alain, ami de Saint-Bernard, marque parmi les legs de son testament de l'an 1191, non seulement des livres de médecine, mais encore des vases, des pots, et même un mortier d'airain, *mortarium æreum, et quæcunque ad usum medicinæ pertinent.* Cela donne à penser qu'il joignait la pratique à la théorie, et que parmi les médecins, quelques-uns ne se contentaient pas d'ordonner, mais qu'ils composaient même les remèdes. Gautier de Metz, en son *Image du monde*, composée en 1245, les avait en vue, lorsque parlant des arts libéraux, il en exclut formellement la médecine, à laquelle il donne le nom de *physique*, selon l'usage de ce temps-là. Ces sortes de médecins, apothicaires et chirurgiens tout ensemble, devinrent fort communs sous Philippe-le-Bel, auquel temps il fallut que l'université de Paris et les conciles provinciaux arrêtassent leur imprudence (1). Le chirurgien de ce prince, nommé *Henri*

---

(1) Duboulay rapporte à l'an 1271 un statut de l'université qu'on avait cru faussement de l'an 1031 : mais je le crois encore plus nouveau, et je pense que l'erreur du chiffre vient d'une transposition du zéro : en sorte qu'au lieu de 1031 il faut lire 1301. (Voyez l'*Histoire de l'université*, t. 3, p. 400.) Dans le concile de Béziers, tenu un peu avant l'an 1310, Gilles, archevêque de Narbonne, défendit aux ecclé-

de Mondeville, pour dédommager le public des vains secours que lui fournissaient ces charlatans, composa un Traité de chirurgie qui se trouve manuscrit à Saint-Germain-des-Prés.

Les ecclésiastiques séculiers qui n'avaient point été compris dans les défenses des conciles au sujet de la médecine, loin d'en interrompre l'étude, commencèrent dans ces bas siècles à donner des régimes de santé, et à les faire écrire jusque dans des livres où l'on ne s'aviserait point de nos jours de les aller chercher, je veux dire dans les calendriers des livres ecclésiastiques. Ils eurent la précaution de les mettre en latin; et la poésie rimée leur fut d'un grand secours. Mais dans les calendriers qui étaient à la tête des ouvrages profanes, on s'expliqua plus clairement dès la fin du règne de saint Louis. J'ai trouvé ces règles de médecine prescrites pour la conservation de la santé, selon les saisons, dans un livre très-soigneusement écrit en langage vulgaire, à Saint-Omer, l'an 1268; et j'en donnerai ici la teneur dans une note (1).

---

siastiques d'exercer la médecine sans la permission de leur prélat. (*Thes. anecdot.*, t. 4, col. 231.) Dans celui de Trèves, tenu en 1310 (*ibid.*, col. 267), il fut défendu à tous ces aventuriers qui se disaient docteurs sans avoir étudié, de se mêler aussi de la médecine et de la chirurgie, sans la permission des évêques, sous peine d'être excommuniés.

(1) *Ex cod.* 218, *primæ tabulæ MS. collegii Navarr.*

En genvier né doist pas sainier, mais prendre puison et gingembre (puison c'est potio).

En fevrier fait bon seinier de la vaine del pols et pren—

Rien ne peut mieux marquer l'état où la médecine
était en France sous le fils et le petit-fils de saint

---

dre puison d'aigremore et d'ape (*apparement aigremoine* eu-
patorium, *et ache* apium).

En mars fait bon sainier de la veine del pis et del fie,
c'est-à-dire de la poitrine et du foie, et de ventouser.

En avril fait bon sainier de la moyenne veine por la cure
del polmon, et mangier char novelle et ventouser et prendre puison de betoigne.

En mai doit on chaut mangier et caut boire, et del veine
del fiz sainier, ne nul ne doit mangier pié ne teste de beste
nule; car lors descent livems, *apparement les humeurs,* del cief.
Si doit on prendre puison d'aloisye et de semence de fenoil.

En juing doit on boire eghe (*eau*) froide cascun jor à enjun et mangier laitues à l'aisil, *c'est-à-dire au vinaigre.* Lors se
doit on tenir de luxure; car dont issent les humors del cer-
vel. Si doit on prendre puison de salge, et de langhe de poi-
son et de flors de grapes.

En juille ne dois pas sainier, mais user uve et boire aighe
cascun jor à enjun pour la cole (*la bile*) desrompre, et
prendre puison d'aypier et de flepier, et de flors de grapes.

En aoust ne doit on pas boire de mies (*hypocras,* medo,
vin sucré) ne de chervoise (*cervoise,* bierre), mais on doit
prendre puison de savine et de poraïe (*app. sabine et poirée*).

En septembre doit on mangier oës (*oyes*) et char de porc,
et prendre puison de cost et de betoigne. Et bon fait sainier un petit de san à l'issue del mois et à l'entrée. (*Cost est
apparement* costus hortensis *ou* tanacetum, *en français* te-
naisie : *on dit aussi du cost* ou *poivrette.*)

En octobre doit on mangier boisjas (*id est boyaux*) et
boire moult lait de chièvre et de brebis cascun jor a enjun,
et pus apres prendre puison de galiophiléc (*giroflée*) et de

Louis, que ce détail sur les saignées et autres remèdes conseillés alors pour les différens mois de l'année.

I.

Du droit Canon.

La science du droit ne consistait encore dans le onzième siècle, qu'en certaines collections de canons de conciles, constitutions de papes et capitulaires de rois. C'était plutôt une espèce de théologie morale qu'une science particulière; et très-peu de monumens en font mention. On se contentait de faire transcrire les compilations de Rheginon, de Burchard de Wormes, comme fit, vers l'an 1080, l'abbé de Fleury-sur-Loire, nommé *Véran,* et vers 1092, Godon, abbé de Bonneval. Ceux qui cultivaient cette science lurent quelquefois le Code et le citèrent dans leurs écrits : et ceux qui passaient pour versés dans l'un et

———————————

salge , por la palasine. *Et* bon fait sainier en ce mois. (*Palasine est une espèce de goutte.*)

En novembre fait bon sainier de la veine del fie, et garder soi de caldun mangier : car dont est il plains de vem. Et lors ne doit on pas baignier, mais bon fait estuver et prendre puison d'ysope.

En décembre fait bon sainier, et bon estuver, et prendre puison d'ysope.

l'autre droit étaient souvent élevés à la dignité épis-
copale. Geoffroi, chantre d'Angers, fait évêque vers
l'an 1081, est loué par Baudri de Bourgueil, pour
avoir été versé *in actione causarum;* et la science
que ce poète appelle *civilis dictio juris* faisait son caractère. Ives de Chartres montra aussi en ce temps-là
dans sa personne, que la connaissance des lois civiles
était très-compatible avec celle des canons. Ses écrits
sont pleins de citations qui supposent qu'il avait lu
les principaux livres des lois impériales. Mais je ne
veux point prévenir ici ce que j'ai à dire plus au long
sur le droit civil.

Ce fut vers la fin du onzième siècle que l'on reconnut de plus en plus combien il était utile de réunir
en un corps les décrétales des papes et les conciles.
Hugues, évêque de Grenoble, ramassa celles d'Urbain II, dans les premières années du douzième siècle. Personne ne sentit mieux cette utilité, et ne la
fit mieux ressentir aux autres, que l'évêque de Chartres, dont je viens de parler. Son décret et l'abrégé
qu'il en fit ou qui avait servi d'original, sous le nom
de *Panorme,* fut ce qu'on lut dans les écoles jusque
bien avant dans le même siècle.

Mais depuis que Gratien, moine italien, eut rédigé
son décret, sous le titre de *Concordia discordantium
canonum,* et qu'on eut commencé à s'en servir à Bologne, la relation que les études occasionnèrent entre
cette ville et celle de Paris, fit qu'on y apporta bientôt ce nouveau volume, qui fut lu à la place des anciens. On prit ce parti avec d'autant plus de raison,

qu'on y trouva la solution des affaires plus aisément, parce que l'intention du compilateur avait été d'accorder les nouveaux usages avec ceux des siècles reculés. Si on enseignait auparavant le droit à Paris, ce n'était que faiblement, et seulement comme une partie de la théologie morale, et par conséquent on ne le professait que dans les écoles épiscopales, ainsi qu'à Auxerre, où saint Thomas de Cantorbery avait continué de l'étudier à son retour de Bologne. Mais l'introduction de l'ouvrage de Gratien dans les écoles, ouvrit une si vaste carrière, qu'on s'aperçut qu'il était besoin de faire une étude séparée de ce droit. De là se forma peu à peu l'école de la montagne de Sainte-Geneviève. Les copies de Gratien se multiplièrent; elles furent admises dans les bibliothèques, surtout dans celles des cathédrales. Guillaume de Passavant, mort évêque du Mans en 1186, légua cet ouvrage à son église. Etienne de Tournay et Robert du Mont le connaissaient. Alain, évêque d'Auxerre, retiré à Clairvaux, en fit même un présent à ce monastère, vers l'an 1180. Mais dès l'an 1188, le chapitre général de Citeaux regarda apparemment ce livre comme dangereux, puisqu'il ordonna qu'il ne fût point mis dans la bibliothèque commune, à cause du mauvais usage qu'on pouvait en faire, et qu'il serait enfermé séparément, pour y avoir seulement recours dans le besoin.

L'étude de ce décret ne fut pas suffisante pour contenter les esprits avides de cette science. Il se fit une collection de décrétales d'Alexandre III, qu'Etienne de Tournay compara à une forêt, et dont il blâma fort l'usage, disant qu'on abandonnait les anciens canons pour se livrer à des lois nouvelles. Ce savant fut témoin qu'on expliquait dans les écoles le nouveau volume, qu'on le vendait en public à l'avantage des marchands copistes, qui trouvaient leur travail bien diminué et leur paiement néanmoins augmenté. Je ne sais si un Ernald, surnommé *de Blois* ou *de Vendôme,* grand jurisconsulte de Paris et ami de Pierre de Blois, ne fut pas l'un de ces compilateurs postérieurs à Gratien. Au moins il y avait à Paris et à Orléans, dès la fin du douzième siècle, un livre de droit canon et civil appelé *Liber pauperum,* qui n'était sans doute qu'un extrait du gros volume de Gratien et autres.

La multitude étonnante de connaissances produisit parmi les canonistes le même effet que parmi les dialecticiens. On voulut subtiliser non seulement dans la spéculation, mais même dans la pratique. Les professeurs ajoutèrent concordance sur concordance, et rendirent l'étude du droit d'une extrême difficulté. Ce fut de quoi le zélé prêtre Foulques, curé de Neuilly-sur-Marne, reprit les jurisconsultes de Paris. Les subtilités d'un autre côté inspirèrent les procès : en sorte qu'en bien des pays, ce n'est que depuis le commencement du règne de Philippe Auguste que l'on trouve des vestiges de plaidoierie.

Ce serait entreprendre l'histoire du droit canon que de m'étendre sur les différens continuateurs de recueils de décrétales faits dans le treizième siècle.

Deux religieux des nouveaux ordres mendians y furent employés en divers temps : Raymond de Pegnaford, dominicain, et Jean de Gales, cordelier anglais, retiré à Paris, qui se servit utilement des compilations de maître Gilbert et de maître Alain. Je ne parlerai point non plus du premier glossateur du décret de Gratien, qu'on assure avoir été un Allemand. Il a dû être aussi célèbre en son genre dans la France, qu'Alexandre de Halez l'avait été pour le premier commentaire qu'il avait donné sur le maître des sentences. Ces gloses sur Gratien se multiplièrent à l'infini. Le décret lui-même, avec les décrétales, formèrent des volumes immenses dont quelques studieux firent des extraits sous le nom de *Flores juris canonici* (1), ou sous le nom de *Miroir* (2). Quelques autres composèrent des répertoires ou tables (3).

Autant ces derniers facilitèrent l'étude du droit canon en général, autant d'autres contribuèrent à l'éclaircir par des traités particuliers. De ce nombre fut Landulfe Sagax, chanoine de Chartres (4). Durand le jeune (5) et Jacques de Thermes, abbé de Chaalis,

---

(1) Hugues de Miramars, archid. de Maguelone, puis chartreux, vers l'an 1220. (Bibl. reg., cod. 4252.)

(2) *Speculum juris*, Durand.

(3) Le même Durand et Guillaume de Paris, jacobin, mort en 1312.

(4) *De pontificali officio.*

(5) *De modo tenendi concilii generalis.*

qui vécurent tous les trois sous le règne de Philippe-le-Bel (1).

Au reste, on ne peut mieux représenter l'état du droit canon, depuis qu'il commença à fleurir en France, que par le jugement qu'en portaient quelques graves personnages qui n'étaient pas de cette faculté. Humbert de Romans, général des jacobins, formant le canevas du sermon qui devait être prêché devant de jeunes étudians en droit canon, les avertit de prendre garde à l'abus qu'ils peuvent faire de cette science; par exemple, en troublant les élections et en multipliant les appels. Et après avoir dit que ce serait une folie d'assurer que l'Eglise se règle mieux par le droit que par la théologie, il ajoute qu'il suffit d'aimer modérément le droit canon. Guillaume-le-Maire, évêque d'Angers, disait, dans son Synode de l'an 1312, qu'il aurait voulu qu'on eût suivi les anciens canons, qu'il qualifiait de *panes similagineos sanctorum antiquorum patrum*, plutôt que le droit nouveau, qu'il ne feint point d'appeler *siliquas porcocorum, et panes furfureos modernorum*.

II.

Du droit Civil.

Quoique les sources du droit civil soient fort anciennes, aussi bien que celles du droit canon, ce ne fut cependant que dans le douzième et le treizième

(1) *Defensorium juris pro exemptione religiosorum.*

siècle qu'elles se répandirent abondamment en France. Je ne dirai presque rien de l'onzième siècle, puisqu'alors ce n'était pas dans le royaume qu'on formait la jeunesse à cette étude, et que ceux qui s'y sentaient portés passaient en Italie. C'est ainsi qu'on vit à Pise, en 1066, plusieurs Provençaux y étudier les lois; ce qui inspira à R***, moine de Saint-Victor de Marseille, qui s'y trouva dans ce temps, de demander à son abbé la permission de suivre leur exemple, prévoyant l'utilité qui en pourrait revenir au monastère. Aussi était-ce en Italie que les Instituts de Justinien venaient d'être découverts. Ce fut de là qu'ils passèrent en France, où ils furent trouvés, comme ailleurs, très-propres à donner les premières sciences du droit civil aux candidats. Mais les Italiens parurent toujours vouloir se réserver l'honneur de commencer, lorsqu'il s'agissait de donner des éclaircissemens sur ce droit. Il suffit de se remettre à la mémoire le fameux Irnère ou Wernier du douzième siècle, le grand Accurse du douzième, et Odofred de Bénévent.

J'ai déjà dit, en parlant du droit canonique, que les écoles de Bologne donnèrent la naissance à celles de Paris. Cela était si notoire, que, même après l'établissement des professeurs en cette dernière ville, bien des écoliers allèrent encore étudier les lois au-delà des Monts. Pierre de Blois le marque en parlant de lui-même. Cet écrivain, quoique formé dans cette science, n'en porta pas toujours un jugement également favorable. Après s'être excusé sur le terme de *droit civil,* dont un ami lui reprochait d'user trop souvent, et avoir fait remarquer que le prophète Jérémie n'avait pas dédaigné d'employer les termes de cette science, il en fait l'éloge en ce peu de mots: *Porrò jus civile sanctum est et honestum, atque sacris Patrum constitutionibus approbatum.* Ailleurs, il dit qu'étant à Paris, à son retour de Bologne, il jette quelquefois la vue sur le Code et sur le Digeste, plutôt pour se délasser que pour en faire usage. Mais dans sa lettre à Pierre, chapelain du roi d'Angleterre, il oppose directement la loi de Justinien à la loi de Dieu, disant que celle de Dieu convertit les âmes, et que l'autre en pervertit beaucoup; que les Pandectes sont un abîme impénétrable dont tout le fruit ne consiste que dans l'orgueil. Il traite d'impudique la science des lois, parce qu'à l'exemple des femmes de mauvaise vie, elle est mercenaire. Il finit cette affreuse description par celle des professeurs, qu'il dit n'être animés que de l'esprit d'ambition, de cupidité, de vertige et d'erreur. Ailleurs, il se contente de dire de leur éloquence, qu'elle est *picturatus loquendi modus.* Sarisbery écrivant à saint Thomas de Cantorbery pour l'empêcher de se trop appliquer à cette étude, donne une idée moins désavantageuse de l'état de la jurisprudence. Il se borne à lui demander qui est celui qui, après avoir lu et feuilleté les livres des lois, sort de cette lecture plus touché de dévotion. Adam, abbé de Perseigne, dépeint aussi assez désavantageusement l'état de la jurisprudence civile. « Tous cherchent, dit-il, la science

« des lois, et la possèdent, mais ils font peu de cas de
« l'observer. L'enflure de cette science ne sert qu'à
« amasser de l'argent; et ce vent de paroles ne tend
« qu'à l'ambition. » Le même abbé déplorait de ce
qu'il n'y avait que les jurisconsultes auxquels on dis-
tribuât les dignités et les biens de l'Eglise. Etienne
de Tournay, qui vivait aussi dans le même temps, se
plaignait fort des étudians qui avaient affaire à eux.
Il disait d'un jeune ecclésiastique obligé de plaider :
Ad bestias depugnat in laïcorum foro : judices ha-
bet eos qui et non noverunt litteras, et litteratos
oderunt. Il paraît, par ce dernier trait, que les juristes
de ce temps-là devaient être savans dans leur profession, puisqu'ils ne se mêlaient point d'autre science, et
qu'au contraire ils avaient en horreur les gens de lettres.

Dès le règne de Louis-le-Gros, plusieurs moines
et chanoines réguliers avaient été tentés d'étudier le
droit civil, afin d'amasser de l'argent. Le concile de
Reims de l'an 1131 le leur défendit, marquant qu'il
était absurde à eux de vouloir être instruits du style
du barreau. C'est ce qui porta Pierre de Celles à dire
que si dans sa jeunesse il lut les lois civiles, ç'avait
été avec la permission de ses supérieurs, et sans omettre ses devoirs. Les mêmes défenses furent renouvelées dans celui de Montpellier de l'an 1162, et dans
celui de Tours de l'an 1163. Mais comme elles ne
s'étendirent point sur les livres de cette profession,
les moines admirent dans leur bibliothèque ceux
qu'on leur légua. Mainier, abbé de Saint-Victor de
Marseille, les y faisait soigneusement conserver.

Le pape Honorius III défendit, en 1218, d'enseigner à Paris le droit civil. On en disait deux raisons: l'une, parce qu'en France on ne suit pas le droit écrit; l'autre, parce que les légistes étant les plus âgés des écoliers, causaient souvent du tumulte dans l'université. Mais la véritable raison était afin de relever l'étude de la théologie, qui tombait, pendant que l'autre fleurissait. De là vint que le même pape renouvelant les anciennes défenses faites aux moines de s'appliquer au droit civil, se servit de ces termes méprisans en parlant de cette science : *Abeuntes post vestigia gregum illicitè se convertunt ad pedissequas.* Environ dans le même temps, un concile de Paris avait défendu aux religieux d'exercer la profession d'avocat, précisément par intérêt; d'où il paraît qu'il ne regardait point l'étude du droit civil comme mauvaise en elle-même. De semblables défenses furent faites aux ecclésiastiques, dans un concile de Narbonne de l'an 1227, et dans un autre tenu à Ruffec, l'an 1258.

Quelques-uns d'entre les religieux du treizième siècle, qui avaient entrepris d'écrire sur toutes sortes de matières, écrivirent aussi sur celle du droit. Mais ce qui en dégoûta le grand nombre, outre les défenses dont je viens de parler, fut la rédaction de plusieurs coutumiers écrits en français dès le temps de saint Louis, à l'exemple des lois que Godefroy de Bouillon avait fait rédiger dans le même langage, cent cinquante ans auparavant. Cette variété de coutumes, qui différaient du droit écrit, embarrassa ces écrivains modernes. On peut les voir dans les collections de M. du

Cange et autres, où l'on trouvera celle qu'on qualifie du titre d'*Etablissemens de saint Louis*, dans lesquels en même temps qu'on apercevra les citations de l'ancien droit civil, on verra l'origine des coutumes de Paris et d'Orléans. Le Recueil des lois de Normandie, qui venaient d'être compilées en latin l'an 1250, fut aussi mis en langue vulgaire; mais cela n'empêcha pas que la procédure ne se fît plus ordinairement en latin. Il est vrai que le style en était fort corrompu. Le droit suivit en cela le sort de la théologie. Cette dernière science reprit apparemment le dessus à Paris, sous le règne de Philippe-le-Bel, puisque ce prince marque dans ses lettres de 1312, sur l'établissement de l'étude de droit à Orléans, qu'il est informé que les rois ses prédécesseurs n'ont pas permis qu'on établît à Paris l'étude des lois séculières, et qu'ils ont au contraire sollicité des bulles expresses qui en fissent défenses. Ceci marque en passant le rang qu'on donnait alors à l'étude du droit civil.

Si quelqu'un souhaite savoir jusqu'où les plus laborieux jurisconsultes français poussèrent leurs travaux sous Philippe-le-Hardi et Philippe-le-Bel, il peut consulter la liste des ouvrages de Pierre de Belle-Perche, qui devint doyen de l'église de Paris, puis évêque d'Auxerre. Il connaîtra par-là l'immensité de cette étude, et il apprendra avec combien de raison le Maître Vaccarius, Anglais, avait entrepris l'an 1149, en faveur des pauvres écoliers, un extrait en neuf livres des endroits du Code et du Digeste qui se voient

plus communément aux écoles. Ce livre passa bientôt
en France, et les légistes l'y copièrent avec succès,
sous le règne des prédécesseurs de saint Louis et de
ses successeurs.

REMARQUES SUR L'ARCHITECTURE, LA PEINTURE, L'ORFÉVRERIE ET AUTRES ARTS.

J'ai réservé pour la fin de cette dissertation ce qui
me reste à dire sur l'architecture, la peinture et autres arts, quoique j'eusse pu en parler à l'occasion de
la géométrie. M. Felibien nous a fait connaître un
archevêque de Lyon, architecte du pont qui fut fait
sur la Saône en 1050, et plusieurs autres habiles dans
l'architecture. On pourrait augmenter son catalogue
du nom d'Ezelon, qui de chanoine de Liége se fit
moine de Cluny, et avança beaucoup l'édifice de l'é-
glise de cette abbaye. Les religieux de ces temps-là
ne se contentaient pas de présider à l'ouvrage; ils travaillaient aussi eux-mêmes, et se laissaient qualifier
du nom de maître maçon, *cœmentarius*. C'est pourquoi l'on ne doit pas être surpris de lire, chez Ives de
Chartres, que certains moines s'étaient engagés de fer-
mer eux-mêmes de murs le bourg de Gourville. Foulques, préchantre de Saint-Hubert sous le roi Henri Ier,
fut un excellent tailleur de pierres et un habile ou-
vrier en bois. Martin, moine d'Autun, travailla dans
un genre plus délicat: il fit, vers l'an 1131, la sculpture du mausolée de pierre où l'on devait mettre des
reliques trouvées dans l'ancienne cathédrale; et Ri-

cher, moine de Senone, nous apprend qu'il avait sculpté de ses propres mains la statue de l'abbé Antoine, posée sur sa sépulture. Cet abbé était mort en 1137.

Les ouvrages du onzième siècle et du commencement du douzième étaient plus grossiers que ceux que l'on fit depuis. Ce fut une entreprise assez bizarre que de faire entrer dans le chapiteau même d'un pilier une ou plusieurs histoires sculptées, ou au moins des paysages : c'est à quoi on s'attacha dans l'onzième siècle. Dans le suivant, on plaça ces histoires dans des endroits moins resserrés, comme aux portiques des églises et aux vitrages. Aux portiques principalement, on n'oublia pas la résurrection dernière, afin d'instruire les fidèles contre les hérésies qui s'élevaient alors. C'est pour cela qu'on la voit figurée au portail de Notre-Dame de Paris et ailleurs. Il est aisé de s'apercevoir qu'alors, non plus que dans l'onzième siècle, on n'observait pas les proportions dans les statues ; on y fit plus d'attention dans le siècle suivant.

Les églises de pierre étaient rares, dans la campagne, sous le roi Henri Ier ; on remarquait comme une singularité celles qui étaient bâties *cœmentariorum opere*. Cent ans après, Etienne de Tournay parlait avec complaisance d'une chapelle qu'il fit bâtir sur une arcade dans son logis épiscopal. Dans la structure des châteaux des seigneurs particuliers, qu'on bâtissait en pierre, il était souvent fait mention de labyrinthes ; Lambert d'Ardres en parle trois ou quatre fois. Les édifices des cathédrales et autres églises de

France du treizième siècle, qui subsistent en grand nombre, prouvent avec quelle délicatesse on savait travailler alors, quoique ce ne fût plus dans les règles de la belle antiquité (1).

La peinture et la miniature eurent des amateurs dans les siècles même les plus grossiers. Geoffroy de Champaleman, évêque d'Auxerre sous le règne d'Henri Ier, fit représenter, sur les murs du sanctuaire de sa cathédrale, l'image de tous ses saints prédécesseurs. La vénération qu'on avait eue à Cambray pour l'évêque Lietbert, avait porté à faire son portrait : si ce tableau subsistait, il serait l'un des plus anciens qu'on pût produire en France. Vers l'an 1086, Adélaïde, vicomtesse de Coucy en Picardie, fit faire de beaux tableaux pour deux églises. Un peu auparavant, Foulques, préchantre de Saint-Hubert, s'appliqua à finir les lettres initiales des manuscrits de son monastère et à les enluminer. Ces sortes de dépenses étaient regardées comme inutiles dans l'ordre de Cîteaux : ceux de cet ordre, dans le douzième siècle, reprochaient aux moines de Cluny d'admettre chez eux des peintures délicates, des vitrages historiés, des lettres d'or dans les livres. L'évêque d'Auxerre que je viens de nommer, et qui était singulièrement porté pour ceux de Cluny, avait cru, en imitant leur zèle pour la perfection des arts, devoir tenter un établissement jus-

---

(1) Cathédr. d'Amiens, de Bourges, chœur de Beauvais, chœur d'Auxerre, de Nevers, égl. de Troyes, de Meaux, etc., Sainte-Chapelle de Paris, etc.

II. 8e LIV.   6

qu'alors inoui : il avait destiné des prébendes de sa cathédrale pour des ecclésiastiques, dont l'un serait peintre, l'autre vitrier, et le troisième orfèvre. Quoique ces ouvriers fussent bien récompensés pour ces temps-là, c'est-à-dire la fin de l'onzième siècle, leurs peintures, tant à fresque que sur le verre, étaient fort grossières, aussi bien que celles dont on se flattait alors d'embellir les livres; il ne faut que des yeux pour s'en convaincre (1). Le règne de Philippe Auguste vit paraître un meilleur peintre, qui se rendit fameux dans toute la France par ses ouvrages;. mais comme il fut convaincu d'hérésie, il eut le sort des autres hérétiques, à Braine en Soissonnais, et périt par le feu.

L'orfévrerie n'eût pas manqué d'être perfectionnée de plus en plus, si les autres évêques du royaume eussent imité celui d'Auxerre; mais nous n'en trouvons rien. On voit que l'abbé Suger appela d'assez loin à Paris les sept orfèvres qu'il employa pour son grand crucifix, puisque sa vie marque qu'il les fit venir de Lorraine. On peut juger de quelle délicatesse fut un anneau d'or donné sous Philippe Ier à Odon d'Orléans, scolastique de la cathédrale de Tournay, par un de ses disciples, puisque dans le tour de cet anneau l'orfèvre avait eu l'adresse de graver ce vers:

Annulus Odonem decet aureus Aureliensem.

---

(1) Il en reste un échantillon à Auxerre, dans la chapelle des Cryptes de la cathédrale dite *de la Trinité*, dont la construction est sûrement au plus tard du douzième siècle.

Ives de Chartres, parlant d'un vase *chrismal* qu'un évêque d'Angleterre lui avait envoyé, dit qu'il était d'un genre de travail inconnu aux ouvriers de France; ce qui prouve que, dans le royaume, on pouvait alors apprendre encore quelque chose des étrangers.

L'art de tourner convint fort aux solitaires; aussi lisons-nous que celui qui habitait un certain ermitage de Saint-Médard, vers l'an 1097, était tourneur de profession, et qu'il enseigna cet art à saint Bernard de Tiron. L'ouvrage en ce genre qui mérita peut-être le plus l'attention des curieux, fut une crosse de bois de cyprès que les moines de la Sauve-Majour envoyèrent, vers la fin du douzième siècle, à Etienne, évêque de Tournay, en reconnaissance de l'office de saint Gérald, qu'il avait composé.

Quant à l'art de la navigation, l'un des plus importans pour le commerce, on croit que ce fut au treizième siècle que fut inventée la boussole. Les Mémoires de l'Académie en ayant parlé, je n'ai garde de m'étendre là-dessus (1). Les forges à bras étaient encore alors en usage; mais les moulins à vent furent connus dès le règne de Philippe Auguste.

Observations sur les femmes savantes.

J'ai évité dans cet écrit, de crainte d'être trop long, de nommer plusieurs personnages illustres de chaque profession; le grand nombre aurait pu servir de preuves du zèle que l'on montra pour certaines

(1) *Voyez* le tome XVI, p. 435 de la Collection.

sciences. Je n'ai nommé, parmi les femmes, qu'une sainte Hildegarde et Héloïse, qui se sont distinguées par leurs connaissances : il y en aurait eu encore d'autres à indiquer. Je ne parle point de celles qui ont su simplement transcrire des livres, les enluminer et les orner de vignettes, mais j'entends des dames qui ont composé : celle par exemple qui mit au jour, vers l'an 1100, de si belles poésies que le fameux Hildebert du Mans crut devoir l'honorer d'une épigramme ; une Marguerite de Lyon, prieure de la maison des chartreuses de Poletin, qui écrivit des ouvrages de piété ; une Isabelle, sœur de saint Louis, qui écrivit une infinité de lettres en latin ; et une Agnès d'Harcourt, religieuse à Longchamp proche Paris, qui rédigea en français la vie de la même Isabelle. Mais cette recherche demanderait une étude particulière ; il est temps de finir.

Epilogue.

Peut-être trouvera-t-on cette Dissertation un peu trop longue ; au moins suis-je sûr que le style paraîtra assez négligé : mais la nécessité où je me suis trouvé de choisir de deux choses l'une, ou de sacrifier les recherches au style, ou le style aux recherches, j'ai mieux aimé prendre le dernier parti, étant absolument impossible, vu les circonstances, de faire en même temps l'un et l'autre dans un sujet si vaste et si étendu. Au reste, quelque diffus que j'aie été, je ne prétends pas avoir tout dit : il y aurait eu beaucoup plus de remarques intéressantes à faire sur le progrès des sciences et des arts en France, si l'on avait été exact, dans tous les lieux du royaume, à écrire ce qui s'y est passé, ou à conserver ce qui avait été écrit. Au défaut de ces secours, on doit se contenter de ce qui nous est resté, et, en regrettant ce qui a été perdu, souhaiter que dans la suite on soit plus exact à instruire la postérité, et qu'on fasse attention à l'utilité qui d'un côté en revient aux lecteurs, et de l'autre aux écrivains même, puisque, comme remarque Pierre de Blois, il n'y a que leurs ouvrages qui perpétuent leur mémoire dans les siècles à venir.

Sola scripta sunt, quæ mortales quædam famâ immortalitatis perpetuant. (Petrus Blesens., cp. 87.)

———

SUPPLÉMENT,

Dans lequel on traite plus amplement de quelques auteurs et de quelques ouvrages des onzième, douzième et treizième siècles.

PAR LE MÊME AUTEUR (1).

———

NOTICE DU POÈTE FULCOIUS,

Tirée de tout ce qui est conservé de lui dans les manuscrits de diverses bibliothèques.

Je n'ai pas insisté dans ma Dissertation, autant que je l'aurais pu, sur le poète Fulcoïus, qui fleurit

———

(1) Extr. du *Recueil de Dissert. sur l'hist. eccl. et civ. de Paris.*

à Meaux dans l'onzième siècle. Il est étonnant que ce poète, fameux dans son temps, n'ait pas été connu par ceux qui ont écrit sur les célèbres personnages sortis de la ville et du diocèse de Beauvais, quoiqu'on y conservât plusieurs de ses ouvrages dans la bibliothèque de la cathédrale. Il n'aurait pas dû ce semble échapper au sieur Loisel, qui paraît avoir quelquefois visité cette bibliothèque. Au défaut de Loisel, de Louvet, et même de Simon, qui a écrit le dernier sur les antiquités de Beauvais, on trouve dans trois endroits des ouvrages de Dom Mabillon, quelque notice de ce Fulcoïus : premièrement au quatrième siècle bénédictin, *partie* 1, *page* 668, en parlant de l'épitaphe d'Otger, célèbre bénédictin de saint Faron de Meaux, dont il fut auteur; secondement dans le quatrième tome des Annales bénédictines, où il dit qu'il écrivit la vie de saint Faron en vers; troisièmement dans ces mêmes Annales, *tome V*, *à l'an* 1082, *page* 185. C'est là que ce Père rapporte les vers que Fulcoïus composa pour célébrer la Celle en Brie, prieuré au diocèse de Meaux, dépendant de Marmoutier. Il parle aussi d'une longue pièce de vers de sa façon en l'honneur de saint Blandin, gardeur de porcs, inhumé dans le même lieu de la Celle, en l'église de Saint-Pierre; c'est dans cette pièce que l'auteur fait passer en revue tous les saints de Meaux; morceau par conséquent très-important pour les bollandistes. On a l'obligation au Père Toussaint du Plessis de l'avoir publié à la fin des preuves de son histoire de Meaux, aussi bien que l'histoire de la découverte d'une tête de Mars, faite sous des ruines de la même ville, et dont j'ai parlé dans ma Dissertation. On y voit ensuite l'épitaphe de Gautier Ier du nom, évêque de Meaux. Mais ce n'est pas sur ces personnages seulement que Fulcoïus avait exercé son talent poétique. Dom Mabillon atteste qu'il avait aussi écrit sur Richer, évêque de Sens, sur Hugues de Die, et autres prélats; sur les abbés Hugues de Cluny, Ives de Saint-Denis, Lanfranc et Anselme du Bec; qu'outre l'épitaphe ci-dessus mentionnée, il avait composé celle d'Herman son maître, d'Anselme, et Emone ses père et mère, de ses frères Adam et Triticus, Esceline sa nourrice, et d'Hugues, qui de chevalier se fit moine.

Mais son principal ouvrage fut son livre *de Nuptiis Christi et Ecclesiæ;* c'est l'Ancien Testament jusqu'aux Rois inclusivement, avec quelque chose sur le Nouveau; le tout en sept livres. La collection de toutes ces poésies fut singulière par les titres *Utrum, Neutrum* et *Utrumque* qu'il mit à la tête, et qu'il y distribua suivant les matières qu'ils contenaient. Il faut voir là-dessus ce qui en a été marqué vers l'an 1100, dans un manuscrit de la bibliothèque de Colbert, qui contient une partie de ces ouvrages, avec une préface qui n'est point de lui, et dont voici les termes:

Fulcoïus genere Belvacensis fuit. Meldis Elisium studio elegit, ubi Doctor, instinctu suorum, præcipuè Archipræsulis Manasse Remensis tria volumina per decem libros utiliter et decenter heroïcè composuit. Primum simplex in Epistolis, in titulis, in quibusdam quasi nugis quod experientiæ causâ Utrum *nominavit. Secundum verò suplex, quod* Neutrum *appellavit, eò quod in quorumdam vitâ Sanctorum ingenium exercens, nec adhuc quod desiderabat ingredi præsumens, nec primo volumini nec ultimo medium continuavit. Tertium autem per septem libros septiformi afflatus spiritu sub dialogo spiritus et hominis, fideli opere, mirifico carmine composuit, quod* Utrumque de Nuptiis Ecclesiæ *titulavit hac de causâ, quod vetus et novum maritans testamentum Christo Jesu verbo Patris, latori gratiæ qui fecit utraque unum uni viro virginem castam, Ecclesiam scilicet, despondit.* Ces trois titres d'ouvrages, *Utrum, Neutrum* et *Utrumque,* sont absolument originaux. Ce qu'a dit l'ancien auteur de cette Notice se trouve vérifié par le Prologue où *Manasses Pastor Remensis* est clairement nommé. Après tous les traits spirituels que lui fournit l'idée d'un dialogue entre l'homme et l'esprit, on est un peu surpris de le voir finir tout-à-coup en disant que son cheval l'entend, qu'il avait, dit-il, d'abord nourri dans les prairies de la rivière de Thairain, et qu'ensuite, il fait paître dans les Champs Elysiens de la Marne (1).

Ce Fulcoïus, intarissable en fait de poésie, promet au même endroit à ses lecteurs un Traité sur les arts

---

(1) *Hunc alui caræ per dulcia gramina Tharæ,*
Huic post Elisios Maternæ præbeo campos.

libéraux, dont j'aurais eu occasion de profiter dans ma Dissertation sur l'état des sciences; mais il manque dans le manuscrit. Je souhaite qu'il se retrouve un jour ailleurs.

Le manuscrit de Sorbonne où est l'ouvrage ci-dessus nommé, *de Nuptiis Christi Ecclesiæ,* contient sa dédicace à Manasses, archevêque de Reims, laquelle n'apprend rien, non plus que les vers qui y sont joints, et qu'il intitula : *Versus Papæ Alexandro et Hildebranno Archidiacono.* Je les rapporterai cependant ici à cause de la célébrité des personnages. Si ces vers n'éclaircissent pas beaucoup l'histoire, ils serviront au moins à faire voir combien la quantité était alors négligée dans ces sortes d'ouvrages. Ils seront suivis de différens éloges que quelques-uns firent des ouvrages et de la personne de Fulcoïus, tirés aussi du même manuscrit de Sorbonne.

Versus Fulcoïi ad Papam Alexandrum (*secundum*) et Hildebrannum Archidiaconum (1).

> *Roma senescentis dum canos respicit ævi*
> *Dum . . . . (2) tatis transactos computat annos*
> *Nunc effecta parens quondam fecunda virorum,*
> *Dum nusquam Decios, nusquam videt esse Camillos*
> *Funditus interita gemit, nec jam reparandæ*
> *Spes superest prolis, si te sponso viduatur*
> *Pastor Alexander, vel te nato spoliatur,*

---

(1) Hildebrand est celui qui fut depuis fait pape sous le nom de *Grégoire VII.*

(2) Il y a là un mot à moitié effacé dans le manuscrit.

Hyldebrande pater, non ultra restituendis.
Qualis sit princeps dat consiliarius ejus;
Qualis sit pastor docet Archidiaconus aptus;
Quis sit Alexander docet Hyldebrannus amator
Veri, Justiciæ, pax sancti, pœna profani.
Ultimus hic Cæsar Romanæ gloria gentis,
Ultimus ille Cato, rigidi servator honesti :
Non habitura pares hos serva Roma parentes,
Hos simul amittes viduata vel orba futura,
Hos vacuâ vidisse manu, cum non fit honestum
Romanis placuisse diis, qui carmina novi,
Carmina deporto tantis optanda patronis
Temporibus docti Papæ doctique ministri
Instinctu Manasse condigni carmen amantis,
Hoc testamentum sacro monstrante magistro
Composui vetus atque novum quem lecta docebunt.
Veris judicibus sint non sint excipienda.

Le poète anonyme qui fit parler les villes de Beauvais, de Chartres, d'Orléans, de Paris, en faveur de
Fulcoïus après sa mort, ne brilla pas non plus beaucoup dans la poésie; mais dans l'hommage qu'il lui
fait rendre par la ville de Paris, elle est moins mauvaise, quoiqu'elle renferme trois vers léonins. Le dernier morceau nous apprend les particularités qui re-
gardaient cet auteur : que sa famille, de Beauvais,
était noble; que son père Anselme était surnommé *le
petit,* parce qu'il l'était en effet de corps, ce qui désigne l'antiquité des sobriquets; que la fortune ne répondit point à la noblesse de sa famille, mais que la
vertu en fut le principal ornement. Le poète finit en
disant que Fulcoïus avait écrit treize livres, dont trois

étaient dédiés à Manasses, archevêque de Reims.

Il y a apparence que le mausolée de ce poète fut environné de tous ces morceaux poétiques. Ceux où la ville de Beauvais parle, pouvaient être à la tête et aux pieds; ceux de Meaux ou de Reims dans l'un des côtés, avec ceux de Chartres; ceux d'Orléans et de Paris, de l'autre côté. Comme dans le manuscrit on a rayé le nom de la première des quatre villes, je n'ai dit que par conjecture que ce fut Meaux ou Reims qui y parlait. Les villes de Paris et d'Orléans souhaitaient l'immortalité à Fulcoïus, et que son tombeau ne fût jamais détruit.

Belvacus suo Fulcoïo.

Eheu! Fulcoïum tot habentem pondera rerum
Invidiose lapis à brevitate capis.
Legem, consilium, rationem, carmina, linguam,
Sparsa quis hospitio colligit huic simili?
Quis queat actorem titulare? quis anser olorem
Hunc pro tot titulis carminibusque suis?
Audeo, da veniam, dedit hæc mea fistula panem
Lætaque lac, potum : moesta dabit titulum.
Non habet aut habuit, nec post te Meldis habebit
Tale quid ecce tuo nuda magisterio.
Belvacus, Remis cum Roma quem cupierunt,
Meldis habet, servat, fert, veneratur, amat.
Belvacus natale solum fuit, occiduale
Meldis Fulchoïo : Sis Paradise quies.

Belvacus suo Fulchoïo.

Mantua Virgilio, sit Corduba læta Lucano,
Urbs Peligna suo gaudeat Ovidio.

Fulchoïo lætæ Belvacus, Meldis, utræque
Dum sint pars proprio, pars sibi deposito.

***** Fulchoïo.

Si dum vixisti punctum cum laude tulisti
In sermone quidem perdulcis et utilis idem
Post fructu plenas tenues patiare Camœnas,
Castaliæ fontes Parnassi visere montes
Mortuus in vita loca nullo vate petita
Te sine, si totus non est fons carmine potus,
Quas tibi reddamus laudes permitte bibamus.

Carnotus suo Fulchoïo.

Fistula Belvaci moritur compacta tenaci.
Nomine, doctorum victura per ora virorum
Dum legislator, dum vivet legis amator
De quibus egisti, dum Christus sponsaque Christi
Carmine mirifico veraci carmine dico
Doctiloquis melodis satis et perdulcibus odis
In thalamis regis novus in dictamine legis,
Regia debetur stola quam tibi lingua meretur.

Aurelia suo Fulchoïo.

Si Cæsar præbet quia Christus præmia debet
Quem creat athletam...... si Troja poëtam,
Quid thesis, hypothesis, quid possit vera poesis,
Et quid germanæ septem novemque Camenæ
Fulcoïus præco collegit carmine, de quo
Vocis olorinæ modulis mentisque quirinæ
Dat sponsam castam Christo per scuta, per hastam.
Imprecor autori quid convenit esse timori,
Ne fractis muris manus hæreat æmula furis
Quæ titulum mutet, ne laudis gloria nutet.

Parisius Fulchoïo.

Cur præsumis homo requiem violare sepulchri ?
Quid tantum invenies? Olidum vacumque cadaver.
Improba si qua manus me læserit, attamen unam
Lingua sepulturam peperit mihi non perituram,
Quam cunctis annis non diluet ignis et amnis,
Nec solidis muris feriet cùm dura securis.

Item Belvacus suo Fulchoïo.

Belvacus natale meum, natale parentum :
Dicor Fulcoïus, servatum carmine nomen.
Filius Anselmi dicti pro corpore Parvi,
Filius ac Emmæ. G. juncto corpore gemmæ.
Qui de patre meo verum desiderat, altum
Noverit esse genus quærendo quid altiùs esset :
Si de fortuna, fortuna fuit genus infra.
De virtute quidem ; superavit cœtera virtus,
Virtus et genus et fortuna, parem genitricem
Concessere mihi proavis ; et carmine noto
Scripsi bis quino trinoque volumine libros,
Cujus Utrum, *cujus* Neutrum, *cujus sit* Utrumque
Nomen et est, arat hoc, serit istud, colligit illud,
Remorum Manasse pastori re specieque.

~~~~~~

NOTICE

DES DIFFÉRENTES SECTES DE PHILOSOPHES QUI ÉTAIENT A PARIS AU DOUZIÈME SIÈCLE,

Tirée d'un ouvrage manuscrit de Godefroy de Saint-Victor,
écrivain du même siècle,
avec quelques fragmens poétiques du même temps, à l'occasion des épitaphes composées par Simon de Chevre-d'Or,
chanoine de la même abbaye, qui vivait alors.

PAR LEBEUF (1).

————

QUOIQUE j'aie marqué, dans le corps de ma Dissertation sur l'état des sciences en France au douzième
siècle, à l'article de la Théologie, que ce fut surtout
dans la maison des chanoines réguliers de Saint-Victor
de Paris que l'on parut étudier avec plus d'attention
la théologie morale durant ce siècle et le commencement du suivant, je n'ai point prétendu par-là que
les livres de cette espèce ne fussent connus à Paris
que dans cette communauté, ni qu'on ne cultivât non
plus les belles-lettres dans le même lieu. Il est vrai
qu'on y conserve beaucoup de manuscrits sur cette
matière, et que Jacques Petit, dans ses *Additions au*

———————————

(1) Extrait du *Recueil de Dissert. sur l'hist. eccl. et civile de
Paris.*

Pénitenciel de Théodore de Cantorbery, nous fait connaître plusieurs chanoines de Saint-Victor qui ont écrit en ce genre ; mais si cette maison eut des théologiens depuis Hugues et Richard, elle fut aussi fournie de poètes et d'historiens : on y vit pareillement des écrivains appliqués aux rimes latines. Les églises de Paris et d'ailleurs retentirent, dès le douzième siècle, des proses d'Adam de Saint-Victor. Le sousprieur Godefroy donna dans le même goût de rimer en prose, mais sans rendre les quatrains latins qu'il écrivit propres à être chantés.

N'ayant pu insérer dans ma Dissertation les rimes de cet auteur, qui donnent quelque lumière sur l'état dans lequel la philosophie était alors à Paris, j'ai cru faire plaisir aux curieux en leur communiquant ces fragmens, qui ne se trouvent ni dans du Boulay ni ailleurs. Ce Godefroy ou Geoffroy paraît n'avoir été connu que par les historiens modernes de l'abbaye de Saint-Victor ; et je ne vois, parmi ceux qui ont fait des compilations sur les écrivains ecclésiastiques, que le seul Oudin qui en ait fait mention. Je ne répéterai pas ici la notice qu'il en donne. Il est un peu surprenant que ce sous-prieur, au lieu de dédier son ouvrage à son abbé, l'ait dédié à Etienne, qu'il appelle *abbé du Mont :* il a voulu dire l'abbé de Sainte-Geneviève, qui fut depuis évêque de Tournay. Au reste, la règle n'était pas toujours de dédier les livres au supérieur dont on dépendait. Quelquefois des séculiers adressaient leurs ouvrages à des réguliers, et quelquefois des réguliers les mettaient sous la protec-

tion de quelque notable du siècle. Je ne sais si le
sous-prieur de Saint-Victor, qu'on voit, par quelques
opuscules sur l'anatomie, avoir été un peu médecin,
n'aurait pas été lié de ce côté-là avec l'abbé Etienne.
Quoi qu'il en soit, ils étaient contemporains. Geoffroy mourut cependant le premier, dès l'an 1186,
selon les annales manuscrites de Saint-Victor.

M. de Toulouse, auteur de ces Annales (1), dit
que la méthode de rimer qu'employa Geoffroy était
absolument nouvelle, en ce que, pour ne pas répéter
sa rime au bout de chacune des quatre lignes qui fi-
nissaient de même, il se contentait d'écrire la rime
une seule fois à la marge, et tirait ensuite quatre
traits de plume qui conduisaient la suite du dernier
mot jusqu'à cette rime, comme des lignes qu'on tire-
rait de la circonférence d'un cercle à son centre. Je
me contenterai de représenter ici cette méthode dans
le premier quatrain seulement; mais je ne sais si cette
manière était alors si originale que le P. de Toulouse
l'a cru, puisque j'ai trouvé des écrivains qui, dans
les vers hexamètres et pentamètres, la pratiquaient
même à l'hémistiche comme à la fin, réunissant au
bout d'une espèce de triangle les deux rimes, tant
celles de l'hémistiche que celles de la fin des vers.

---

(1) Il serait à souhaiter que ce travail immense du père
Toulouse fût rendu public. Il est fâcheux que nous n'ayons
d'imprimé de cet auteur si laborieux que l'*Abrégé de la
Fondation de l'abbaye de Saint-Victor*, in-folio très-mince,
Paris, 1630.

Le principal ouvrage de ce chanoine régulier, contenu à la tête du volume manuscrit coté 1198, parmi ceux de Saint-Victor, commence par ces mots d'un caractère d'environ l'an 1200 : *Noctis erat terminus.* L'auteur, après avoir parlé de la grammaire, de la dialectique et de la rhétorique, dit : *Hoc est illud Trivium latè celebratum.* Il fait ensuite un long chapitre intitulé *De modernis philosophis,* et rime ainsi :

Addunt his se socios quidam Nomin
Nomine, sed minimè talium sod
Alii vicinius assunt quos Re   ales
Ipsa nuncupat res, quod sunt vere t

Nam si pro sealibus variis errorum
Poterat Realium nomen diei horum
Tam excusabilis error est, eorum
Menti contradicere mos est insanorum.

Nam quæ mens vel cogitet nomen esse genus
Solus hoc credidit mentis alienus,
Cùm sit tot generibus rerum mundus plenus,
Cujus genus nomen est semper sit egenus.

Æternum Realium sunt quam plures sectæ,
Quas Reales dixeris à reatu rectè,
Quia veri tramitem non eunt directè
Nec fluenta gratiæ hauriunt perfectè.

De Porretanis.

Ex his quidam temperant porri condimenta
Quorum genus creditur granis contenta :
Decem rerum triplicant hi prædicamenta,
Evertunt veterum per hoc fundamenta.

II. 8ᵉ LIV.   7

De Albricanis.

Aliter sed pariter erat Albricanus,
Cujus sortes eger sit si non manet sanus.
Sed quia velociter transit homo vanus,
Etiam dum moritur maneat insanus.

De Robertinis.

Hærent saxi vertice turbæ Robertinæ
Saxeæ duritiæ vel adamantinæ
Quos nec rigat pluvia neque res doctrinæ
Vetant animis aditum scopulorum minæ.
Isti falsum litigant nihil sequi verè
Quamvis tamen ipsimet post hos abire
Qui de solo nomine fingunt mille ferè :
Igitur pro nihilo licet hos censere.

De Parvipontanis.

Quidam pontem manibus suis extruxerunt,
Et per aquas facilem transitum fecerunt,
In quo sibi singuli domos statuerunt,
Undis positis incolæ nomen acceperunt.

Decens est materia, decens est figura,
Cubicorum lapidum subest quadratura,
Stat columnis æneis solida structura,
Nullis motionibus unquam ruitura.

Pavimentis desuper opus est politum,
Aureis argenteis signis insignitum,
Editis lateribus undique munitum,
Ne ruinam timeat vulgus imperitum.

Sed et habet exedras per quas speculantur,
Et latentem fluminis fundum perscrutantur.

Alii natatibus quoque delectantur
Et æstivis solibus usti recreantur.

Venerandus sedet hic ordo seniorum,
Et doctrinæ gratiâ præminens et morum,
Simplices erudiunt turbas populorum :
O beatus populus talium rectorum !

Geoffroy de Saint-Victor, auteur de ces rimes, paraissait trouver à redire dans toutes les sectes des nouveaux philosophes, excepté dans celle de ceux qu'il appelait *les parvipontains*. Il blâmait les nominaux, et les regardait comme des insensés; cependant il voulait qu'on mît de la distinction parmi leurs adversaires.

Il n'était point d'abord pour les *porretans* ou disciples de Gilbert de la Porrée : c'étaient des réels outrés, qui avaient perpétuellement présentes les dix catégories d'Aristote. Leur chef est trop connu pour que je m'y arrête.

Il paraîtra un peu extraordinaire que Geoffroy parlât si mal des *albéricans*, autre branche des réaux. C'est Albéric de Reims qui avait été leur chef. Jean de Sarisbery avait étudié sous lui. *Adhæsi*, dit-il, *magistro Alberico qui inter cæteros opinatissimus dialecticus eminebat, et erat reverà nominalii sectæ acerrimus impugnator.* Il faut croire que les disciples d'Alberic, contemporains de Geoffroy, s'étaient écartés de la droiture de leur maître, auquel saint Bernard avait rendu un si bon témoignage qu'il fut fait par la suite archevêque de Bourges, où il mourut l'an 1141.

Les *robertins* étaient les disciples de Robert de Melun, ainsi surnommé, non qu'il fût de cette ville puisqu'il était Anglais, mais parce qu'il y avait enseigné les arts libéraux, après l'avoir fait à Paris. Il fut enfin évêque d'Herford en Angleterre, et y mourut. Geoffroy aurait pu juger par son *Traité théologique,* qui est conservé à Saint-Victor, qu'il se servit modestement des règles et axiomes d'Aristote. Il semble que ses sectateurs, qui lui déplurent, avaient leurs écoles sur le plus haut de la montagne, qu'ils se rapprochèrent un peu des nominaux, et que ce fut la raison pour laquelle Geoffroy les compta pour rien.

Les cinq strophes qu'il écrivit sur les disciples de Jean du Petit-Pont sont plus curieuses. Il ne dit rien du maître qui portait ce nom, dont Gilles de Paris publiait alors qu'il était un puits de science, et qu'il s'adonna infatigablement toute sa vie à expliquer les auteurs; mais il se contente de nous apprendre que ces disciples avaient leurs classes sur le Petit-Pont, et qu'ils y enseignaient même le peuple. L'exclamation par laquelle il finit ce qu'il a eu à en dire, fait voir que ceux-là seuls lui étaient agréables parmi les différentes sectes qui avaient cours à Paris. A cette occasion, Geoffroy nous apprend certaines circonstances touchant le Petit-Pont qui subsistait alors; savoir, que les disciples de Jean l'avaient fait faire à leurs dépens, et qu'ils avaient chacun une maison bâtie dessus, d'où ils tiraient leur nom. Il ne se contente pas de louer, en général, la solidité de ce pont du côté des pierres, il ajoute qu'il était soutenu par des piliers couverts d'airain, qui le rendraient d'une durée dont on ne verrait jamais la fin (1). Il n'oublie pas de remarquer qu'il était pavé, car encore jusque-là les rues de Paris ne l'avaient pas été; que les garde-fous étaient de briques, ni même qu'il y avait des crénaux pour regarder sur la rivière. On apprend aussi, par ce qu'il dit des bains usités en cet endroit de la Seine, que c'est depuis ce temps-là qu'il est arrivé plusieurs changemens sur le territoire que l'Hôtel-Dieu occupe aujourd'hui, et que c'est assez tard qu'on a rétréci le lit de la rivière par les édifices bâtis sur ses bords.

A l'égard du goût de la poésie, tel qu'il était alors dans l'abbaye de Saint-Victor, j'aurais pu en produire un échantillon sans quitter le volume des œuvres du sous-prieur Geoffroy. Cet auteur, après avoir composé sur le corps de Jésus-Christ, un livre dans les mêmes rimes que ci-dessus, commence ainsi le second:

Hactenus ad rithmum numeratis passibus ivi ,

et continue en vers élégiaques le même livre, qui est suivi d'un troisième et d'un quatrième. Mais comme

_____

(1) J'ai déjà fait remarquer dans mes Dissertations de l'an 1739, sur l'histoire de Paris, que cette ville ne fut pavée pour la première fois que sous Philippe Auguste, et que l'ancien pavé se trouvait à 4 ou 5 pieds dans terre, dans la rue Saint-Jacques. Il paraît actuellement plus à découvert, à l'occasion de l'aqueduc qu'on y construit.

la poésie n'en est ni trop bonne ni trop claire, je joindrai ici, ou plutôt j'indiquerai quelques épitaphes de la composition d'un autre victorin de ces temps-là, qui a été inconnu à du Boulay, et qui néanmoins passait alors pour un *grand poète et qui versifiait aisément.* Je tire ces circonstances d'un manuscrit du douzième siècle, où on lui donne les qualités que je viens de marquer, et où on assure qu'Henri, comte de Champagne, lui demandait quelquefois de la poésie.

Versus magistri Simonis, cognomento Capræaureæ, canonici S.-Victoris, summi et celerrimi versificatoris, ut aiunt. Hos autem rogatu comitis Henrici composuit.

> *Ecce latet Claræ vallis clarissimus Abbas*
> *E summis summus, etc.*

Cette épitaphe de saint Bernard, composée de six distiques, est dans les éditions de ses ouvrages, données en 1527, 1534 et 1572, mais sans nom d'auteur.

« *Item ejusdem, de Episcopo Autisiodorénsi,* « *rogatu Monachorum.* »

> *Autisiodori Præsul, etc.*

Cette épitaphe, consistant en sept distiques, est imprimée sans nom d'auteur (1). On apprend ici que les religieux de Pontigni, chez lesquels ce prélat fut in-

---

(1) Chez du Boulay. *Hist. univ. Paris.* t. 2, p. 258.

humé, avaient demandé cette inscription au poète Simon.

« *Item ejusdem, de Abbate S. Dionisii.* »

Decidit Ecclesiæ flos, gemma, corona, columna,
Vexillum, clypeus, gloria, lumen, apex.
Abbas Sigerus, etc.

Le nom de Suger est ainsi écrit. Je ne mets point ici les sept autres distiques que Dom Félibien a donnés à la fin de l'Histoire de saint Denis, page 572.

« *Item ejusdem, super Comite Theobaldo.* »

Transiit ille Comes Theobaldus clarus ubique
Ecclesiæ matris filius, etc.

Je ne rapporte point les sept autres distiques, parce qu'ils sont connus par les savans qui travaillent à l'histoire de Champagne. On lit dans le dernier, que ce comte Thibaud mourut le 10 janvier.

Je trouve dans le même manuscrit, après les poésies de Simon de Saint-Victor, quelques fragmens de versification d'un style singulier, lesquels ne paraissent point être de ce poète, qui n'aimait point la rime. Ce sont des vers composés en 1180 ou 1181, pour orner le tombeau d'Henri, comte de Champagne, inhumé dans le chœur de l'église de Saint-Étienne de Troyes. On n'y voit plus depuis long-temps les quatre premiers vers, qui sont hexamètres. Ils pouvaient être gravés sur quelqu'un des ornemens de ce tombeau, qui furent dérobés quelques années après la construction du mausolée.

Epitaphium Comitis Henrici.

Hic jacet Henricus comis Comes ille Trecorum
Hæc loca qui statuit, et adhuc stat tutor eorum.
Bis deni deerant de Christi mille ducentis
Annis, cùm medius Mars os clausit morientis.

Ce qui suit dans le manuscrit, consistant en trois distiques, est resté autour du tombeau de ce comte jusqu'à nos jours, et se lit chez Baugier, page 399 de ses Mémoires sur la Champagne.

Hujus firma fides, etc.

Le poëte voulant montrer qu'il savait rimer de toutes les manières, s'avisa de consacrer quatre vers pour mettre dans la bouche du défunt, en forme de sentence. Ces vers avaient, outre la rime de la fin, une rime après le premier pied, et une après le troisième. J'ai cru devoir représenter ici cette versification singulière.

Largus eram
multis dederam ;
multumque laborem
Hic tuleram :
nunc quæso feram
fructum meliorem.
Quæ statuo
tibi templa tuo,
proto martyr honori,
Perpetuò
rege, daque suo
prodesse datori.

Autres vers du même manuscrit, qui ont dû se lire autrefois proche la figure du même comte Henri :

Me meus hic finis
pertraxit de peregrinis
Finibus, ut sit in his
hic sine fine cinis
Hunc Deus ipse thorum
mihi stravit, ut hic cor eorum,
Me recolat, quorum
res rego, servo chorum.

ᴧᴧᴧ ᴧᴧ

EXTRAIT

DU ROMAN DE GAUTIER DE METZ,

Composé en l'an 1245, à l'article intitulé *Comment Clergie vint
en Franche*. et ensuite sur *les sept Arts* (1).

———

Clergie regne ore a Paris
Ensi com elle fu jadis
Athenes qui siet en Grece
Une cité de grant noblece.

Après avoir loué le clergé et la noblesse. il ajoute :

Si sont encore unes autres gens
Ki sont venus à nostre tens,
Jacobin et Frere Menor,
Ki se sont mis pour Dieu amour
En religion, et pour entendre
A Dieu servir et por aprendre.

———

(1) Ex cod. MS. S. Genovefæ Paris. Bb. 2, in-4°. — Ap. Lebeuf,
Dissert. sur l'Hist. eccl. et civile de Paris, t. 2.

Nous avons cru devoir suivre exactement la copie de l'abbé Lebeuf,
quoique l'orthographe du texte y soit modifiée dans beaucoup de mots.
Ces légers changemens admis par les érudits du dernier siècle, avaient
pour but de rendre plus facile l'intelligence d'une langue qui n'était
alors connue que d'un très-petit nombre de lecteurs. Sans doute les
temps sont bien changés ; mais, malgré le progrès des études nationales,
la connaissance parfaite de notre vieux langage est encore une science ;
les savans sont encore, aujourd'hui comme autrefois, une exception
dans l'état moral de la société, et notre libraire ne voudrait pas se
charger d'un livre qui ne serait fait que pour eux. (*Edit. C. L.*)

Don Dieu nous a fait grant honour,
Dont ils retienent ore la flour
De Clergie por adrechier
Cristienté et essauchier
Par lor travals, par lor estude, etc.

DE LA MANIERE DES VII ARTS.

Grammaire.

La premeraine des VII ars
Dont il ne est pas sens li quars
Au tans dore si est Grammaire,
Sans lequelle riens ne vaut gaire
Ki de Clergie velt aprendre,
Car sans li puet petit entendre.
Grammaire si est fondement
De Clergie et commenchement.
Che est la porte de science
Par quoi on vient à sapience
De lettres en Gramaire escole
Ki enseigne a former parole,
Soit en latin ou en romans
Et en tous langages parlans:
Ki bien sauroit toute Gramaire
Toute parole sauroit faire.
Par parole fit Diex le monde,
Car sentence est parole monde.

Ici l'on voit le maître représenté comme un prêtre à grande tonsure, tête nue, assis en grande robe
et capuchon bleu, de la forme de celui des jacobins, tenant une poignée d'osier relevée, et devant
lui une troupe d'enfans tenant tous chacun un livre;
et nus de tout le corps depuis la tête jusqu'à la cein-

ture. Toutes ces figures ont été faites avec grand soin sur un fond d'or. Dans les deux arts suivans le maître est habillé de même, et a une espèce de toque sur la tête, ou comme un bonnet carré naissant. Tous les écoliers sont tonsurés et ont des espèces de chapes à capuchon sans manche, et sous cette chape un habit d'autre couleur. Leurs chapes tenant un peu de la forme de celles des jacobins, sont rouges si la robe de dessous est bleue, et bleues si la robe de dessous est rouge.

Logique.

La seconde ars si est Logique
Ke on appelle Dialectique ;
Ceste si prove voir et faus
Par quoi on connoist biens et max. (*Sic.*)
Ki bien sauroit Logique toute
Bien et mal proveroit sans doute
Por bien fu criés Paradis
Et por mal Enfers establis.

Rhétorique.

La tierce Rethorique a non,
Qui est droiture de raison
Et ordenée de parole
Kele ne soit tenue a fole.
De cesti sont li droit atrait
Par quoi li jugement sont fait
Ki esgardes sont par raison
En Court de Roi et de Baron,
Et fors jugie de coses males.
De cest art furent Decretales,
Arretes et Decrets et Lois,
Ki mestier ont en toutes lois.

Il connoistroit et tort et droit
Ki Rethorique bien sauroit:
Par tort faire est li mons perdus
Et par droit sauve ses vertus.

Arithmétique.

La quarte a nom Aritmetique :
Ceste vient apres Rethorique,
Et en mi les sept ars est mise ;
Car sans lui ne puet estre assise
Nule des Arts parfaitement
Ne bien seue entierement,
Devant que on sache cest art :
Car toutes i prennent leur part,
Ne ne pourroient estre sans lui
Parche fu elle mise en mi
Les sept ars en qui tient son ombre
De ceste moenent tout li nombre
Par quoi tout croist et tout nest,
Car sans nombre nule rien (1) n'est,
Mais peu voit coment che puet estre
Ki des sept ars n'a eu maistre
Tant qu'il en sache adroitriens dire
Si ne poos pas tout chi lire ;
Car qui volt respondre tel chose
Moult li convient savoir de glose ;
Haritmetique sauroit bien ,
Il verroit ordenne en toute rien :
Par ordene fu li mondes fais
Et par ordene sera deffais.

---

(1) Les expressions ici usitées *nule riens, toute riens* prouvent que le
mot *rien* de notre langue vient de *res :* car ici, c'est *nulla res, omnis
res.* Cela se retrouve encore ci-après.

Géométrie.

La quinte a non Gyometrie
Ki plus vaut a Astronomie
Ke nule qui chi est nomée :
Par si est elle mesurée,
Car elle compasse et mesure
Toutes riens où il a mesure :
Par li puet on savoir le cours
Des estoilles ki vont tous jours
Et la grandor del Firmament,
Souleil, Lune, terre ensement :
Par li set on le vérité
De toutes riens la quantité,
Ja si lointaine ne sera
Mais ke on voie jusques là.
Ki bien entent Geometrie
Voit mesure en toute mestie,
Par mesure fu fais li mondes
Et hautes coses et profondes.

Musique,

et par ocasion sur la Médecine.

La sisieme si est Musique
Ki se forme d'Arimetique.
De cestuit muet tout atemprance,
De cestui Fisique s'avance ;
Car ensi comme Musique acorde
Tout che qui en soi se discorde
Et il concordance remaine,
Tout ensi Phisique se paine
De remen nature à main
Ki se detempte en cors humain
Quant aucuns malaiges lencombre ;

Mais elle n'est mie del nombre
Des sept ars de Philosophie,
Ains est un mestiers qui s'alie
A cors dome de mal sever,
Et de maladie garder
Tant com il se maintient en vie,
Et por che liberaus n'est mie :
Car elle sert del cors gairir
Qu'aucune fois paroit perir,
Et nule riens liberaux n'est
Et par che science qui sert
A cors humain francise pert :
Mais celes qui a l'ame servent
Liberal nom au mont deservent

. . . .
. . . .

De cestes est Musique l'une,
Ki si bien s'accorde a cascune
Ke par lui concordées furent
Les sept ars si comme elles durent.
De cestes sont li chant escrit
Ki en saint Eglise sont fait
Toute acordance et estrument
Ki ont de ij accordement.
De toute riens set l'acordance
Ki de Musique à la science ;
Toute riens ki de bien se paine
A concordance se remaine.

Ici le maître a devant lui quatre cloches de diverses grosseurs rangées parallèlement, sur lesquelles il
frappe avec un marteau qu'il tient de chaque main,
et au-dessous de ce carillon, une harpe, un violon.

Astronomie.

La septieme est Astronomie
Ki est fins de toute Clergie :
Ceste ensenge raison aquerre
Des coses du ciel et de terre
Ki par nature faites sont
Ja si lointienes ne seront.
Ki Astronomie saûrait bien
Raison sauroit en toute rien.
Diex fit toutes riens par raison ,
Ki cascune dona son nom.
Par ceste art fu premiers enquise
Toute autre science et aprise
Et Decrès et Divinités
Par quoi toute Cristientés
Est convertie a droite foi
De servir Dieu le vrai Roi ,
A qui tous biens se done et lie
Et fist toute Astronomie
Et Ciel et terre et les estoilles
Comme cil ki est li drois voiles
De tout le monde gouverner,
Ne riem ne puet sans lui durer :
Cest li haus Astronomiens ,
Car il set tout et mals et biens
Com cil qui fist Astronomie
Qui en soloit tenir por mie ;
Car c'est uns ars de moult noble estre
Ki biens sages en poroit estre ;
Et est la science ki soit
Par quoi on connoit plus adroit
Coment li mondes est compassés
Et d'autres coses moult assez.

APERÇU

DE L'ÉTAT DES LETTRES, DES SCIENCES ET DES ARTS EN FRANCE
AU QUATORZIÈME SIÈCLE (1).

LA France a eu pour rois pendant le quatorzième siècle, Philippe-le-Bel, Louis X, Philippe-le-Long, Charles IV, Philippe de Valois, Jean-le-Bon, Charles V et Charles VI. Cette nomenclature, qui embrasse les derniers rameaux de la branche aînée de saint Louis et les premiers de celle des Valois, suffit pour indiquer la variété progressive de cette époque de transition.

Les guerres des anciennes croisades ont fini avec le treizième siècle, et les résultats désastreux de ces expéditions d'outre-mer ont tristement pesé sur le règne du fils de saint Louis, Philippe-le-Hardi. Mais à ces luttes de géans engagées par la foi religieuse et soute-

---

(1) Pour remplir la lacune indiquée dans les observations placées en tête de notre sixième partie (p. 3, t. 14 de la Collection), feu M. Salgues, l'un de nos collaborateurs, s'était chargé de la rédaction de cette notice. La maladie à laquelle il a succombé ne lui ayant pas permis de s'en occuper, M. Adolphe de P...... a bien voulu acquitter cette dette de sa succession littéraire. C'est pour nous une bonne fortune dont nous croyons pouvoir nous féliciter, et nous espérons n'être pas seuls de notre avis. (*Edit.* C. L.)

nues par l'honneur chevaleresque, vont succéder, indépendamment des schismes, deux guerres non moins terribles : la guerre avec l'Angleterre, qui remplira une immense période, et la guerre civile, allumée d'abord entre les nobles et les paysans, sous le nom de *Jacquerie*, et plus tard entre deux factions rivales, les Bourguignons et les d'Armagnacs.

Les lettres et les arts, expression mobile des idées et des mœurs de chaque époque, ne pouvaient échapper à l'influence de ces profondes commotions; le génie national, entraîné en Orient à la suite des preux, fit retour sur lui-même, et entra dans la voie de son développement naturel, dès que le champ de bataille eut été transporté au sein de l'Europe.

La renaissance avait commencé en Italie; le Dante en avait marqué l'aurore, et la lumière rayonnait de tous les côtés, avec les ouvrages des Pétrarque, des Boccace et des Coluccio. Appelés à choisir entre la caducité de la langue latine et la barbarie de l'idiome italien, ces hommes illustres avaient compris qu'il était moins difficile d'élever l'un que de relever l'autre; ils osèrent donc être de leur pays et s'inspirer sur place : mais pour ennoblir leur langue et pour la rendre digne de leur génie, leur soin le plus empressé fut de la doter de tous les modèles antiques; les latins et les grecs furent traduits; et l'italien, merveilleusement greffé sur ces fertiles compositions, acquit aussitôt un degré de maturité que les langues anglaise, allemande et espagnole n'atteignirent que plusieurs siècles après.

La langue espagnole attendait un souffle créateur ; elle ignorait sa fécondité. La langue allemande, dédaignée pour le latin corrompu du Bas-Empire, n'était pas moins loin de faire soupçonner, sous l'étreinte des habitudes opiniâtres qui la paralysaient, qu'elle deviendrait un jour l'interprète des Wiéland et des Schiller. La langue anglaise, se recrutant de tous les dialectes du Nord, était dans un travail dont rien n'indiquait le terme. Ses deux premières originalités, Jean Wicleff et Geoffroi Chaucer, sont devenues inintelligibles ; et il n'est rien resté de tous les controversistes que fit éclore Duns Scot ; les infatigables athlètes d'Oxford, ces réalistes et ces nominaux qui firent tant de bruit dans les chaires, n'ont pu faire arriver une seule page à la postérité.

Si la littérature française a mieux profité de l'heureux essor de la littérature italienne, il y avait deux motifs pour qu'il en fût ainsi : d'abord sa longue priorité ; elle avait vu naître l'italien ; elle lui avait même prêté le secours de sa vieille langue romane, et elle avait pu ainsi le suivre dans ses premiers progrès : en second lieu, des relations intimes s'étaient établies d'un côté à l'autre des Alpes par la translation de la cour de Rome à Avignon. Ce n'était pas là seulement le centre de la chrétienté, mais de la science ; on voyait souvent dans les mêmes murs des professeurs appartenant aux universités de Paris, de Bologne, d'Oxford ou de Cambridge ; l'unité catholique qui tendait à généraliser le mouvement intellectuel multipliait les rapprochemens et les communications.

Les salutaires effets de cette influence locale furent malheureusement détruits en partie, lorsque le grand schisme, instituant deux papes et faisant de Rome et d'Avignon deux camps ennemis, couvrit du tumulte de ses querelles toutes les voix qui s'essayaient à chanter sur la lyre toscane.

Et puis, où trouver en France, au milieu de cette société encore bardée de fer et toujours la lance au poing, la protection éclairée des Mécène de l'Italie? Les Scaligeri de Vérone, les Carraresi de Padoue, les d'Est de Ferrare, les Visconti de Milan, les Gonzague de Mantoue, excités par Robert, roi de Naples, se montraient les dignes précurseurs des Médicis. « Jamais, dit Tiraboschi, on ne vit dans le même siècle tant et d'aussi brillans exemples de patronage! Il faut descendre jusqu'au milieu du quatorzième siècle pour apercevoir chez nous et les mêmes élémens d'émulation et les mêmes moyens de perfectionnement. »

Le roi Jean aima les lettres et les cultiva; il sut exciter l'ardeur des savans par de généreuses récompenses; mais il ne se contenta pas de faire traduire des ouvrages ascétiques, il voulut naturaliser les beautés des auteurs latins; et Pierre Bercheur, prieur de Saint-Eloi, entreprit par ses ordres de reproduire en français les *Décades* de Tite-Live. Cette traduction fut bientôt suivie de celles de Salluste, de Lucain et de César. C'en était assez pour donner l'impulsion : les modèles furent étudiés avec empressement; et le génie national, qui s'était montré plus impatient de créer que d'imiter, reçut la direction qui lui manquait.

A l'exemple de son père, Charles V n'épargna aucune dépense pour se procurer une collection des meilleurs ouvrages. Sa bibliothèque, premier noyau de la bibliothèque royale, ne se composait que de vingt volumes à la mort de Jean ; elle s'élève par ses soins jusqu'à neuf cents, nombre prodigieux pour l'époque. Il est vrai que le papier, dont l'usage commençait à se répandre, était venu suppléer à la rareté du parchemin, et qu'à l'aide de ce secours matériel la science put augmenter ses richesses sans faire aucun sacrifice ; car, faute d'expédiens plus commodes, beaucoup d'auteurs, pressés du besoin d'écrire, raclaient des livres anciens dont ils ne connaissaient pas le mérite ; et souvent un chef-d'œuvre disparaissait ainsi, sous une main vandale, pour faire place à une dissertation d'école ou à une légende de monastère.

Jusqu'à la découverte de l'imprimerie, un manuscrit fut chose si précieuse et si rare, qu'on le considérait comme un objet de luxe. Marguerite de Sicile laissa, par testament, un Breviaire au roi son père ; et dans la plupart des églises, le Breviaire de service, entouré d'une cage de fer, était placé à l'endroit le mieux éclairé de la nef, afin que plusieurs prêtres pussent réciter leur office en même temps.

Il faut donc le proclamer avec reconnaissance : si les bibliomanes français avaient une canonisation à décerner, elle reviendrait de droit à Charles V. C'est lui qui le premier, donnant le signal des recherches, apprit à glaner dans le vaste champ où les régénérateurs de l'Italie moissonnaient à leur aise depuis un demi-siècle. Maître du passé, qu'il reconstruisait pièce à pièce, ce monarque ouvrit à travers les ruines une route pour l'avenir; et il y engagea, par le puissant ressort de l'émulation, toutes les forces intellectuelles de la France.

« *Les clercs ou la sapience, disait-il, on ne peut trop honorer; tant que sapience sera honorée en ce royaume, il continuera à prospérité; mais quand déboutée y sera, il déchera.* »

Tout ce qui avait été traduit sous le roi Jean fut traduit de nouveau; et dans ce travail de seconde main, le progrès de la langue fut déjà sensible : Suétone, Valère Maxime, Cicéron revirent le jour; Jean d'Antioche publia *la Rhétorique* de l'orateur romain; Philippe de Vitry, évêque de Meaux, *les Métamorphoses d'Ovide;* Nicolas Oresme, *la Morale d'Aristote;* Evrard de Conti ou Coussy, médecin du roi, *les Problèmes du philosophe grec;* les fables d'Esope reparurent sous le titre de *Bestiaire;* et l'avocat-général Raoul de Presles, outre *la Bible* et *la Cité de Dieu,* de saint Augustin, rajeunit, par une version plus fidèle et plus pure, les *Homélies* et les *Dialogues* de saint Grégoire. *Les Institutes* de Justinien et *les Décrétales,* fièrement confinées jusque-là dans la langue des universités, passèrent aussi dans la langue vulgaire.

Les chroniques assez nombreuses de cette époque prouvent que l'on tenait déjà beaucoup à transmettre à la postérité la relation des faits contemporains; mais les efforts de ce zèle patriotique durent long-temps être plus louables qu'heureux. Sans Froissart, le quatorzième siècle ne nous aurait laissé que des annales d'une sécheresse rebutante, ou de froids panégyriques surchargés d'ornemens, à la manière de Christine de Pisan. Cet écrivain avait acquis une haute supériorité en s'instruisant par les voyages; il avait visité successivement toutes les cours qui protégeaient les lettres; on l'avait vu converser avec tous les étrangers dont le talent était célèbre; et, chose remarquable, il n'avait rien perdu, dans ce commerce cosmopolite, de son originalité naïve : l'abeille ne s'était endormie sur aucune fleur; elle avait fidèlement rapporté à la ruche tous les parfums destinés à composer son miel.

A vrai dire, si l'heureuse indépendance du génie de Froissart fut une exception, il est permis de s'en prendre au joug de l'Université. Cette institution, recommandable à plus d'un titre, mais dont la domination pesait si lourdement sur les lettres et sur les sciences, était dominée à son tour par le fléau de la dispute : ce n'était, à proprement parler, qu'une école d'escrime pour toutes les subtilités du sophisme; vers et prose, tout devait s'en ressentir : et quelle force d'esprit, quelle audace de courage ne fallait-il pas pour lutter contre une puissance qui réglait les volontés des cours et qui gouvernait les opinions des conciles! L'Université de Paris, centre de toutes les universités, avait une main sur l'Eglise et l'autre sur l'Etat; en changeant sans cesse et les professeurs et les étudians avec ceux de Bologne, d'Oxford, de Cambridge, elle s'était trouvée encore assez riche pour fonder les succursales de Poitiers, d'Orléans et de Montpellier. « Lorsqu'elle allait en procession à Saint-Denis, la tête du cortége entrait dans l'église de l'Abbaye, tandis que les dernières files sortaient de l'église des Mathurins. Dans une assemblée générale où il fut question d'opiner sur l'extinction du schisme, il se trouva, par le compte des suffrages, dix mille membres de l'Université qui avaient droit de donner leurs voix. »

Depuis Philippe de Valois jusqu'à la fin du règne de Charles V, plus de vingt colléges furent établis dans la juridiction de l'Université de Paris.

L'enseignement universitaire embrassait surtout la philosophie, la théologie et la jurisprudence.

Aristote était toujours l'oracle de la philosophie. Les deux sectes ressuscitées par Scot partageaient l'Europe : les nominaux ne s'attachaient qu'à la définition des termes, et portant l'examen jusqu'à la dernière rigueur, mettaient à tout moment leurs adversaires dans le cas de ne pouvoir répondre; les réalistes, au contraire, se vantaient de mépriser cette guerre de mots, et d'avoir uniquement pour objet de leurs raisonnemens, les choses mêmes dont les mots ne sont que les signes représentatifs; mais ils abondaient en distinctions de ces mêmes termes qu'ils auraient dû négliger, s'il eussent suivi leurs principes. Certes, il y avait peu de fruit à espérer de ces querelles puériles, et cependant l'Université craignant que le progrès ne fût trop rapide, avait intimé l'ordre à tous les professeurs de faire leurs leçons moins doucement, pour que les auditeurs ne pussent ni les copier ni les retenir de mémoire.

L'explication de la Bible et du livre des Sentences formait le fond de l'étude de la théologie, toujours embrouillée par les abstractions de la métaphysique. Les frères prêcheurs se signalèrent vers la fin du siècle par leur dispute au sujet de l'*immaculée conception.* Jean Adam, dominicain, docteur en théologie, ayant avancé dans l'église Saint-Jacques-de-la-Boucherie que c'était un péché mortel de croire la sainte Vierge exempte du péché originel, souleva contre lui toute la Faculté, et fut obligé de se rétracter publiquement. De là une source inépuisable de controverses; les erreurs se multiplièrent avec les querelles, et bientôt il n'y eut plus de proposition, si bizarre qu'elle fût, qu'on craignît de soutenir, pourvu que l'argumentation fût conforme aux règles de la scholastique. Par malheur, les extravagances de l'école n'étaient pas châtiées par le ridicule; l'ignorance publique en prenait beaucoup au sérieux; et au milieu des nuages incessamment amassés par des esprits faux, se formait la tempête que Wicleff devait déchaîner avec le schisme d'Angleterre.

La jurisprudence présentait encore l'image d'un dédale effrayant; mais l'avidité du gain et la facilité d'acquérir un nom en s'ingérant d'interpréter les lois, donnaient une grande vogue à cette étude, que le pape Honorius avait interdite à l'Université de Paris, de peur qu'elle ne détournât de l'étude de la théologie. Depuis long-temps, malgré la résistance des pontifes de Rome, toujours appuyés sur les canons et les décrétales, les Institutes de Justinien avaient succédé au Code Théodosien ; on les enseignait publiquement dans les principales écoles du royaume, mais elles n'avaient force de loi que dans les pays de droit écrit; ceux qui étaient régis par des coutumes particulières ne l'admettaient que comme raison écrite, et seulement dans les cas où elles ne se trouvaient pas en contradiction avec les usages reçus. Le droit coutumier décida la plupart des questions jusqu'aux établissemens de saint Louis; alors la sphère s'élargit ; comme les établissemens et les coutumes n'avaient pu prévoir tous les cas, il devint nécessaire de remonter aux sources; on interrogea le droit romain; et ceux qui ne succombèrent pas sous une science indigeste s'égarèrent, comme les docteurs en théologie, dans les abus du raisonnement; on ne subtilisa pas moins au barreau que dans la chaire. « La malheureuse adresse des praticiens, dit Villaret, ouvrit des routes que toute la prudence des législateurs n'avait pu deviner; et la justice, arrêtée à chaque pas dans des sentiers obliques, fut presqu'ensevelie sous l'appareil de formalités dont l'introduction devait servir à garantir le faible de l'oppression, et non à faire triompher la chicane et la mauvaise foi; on connut cet axiome fatal, qu'on *peut avoir raison dans le fond et tort dans la forme.* »

Si le droit civil était mal en cour de Rome, en revanche, le droit canon y avait pleine faveur, et c'en était assez pour qu'il primât jusqu'à la théologie. Suivant Clément VI, les théologiens n'étaient que des visionnaires dans leurs disputes; et comme disputeurs, il n'en voulait à aucun prix. Pendant le séjour des papes à Avignon, le droit canon avait reçu de tels encouragemens, qu'aucune science n'était plus cultivée; mais dans cette étude comme dans toutes les autres, le temps avait opéré des changemens qu'il importe de ne pas perdre de vue. Dès les premiers siècles de l'Eglise, les Grecs avaient rassemblé en corps les canons des conciles adoptés en partie par l'Eglise latine, ainsi que ceux des conciles d'Afrique; on fit une nouvelle compilation sous Justinien, à laquelle on joignit les premières décrétales des papes. Ce Code ecclésiastique, rédigé par Denis-le-Petit, moine de Scythie, fut reçu en France sous le règne de Charlemagne, et forma pendant plusieurs siècles le droit commun dans toutes les dispositions qu'un usage contraire n'avait point abrogées. A l'égard des fausses décrétales, ouvrage d'Isidore de Séville, les souverains pontifes dont elles flattaient l'autorité sur les évêques et les conciles provinciaux, ont tout tenté pour les accréditer. Comme elles contenaient plusieurs dispositions sages et utiles, la France les adopta en quelques points, et particulièrement sur les appellations. Enfin, Gratien, moine bénédictin, entreprit, dans le douzième siècle, la concordance de cette multitude de règlemens. C'est l'ouvrage de ce religieux, rempli de propositions absurdes, de canons supposés, de fausses décrétales, en un mot, d'erreurs en tout genre, qu'on enseignait dans les universités, sous le nom de *décret*. Tel fut l'objet de l'étude du droit canonique jusqu'au quinzième siècle, époque à laquelle une méthode nouvelle s'introduisit.

C'est dans cette volumineuse collection que se trouvent les principes de tous les droits que les papes revendiquaient non seulement sur la discipline ecclésiastique, mais encore sur le temporel des souverains. Comme dans ces siècles guerriers, les gens d'Eglise étaient à peu près les seuls qui étudiassent, à la connaissance des lois canoniques, ils joignaient celle du droit civil; ce mélange embarrassa les procédures, la durée des moindres causes s'éternisa par l'établissement des différens degrés d'appellations introduits dans les tribunaux ecclésiastiques. Les usurpations de cette dernière juridiction furent d'autant plus faciles que tous les tribunaux agissaient constamment et d'une manière uniforme contre la puissance civile, divisée en une infinité de juridictions particulières. Le pouvoir royal enfin, averti par l'excès des abus, se réveilla et commença une résistance que la vivacité de l'agression rendit aussi longue que pénible. Philippe-le-Bel, Philippe de Valois, Jean et Charles V luttèrent successivement, et ce fut ce dernier qui parvint, à force de vigilance et de fermeté, à établir l'harmonie des lois, en fixant les limites des deux juridictions.

Rien n'était peut-être plus rare dans le quatorzième siècle qu'une idée nette et précise; aux ténèbres de la dispute se mêlaient, dans presque toutes les questions, les ténèbres de la superstition. L'astrologie judiciaire et la magie obtenaient pleine foi pour les erreurs les plus

stupides. On attribuait une vertu miraculeuse à des figures de cuivre, de plomb, de cire ou d'autres matières
consacrées avec de mystérieuses cérémonies, sous l'in-
vocation de certaines planètes. Ces pratiques insensées
furent, il est vrai, plus d'une fois condamnées; mais
on voit, dans la condamnation même, qu'on croyait
alors réellement à l'influence des astres sur les destinées de l'homme.

Qu'on parcoure les ouvrages soit des poètes, soit
des prosateurs de cette époque, et à peu d'exceptions
près, on y reconnaîtra l'empreinte de l'éducation sophistique des écoles ou de la superstition tradition-
nelle des masses.

Tout un poëme repose ordinairement sur un songe
pendant lequel l'auteur, qui s'intitule acteur, discute
avec quelque personnage allégorique. Le fameux roman de *la Rose,* versifié par Guillaume de Lorris, et
continué sous Philippe-le-Bel par Jean de Meun,
avait mis à la mode ce genre de fiction, qui exerçait
la même tyrannie sur les poètes que l'autorité d'Aristote sur les philosophes. Jacquemant Grelée, que
l'abbé Massieu appelle *Jacquemart Gelei,* Pierre
Gentieu, Guillaume de Guilleville et Jean du Pin,
qui appartiennent à la première moitié du quatorzième
siècle, ne nous offrent dans leurs poëmes moraux et
allégoriques, qu'une imitation décolorée des mêmes
tableaux; mais qu'est-ce donc, si l'on jette les yeux
sur la plupart des chroniques et des histoires particulières rimées! Tout y manque à la fois; bon sens,
vérité, décence, et trop souvent aussi la poésie, qui

n'est pourtant pas incompatible avec la naïveté. A une époque un peu plus rapprochée de nous, les *Déduits de la chasse* de Gaston de Foix, le *Respit de la mort* de Jean Lefèbre, les *Trois Mariés* de Jean de Venette et les nombreux ouvrages de Christine de Pisan, qui produisit, dit-elle, quinze volumes en six années, n'offrent que d'assez faibles dédommagemens à l'homme de goût. Froissart seul, qui unissait le talent du poète au mérite de l'historien, composa des *Pastourelles* remplies d'images gracieuses et de pensées délicates, mais qui laissent beaucoup à désirer sous le rapport du plan et de l'ensemble. On a peine d'ailleurs à se figurer que ce soit un chanoine qui ait rimé tous ces poëmes *dictés et ordonnés par l'aide de Dieu et d'amours.* C'est le *Paradis d'amours*, l'*Horloge amoureuse*, la *Prison amoureuse*, le *Temple d'honneur*, la *Fleur de Marguerite*, le *Plaidoyer de la rose et de la violette;* rien n'eut plus de succès sous le règne de Charles V, bien qu'une admiration de soixante ans n'eût pas encore épuisé la vogue du roman de *la Rose.* Les genres en faveur étaient, indépendamment des pastourelles ou pastorales, le lai, le fabliau, le roman, la ballade, les jeux-partis.

On entendait par *jeux-partis* ce que les troubadours appelaient *tensons*, c'est-à-dire questions de jurisprudence amoureuse. Le poète avance un sentiment; un interlocuteur en soutient un autre; et après quelques couplets dans lesquels le débat se poursuit bien ou mal, un troisième personnage intervient et décide, ou celui qui parle le dernier est censé prononcer. La grande importance que, par respect pour les dames, on attachait aux choses d'amour, accrédita singulièrement ce badinage galant ; mais aussi, par l'influence de cette manie de subtilité, qui était l'épidémie régnante, on se jeta dans une métaphysique de sentiment ridicule à force d'être déliée. Comme le remarque le Grand (1), « l'empreinte de ce pédantisme fut si profonde, que plusieurs siècles ne purent l'effacer ; et la fameuse thèse du cardinal de Richelieu sur l'amour, n'est pas la dernière preuve qu'on en puisse alléguer. » On en trouverait plus d'une encore dans les écrits périodiques du dix-huitième siècle. Souvent le poète qui, dans son *jeu-parti*, décidait une question d'amour, ne la décidait pas au gré de tout le monde ; et un autre la traitant de nouveau, prononçait différemment ; les lecteurs alors prenaient parti, et s'engageaient dans des disputes dont on ne pouvait espérer de voir la fin sans un jugement formel émané d'un tribunal investi d'une autorité absolue. Cette étrange justice fut instituée ; des gentilshommes, des chevaliers, des poètes réunis par une association libre, s'attribuèrent dans plusieurs villes une magistrature qui obtint la sanction publique, grâce aux dames, que la galanterie en avait déclaré présidentes-nées et à toujours. Les cours d'amour, très-brillantes en Provence, languirent long-temps dans le Nord ; elles ne commencèrent à y répandre un véritable éclat que sous

---

(1) Préface des *Fabliaux*.

Charles **VI**, lorsqu'elles furent adoptées par la frivole Isabeau de Bavière.

Les romans et les fabliaux étaient en vogue au douzième et au treizième siècle; leur destinée avait été différente; les premiers, qui flattaient l'héroïsme national, n'avaient pas quitté le sol de la patrie, où ils avaient subi diverses transformations; les seconds, après un règne de cent ans, abandonnés par l'indifférence publique, étaient allés se perdre en Italie et en Angleterre, d'où la plupart devaient nous revenir bientôt sous les noms de *Boccace* et de *Chaucer,* dans le *Décaméron* et les *Contes de Cantorbéry.*

Le roman, ainsi nommé parce qu'il était originairement écrit en langue romane, était l'épopée du temps. On comptait moins de romans de féerie et d'amour que de chevalerie; ces derniers furent toujours en France l'objet d'une prédilection toute particulière. Le livre des héros devint avec le temps le livre des bonnes gens, la providence des foires et des colporteurs. Les romans furent d'abord écrits en vers; on ne commença guère à les traduire en prose que dans le siècle dont nous nous occupons, époque où la langue déjà plus épurée acquérait ce caractère exquis de naturel et de naïveté dont le secret semble perdu.

Si les romans de chevalerie conservèrent encore après la renaissance une influence qui n'était plus en rapport avec les mœurs nouvelles, ils contribuèrent pendant les quatre siècles précédens à dissiper l'ignorance, à favoriser les progrès de la poésie, à inspirer aux nobles le goût de la lecture, et surtout à répandre dans la nation ce mépris des dangers, cette élévation d'âme et cet enthousiasme de gloire qui font les héros ; un peu plus d'art et de vanité eût pu faire de nos romanciers des auteurs éminens. Homère n'a eu, comme eux, que des fables populaires ; Arioste et Boyardo ne se sont servis que des leurs.

Les Français, il est essentiel de le bien constater, sont les premiers qui, depuis l'invasion des Barbares, aient fait paraître des contes en Europe ; les autres nations n'ont fait que les copier ou les imiter ; l'Italie leur doit ce Boccace dont elle a raison d'être fière, mais auquel assurément elle a tort d'attribuer tout le mérite de l'invention. Les conteurs qui ont succédé dans le quatorzième siècle aux conteurs du treizième, n'ont pu les égaler, et de nos jours même, avec beaucoup plus d'art, on a moins de grâce dans le style et de vérité dans la narration.

De tous temps on a dit que l'esprit courait les rues chez nous, non cet esprit de réflexion qui médite profondément sur une chose pour en tirer une autre, mais cet esprit de vivacité qui saisit nettement les idées qu'on lui présente, qui les arrange et qui les perfectionne ; cet esprit-là, nos aïeux le firent briller dans toutes les voies qui leur furent ouvertes au quatorzième siècle ; ils avaient dans le cœur un fond de galanterie guerrière qui se manifestait par les tournois et les carrousels ; mais comme on ne pouvait pas toujours se battre en champ clos ou défendre un pas à l'honneur d'une maîtresse, il fallait que des plaisirs tranquilles succédassent à la violence de ces exercices.

Les Françaises, plus délicates que les Romaines, n'aimaient point les combats d'animaux, et n'y assistaient que faute de mieux; on sentait bien qu'on devait les amuser par des spectacles plus doux; la difficulté était d'en inventer; on avait quelque faible souvenir de la comédie qui avait fait les délices des Grecs et des Latins; mais il n'en existait pas dans notre langue, et on n'en savait pas faire; d'ailleurs, la dévotion était excessive, et l'on professait généralement un tel mépris pour les histrions, farceurs et jongleurs, que ces pauvres mimes, qui ne faisaient même plus rire le bas peuple, avaient été obligés de se disperser.

La poésie, quoique bien jeune et bien faible encore, ouvrit la porte à la comédie, et parvint à l'introduire dans ce monde timoré. On avait établi des prix que les poëtes se disputaient et qui se distribuaient en public; le concours était nombreux; c'était là une espèce de spectacle qui pouvait conduire insensiblement à d'autres; on pensa qu'il conviendrait, pour mettre ordre aux scrupules, de faire entrer la religion dans ces premiers jeux de scène; les mystères, la Vierge et les saints furent choisis pour amuser et édifier le peuple; cette monstrueuse alliance réussit; des mystères on passa aux *moralités;* ensuite, comme on abuse de tout, on s'émancipa jusqu'aux *farces* et aux *sotties.*

Le premier théâtre (nous ne disons pas la première action dramatique) dont l'histoire nous ait conservé le souvenir est celui de Saint-Maur-des-Fossés, rendez-vous célèbre par l'affluence des pélerins que la dévotion y attirait. Quelques bourgeois choisirent ce lieu pour y représenter la Passion ; le prévôt de Paris, averti de cette nouveauté, rendit le 3 juin 1398, une ordonnance par laquelle il défendit de représenter *aucuns jeux, soit de personnages, soit de vie de saints, sans le congé du roi, à peine d'encourir l'indignation du monarque et de forfaire envers lui.* Les chefs de l'entreprise se pourvurent à la cour ; et pour se la rendre plus favorable, ils érigèrent leur société en confrérie, sous le titre *de la Passion de N. S.* Le roi voulut voir leur spectacle ; ils donnèrent devant lui plusieurs représentations qui lui plurent, et des lettres de ce prince, du 4 décembre 1402, autorisèrent l'établissement à Paris du théâtre de *la Trinité,* qui subsista jusqu'à François Ier.

La *moralité* était d'abord par sa gravité une réminiscence de la tragédie grecque, bien que le dénouement en fût rarement tragique ; plus tard, elle admit l'allégorie, et finit par être moitié sérieuse, moitié badine ; ce qui parut une véritable décadence aux faiseurs de poétiques.

« Nous ne faisons aujourd'hui , disait Sibilet, ne pures moralités, ne pures farces ; mais mêlant l'un parmi l'autre, et voulant ensemble profiter et réjouir, mêlons du plat et du croisé et des longs vers avec des courts ; faisons nos jeux tant divers en bigarures comme sont archers de garde ou de ville. »

La farce, genre bâtard, tenait moins de la comédie des anciens que de leurs mimes ou priapées ; elle admettait toutes *badineries, nigauderies et sotties émouvantes à ris et plaisir.*

Suivant Du Verdier, les farces ne devaient pas excéder cinq cents vers, les moralités mille ou douze cents.

« Aucun genre de poésie n'en était exclu, dit encore Sibilet ; on y trouvait ballades, triolets, rondeaux, doubles et parfaits lays, virelays, *tous amassés comme morceaux en fricassée.* »

Les enfans sans souci et les clercs de la bazoche opérèrent une fusion sous la livrée du prince des sots, devenu chef de l'empire comique ; mais nous sortons ici de l'époque où nos réflexions doivent se renfermer.

Le tableau des sciences exactes, des beaux-arts et des arts mécaniques, au quatorzième siècle, doit offrir, comme celui de la littérature, des lacunes et des disparates. Ainsi, l'astrologie reparaît à la fois dans l'astronomie, dans la physique, dans la chimie, dans la médecine, et la confusion de tous les genres et de tous les principes dépare également les œuvres du peintre et celles du statuaire.

L'institution de la Faculté de médecine de Paris ne datait que du règne de Philippe Auguste ; la durée du cours des études fût d'abord fixée à neuf années, avant l'expiration desquelles il était défendu d'exercer (1). Le désir d'exploiter une science que

_____

(1) *Histoire de l'Université.*

l'amour de la vie accrédite, attirait nombre d'étudians. Les religieux et les prêtres séculiers, bien que frappés d'une interdiction formelle, ne laissèrent pas cependant d'assister aux cours, soit par une transgression ouverte, soit à l'aide de dispenses. Par une disposition inexplicable, le célibat était prescrit aux régens de la Faculté ; ils ne furent affranchis de cette absurde loi qu'au quinzième siècle. Nous voyons dans plusieurs ordonnances de nos rois (1), rendues en faveur des médecins, que la Faculté presque naissante eut des démêlés avec les chirurgiens, dont elle essayait de réprimer les entreprises, tandis que ces derniers avaient de fréquens conflits avec les barbiers privilégiés, qui opéraient à leur défaut (2). Les apothicaires étaient dès lors assujettis aux visites de la Faculté de médecine, devant laquelle ils prêtaient serment ; ils étaient obligés d'avoir chez eux un livre appelé *Antidotaire de maître Nicolas*, dans lequel la qualité des remèdes était marquée. La célébrité de nos écoles n'empêchait pas qu'on ne recherchât avec empressement les médecins étrangers, les Juifs surtout ; on les supposait en relation assez intime avec le diable, et l'on comptait sur le double secours de la science et de la magie.

---

(1) Ordonnances de Philippe-de-Valois et de Jean II.

(2) On distinguait alors deux corps de chirurgiens : les gradués agrégés à l'université, nommés *chirurgiens de robe longue*, et la communauté des barbiers, ou *chirurgiens de robe courte*. (Histoire de la ville de Paris, t. 1, l. 9.)

La chimie, qui marchait à la suite de la médecine, ne pouvait aller vîte ; la philosophie hermétique eut néanmoins un grand nombre de sectateurs, si l'on en juge par la multitude des ouvrages qu'elle fit naître ; et les travaux de tant d'esprits remuans produisirent quelques découvertes utiles. En cherchant le dissolvant radical de l'or, ils trouvèrent l'eau forte et l'eau régale (1).

Les alchimistes du quatorzième siècle dépassèrent en extravagance tous leurs prédécesseurs ; il n'était pas un objet sur la terre auquel ils n'appliquassent les mystères de leur prétendue science. Les écrivains en ce genre, dans la vue d'accréditer leurs ouvrages énigmatiques, les attribuaient à des auteurs célèbres. Raimond Lulle, Albert-le-Grand, saint Thomas d'Aquin figurent sur la liste des maîtres de l'œuvre. En vain le pape Jean XXII avait fulminé deux bulles contre eux, cet anathême ne mit pas le souverain pontife à l'abri de l'honneur que lui firent les alchimistes de son temps, de lui attribuer un traité de leur art ; il y eut même des compositions sous le nom de divers personnages de l'Ancien Testament. Parmi les heureux souffleurs que l'on préconisa, il ne faut pas oublier Nicolas Flamel, qui vivait alors : écrivain et peintre en miniature, il accumula une fortune considérable en spéculant sur de honteuses révélations ; et comme on ignorait la source de son luxe, on l'érigea en possesseur de la pierre philosophale.

(1) Langlet, *Philos. hermét.*

La physique ne se bornait déjà plus à l'explication des livres d'Aristote; Guillaume Pelletier, premier abbé de Grandmont, sous Philippe de Valois, avait commenté une partie des ouvrages de Pline le naturaliste. Quelques philosophes français et anglais, au nombre desquels on doit citer Barthélemy Glaunwil et Pierre Bercheur, composèrent des Traités universels, qu'on pouvait regarder comme des encyclopédies; malheureusement ils les défigurèrent en les remplissant des fables accréditées par l'ignorance crédule de leurs contemporains.

On cultivait avec succès les mathématiques : le calcul des différens degrés de vîtesse du mouvement était déjà connu; l'astronomie n'avait pas fait de moindres progrès, puisqu'au commencement du siècle, nos astronomes étaient déjà en état d'annoncer les éclipses. Jean de Dondis, autrement appelé *maître Jéhan des horloges,* astronome attaché au comte de Vertus, Galéas Visconti, avait imaginé une sphère mouvante ou horloge céleste, regardée comme la merveille de son temps (1).

Les arts du dessin et de la peinture, ensevelis dans les cloîtres depuis Charlemagne, n'avaient commencé à donner signe de vie que pendant le treizième siècle. On n'avait plus à redouter ni la barbarie des iconoclastes ni la fureur des Normands; aussi, au lieu de se

(1) *Voyez* sur ce sujet le *Mémoire de Falconet,* t. 16, p. 384 de cette collection.

borner à peindre des miniatures pour les livres d'Eglise et à sculpter des châsses et des reliquaires, on voulut profiter des hautes études que l'on avait faites sur la terre des croisades. Alors naquit l'architecture syrienne, improprement appelée *gothique;* les voûtes en ogives et alongées, soutenues par des faisceaux de colonnes sveltes et élégantes, prirent la place des cintres surbaissés; l'intérieur des églises chargé de dorures, de verroteries et peint de diverses couleurs, donnait à ces monumens une ressemblance remarquable avec ceux de l'Asie.

Parmi les architectes célèbres de cette époque, on peut citer Hilduard, qui bâtit à Chartres l'église Saint-Peyre, Robert de Luzarche, qui donna les plans de la cathédrale d'Amiens; et Robert de Coucy, qui non seulement bâtit l'église Saint-Nicaise de Reims, mais donna les plans de la superbe cathédrale que nous admirons encore dans cette ville (1).

La découverte que les peintres Hubert et Jean Van-Eyck firent en 1390 de la peinture à l'huile, hâta les progrès de l'art; mais comme aucun maître ne parut, aucune école ne se forma; la renaissance artistique ne devait, ainsi que la renaissance littéraire, nous venir que de l'Italie, et il fallait encore attendre près d'un siècle. On cultiva la peinture sur verre, qui fut développée avec bonheur dans la suite, et que nos artistes du seizième siècle ont portée à une véritable perfection.

---

(1) Lenoir, *Hist. des arts en France.*

Sous le simple titre de *communauté des peintres*, Charles VI institua l'Académie de Saint-Luc, où l'on voit figurer en première ligne le fameux Gringonneur, qui peignit pour ce prince les plus anciennes cartes à jouer connues en France.

C'est encore au quatorzième siècle qu'on peut rapporter l'invention de la gravure sur bois, quoique les plus anciennes pièces avec date certaine, qui soient venues jusqu'à nous, ne remontent qu'au commencement du quinzième.

La sculpture avait beaucoup perdu, et tendait à dégénérer encore, faute de modèles et de maîtres; en général, on sculptait peu de figures de plein relief, on ne les employait qu'à la décoration des églises et à celle des tombeaux, et l'on était parvenu, par des signes particuliers, à faire reconnaître l'état et les qualités distinctives du personnage représenté; des formes convenues indiquaient à quel degré il était noble, s'il était mort à la guerre, dans son lit ou en prison.

Le marbre était rare en France, et l'on ordonna, pour conserver la distinction des rangs, que les rois, les princes du sang, les princes et les princesses seraient sculptés entièrement en marbre; que la noblesse le serait en pierre avec les pieds et les mains en marbre, et que les roturiers le seraient seulement en pierre.

Quant à la musique, compagne fidèle de la danse, et qui se glorifiait de la rapidité de ses progrès sous Charles V, elle n'était riche qu'en instrumens, dont on trouvera la nomenclature dans une autre partie de

cette collection (1). On exécutait des airs à quatre
parties. Les notes étaient distinguées sous les noms de
longues, de *communes* et de *minimes;* on commençait à faire usage des *dièses,* aussi bien que de la
marque des pauses et des soupirs. Dans la plupart
de nos grandes villes, et principalement à Paris, les
joueurs d'instrumens formaient une communauté sous
un chef appelé *roi des ménestriers;* souvent les poètes
s'associaient avec eux, et alors acteurs, musiciens, ri-
meurs étaient confondus sous la dénomination générale de *jongleurs.* Charles V, protecteur et ami de
tous les arts, *entendait si parfaitement tous les points
de musique,* dit Christine de Pisan, *qu'aucun dis-
cord ne pouvait lui être mucié* (*caché*).

On a des preuves de l'existence des lunettes et du
papier de chiffe, antérieure à la période que nous
parcourons; mais l'usage de ces précieux produits de
l'art moderne ne s'est répandu que dans le quatorzième siècle. Les premières manufactures de papier
établies sur les modèles et avec les procédés de la
Lombardie, furent celles d'Essonne et de Troies. En
résumé, si la civilation qui se dévoloppe sous tant
de formes brillantes à travers la diversité des temps,
est considérée, suivant l'expression d'un poète, comme
une chaîne d'or, il faut reconnaître que le quatorzième
siècle en a forgé plusieurs anneaux, qui, malgré l'i-
névitable alliage de l'éppque, ne sont pas les moins
précieux.   (Adolphe DE P***.)

---

(1) *Voyez* t. 16, p. 362 et suivantes.

RECHERCHES

SUR L'ÉTAT DES LETTRES, DES SCIENCES ET DES ARTS EN FRANCE,

sous les règnes de Charles VI et de Charles VII (1).

COMME l'état des lettres dépend beaucoup des dispositions des princes à leur égard, avant que d'entrer dans le détail de chaque partie de la littérature, il est à propos de parler de l'encouragement qu'elle recevait en France dans les cours des différens princes contemporains de Charles VI et de Charles VII, et des établissemens faits en faveur des études.

Je divise à cet effet cette Dissertation en deux parties. Je parle dans la première de ce qui regarde les princes et les établissemens littéraires, et dans la seconde, j'examine en détail l'état des sciences, des lettres et des arts.

----

(1) Par l'abbé comte de Guasco. Cette pièce a été couronnée par l'Académie royale des inscriptions et belles-lettres, pour le prix de 1746.

PREMIÈRE PARTIE.

ARTICLE PREMIER.

De ce qui regarde les princes.

CHARLES V, père de Charles VI, aimait les lettres et protégeait ceux qui les cultivaient. Il avait eu pour précepteur un des hommes les plus distingués dans la littérature, et qui en avait donné des preuves par différens ouvrages de politique, qui sont encore estimés dans notre siècle (1) : c'était Nicolas Oreimius (*Oresme*), doyen de Rouen, grand-maître du collége de Navarre, et depuis évêque de Lisieux. Cela avait animé les Français, et ils avaient fait quelques efforts. Christine Pisan, fille de Thomas Pisan, savant italien, que le roi

––––––––––––––

(1) Un traité sur le changement des monnaies, qu'on trouve dans le *Bibliotheca patrum*, t. 26, p. 226. M. de Lanoy, dans son *Histoire du collége de Navarre*, p. 458, rapporte plusieurs autres ouvrages non imprimés. Il traduisit en français les Éthiques et Politiques d'Aristote, et y fit des notes fort bonnes et remplies de beaucoup d'érudition, au jugement de Naudé. Il traduisit aussi les *Dialogues* de Pétrarque, de *l'une et l'autre fortune*. (*Voyez* Simon, *Histoire du droit*, t. 2, p. 209.) (Cette note et toutes celles qui ne sont pas signées comme ci-après, appartiennent à l'auteur.) (*Edit.* C. L.)

avait attiré à sa cour, apporte pour preuve du grand *amour que Charles V avait pour l'étude et pour les sciences, la belle assemblée de notables livres en toute sorte de science que ce prince avait fait* (1). Il voulut même avoir des livres dans toutes les différentes maisons royales qu'il habitait, au Louvre, à Saint-Germain et au château de Beauté. Charles V travailla aussi à la réforme de l'université de Paris.

Sous ce prince fleurirent la poésie, l'éloquence et quelques autres parties de la littérature, comme on le voit par différentes versions qu'on fit de l'Écriture sainte, du Digeste et d'autres anciens ouvrages : mais la rareté des manuscrits et la difficulté de les entendre, faisaient qu'on se donnait davantage à la lecture des auteurs plus modernes, et à des ouvrages de pure spéculation. On ne lisait presque que le maître des sentences pour la théologie, Gratien pour le droit canon, Aristote et ses commentateurs arabes et mahométans pour la philosophie; et parce qu'on était dépourvu du secours de la critique, et de la connaissance des langues étrangères, et de l'antiquité, on négligeait les pères, les canons, et presque tous les ouvrages des anciens maîtres.

Charles V mourut en 1330, et trop jeune pour le malheur des lettres, car il n'avait que 47 ans et n'en avait régné que seize. Charles VI, son fils, lui suc-

---

(1) Dans un manuscrit qui se trouve à la bibliothèque du roi.

céda à l'âge de 12 ans. Le duc d'Anjou devint régent du royaume. Le prince pupille ne marquait pas beaucoup d'inclination pour l'étude; il était fort enclin aux armes, dit des Ursins. La première chose qu'il fit en allant à son sacre, fut d'aller visiter les armures qu'il avait vues durant la vie de son père. Le régent n'était nullement propre à inspirer au pupille du goût pour les choses qui cultivent l'esprit. Une vieille chronique nous fait même entendre qu'il n'était guère d'usage de donner cette sorte d'éducation aux princes; car après avoir parlé, comme d'une chose peu commune, du soin qu'on avait eu de donner des notions générales des sciences à Charles V, elle ajoute qu'il aurait été à désirer que cela eût été plus généralement pratiqué à l'égard des princes.

Les vexations que le régent, sous le nom du roi, faisait souffrir aux docteurs de Paris, pour favoriser les gens de la cour d'Avignon dans la poursuite des bénéfices du royaume, avaient dispersé les maîtres et les écoliers des universités, ce qui faisait grand'pitié avoir dit le même historien.

Le gouvernement avait donné, à la vérité, quelque marque de faveur à l'Université de Paris, au commencement de ce règne, en 1383 et en 1391, en confirmant ses priviléges; mais ce fut moins par inclination que par crainte, à cause de l'influence qu'elle avait alors dans les affaires publiques. Aussi les cassa-t-on vers la fin de ce règne, et l'on soumit l'Université aux subsides dont elle avait été exempte jusque-là.

Il ne paraît pas en effet que Charles VI, en avançant en âge, eût acquis des dispositions plus favorables pour les lettres. Thomas Pisan, médecin et astronome de la cour, homme d'ailleurs versé en d'autres genres de littérature, non seulement déchût de
son crédit après la mort du roi son bienfaiteur, mais
perdit une partie des pensions qu'il en avait; le reste
lui fut mal payé. Sa fille Christine, qu'il avait eu soin
de bien faire étudier, n'eut que des procès pour succession, après la mort de son père, qui arriva peu de
temps après. Le mérite de cette savante fille ne lui
fut pas d'un grand secours à la cour. Elle se plaint
dans *ses visions* contenues dans ses œuvres, qu'elle
n'y trouvait aucune protection dans la poursuite de
ses procès. Le duc de Bourgogne fut le seul qui lui
tendit une main secourable en Flandre. Elle préféra
en effet la protection et les bienfaits de ce prince, à
toutes les offres que lui faisaient le comte de Salis-
bury, favori de Richard II, roi d'Angleterre, Henri
de Luxembourg, après lui, et le duc de Milan, qui
tous voulaient l'attirer à leur cour. Elle aimait mieux
de rester en France; mais le duc de Bourgogne, son
protecteur, mourut bientôt, et elle se trouva la dupe
de ses refus et de son amour pour Paris. Si une femme
aussi distinguée par son mérite et par celui de son
père, que tous les princes s'enviaient, n'attirait pas
l'attention du roi ni du régent, que devaient attendre
les autres gens de lettres?

D'ailleurs les divisions qui continuèrent durant
tout le règne de Charles VI, les querelles des Mai-

sons de Bourgogne et d'Orléans, qui divisaient le royaume, étaient seules un obstacle au progrès et à la culture des études. Le schisme, qui divisait l'Eglise et troublait l'Etat, occupait encore les esprits, de façon que les docteurs et les professeurs ne jouissaient guère de la tranquillité nécessaire aux gens de lettres. Cependant les lettres n'avaient pas un sort aussi malheureux auprès de tous les princes français. Charles, duc d'Orléans, les chérissait au-dessus de tout autre. Il cultivait particulièrement la poésie et l'éloquence; il remplissait par l'exercice de ces deux arts les vides de la cour; ils furent sa ressource dans sa captivité en Angleterre; nous en rapporterons des preuves dans les articles qui les regardent. Charles aimait de vivre avec les savans; il en était le Mécène et le protecteur. Jacques le Grant, savant augustin, lui dédia son livre des Mœurs, et le prince le fit charger des affaires de France à la cour de Londres.

Le duc de Bourgogne faisait cas des talens; il attirait à sa cour ceux qui s'appliquaient à la poésie, à l'histoire et à la peinture. Nous avons vu que Christine de Pisan ne trouva de la ressource que dans ses bienfaits. Philippe-le-Bon, son successeur, fut un des plus grands amateurs des lettres et des arts; il en encouragea le progrès, il attira chez lui ceux qui les cultivaient, il fit des établissemens en leur faveur, il rassembla en Flandre à grands frais une des plus belles bibliothèques qu'il y eût alors; nous en parlerons bientôt plus en détail. Pierre Michault, fameux poète de ce temps-là, était son secrétaire, et ce n'était pas le seul poëte qu'il y eût à cette cour.

Venceslas, duc de Luxembourg, duc de Brabant, cultivait lui-même les lettres; il composa des poésies, et donna retraite à Froissart, célèbre poëte et historien encore estimé de nos jours. Après la mort de ce prince, cet auteur trouva en 1436 un nouveau protecteur dans Gui, comte de Blois, qui aimait aussi la littérature. Gaston, comte de Foix et de Béarn, fils de Gaston II et d'Eléonore de Comminges, nommé *Phœbus*, à cause de sa beauté, qui mourut en 1391, fort regretté de ses sujets et des amateurs des lettres, le reçut aussi favorablement à sa cour, et lui fournit des moyens de continuer son histoire. Le livre de la Chasse, et celui qui a pour titre *le roi Modus*, de la chasse de toutes sortes de bêtes, sont une preuve que ce comte savait mettre le goût du prince au profit de l'homme de lettres.

Le roi René, comte de Provence, ne cédait en rien à tous les princes que je viens de nommer. Il cultivait la poésie et la peinture, et il nous reste bien des monumens de l'étude qu'il faisait de ces arts, qu'il avait puisés en Italie. Il n'épargna rien pour les faire fleurir en Provence, ainsi que les autres parties de la littérature. Il mérita le surnom de *Bon*, titre le plus honorable pour un souverain, et qui paraît avoir été particulièrement destiné par le sort aux princes qui ont protégé les sciences et les arts. Philippe de Bourgogne obtint un pareil titre par de pareilles dispositions.

La guerre continuait en France, lorsqu'en 1422, Charles VI mourut, et laissa les débris de son royaume

II. 8ᵉ LIV.   10

à Charles VII, son fils. Celui-ci, mieux disposé en faveur des lettres que ne l'avait été son père, ne fut pas d'abord en état d'effectuer ses bonnes intentions; mais vers la moitié de son règne, ayant chassé les Anglais, et jouissant d'un peu plus de tranquillité, il tourna son attention à réparer les pertes que les troubles de la France avaient fait faire aux études. Il rappela d'abord les docteurs exilés, fit travailler à la réforme de l'Université de Paris, et donna des marques d'estime aux savans. Il avait toujours à sa cour Alain Chartier, un des hommes qui avait le plus d'esprit et de talens dans ce temps-là, et Jean Chartier, son historiographe, le suivait partout durant la guerre.

Ce fut ce monarque qui fit les premières tentatives pour établir en France l'imprimerie, qui ne faisait que de naître; nous le verrons dans l'article suivant.

ARTICLE II.

Des établissemens littéraires de ces deux règnes.

Les établissemens les plus considérables qu'on puisse faire en faveur des études, sont les universités, les colléges, les académies et les bibliothèques. Ces deux règnes ne furent pas totalement privés de ces avantages.

Une partie des universités du royaume avaient été fondées depuis long-temps; telles étaient celles de Paris, de Toulouse, de Montpellier, d'Avignon et d'Angers. Celle de Cahors venait d'être établie par

Jean XXII, qui rendit ce service honorable à sa patrie.

Il est aisé de s'imaginer que Charles VI n'eut ni le moyen ni le loisir de penser à ces sortes de fondations ; mais Charles VII ne manqua pas de décorer d'un établissement de cette espèce la ville de Poitiers, où il faisait sa résidence pendant que les Anglais occupaient Paris. Chaque ville un peu considérable avait alors à peu près le même zèle pour avoir une université, qu'on a aujourd'hui pour avoir une académie. L'avantage seul qui en revenait par le concours des étudians, suffisait pour le faire naître. La reconnaissance dut l'inspirer à Charles VII en faveur de Poitiers. Il eut recours à Eugène IV, et il obtint des bulles d'érection en université du corps d'études qui était dans cette ville, afin qu'on pût y enseigner le droit avec les autres sciences, et y donner des grades. C'était alors une maxime reçue que l'autorité des papes était requise pour ériger un corps d'études en université. Les lettres-patentes du roi sont de l'an 1441, et furent vérifiées au Parlement, séant alors à Poitiers, auprès du roi.

La seconde université qui reconnaît Charles VII pour fondateur, est celle de Caen. Elle avait été d'abord l'ouvrage de Henri VI, soi-disant roi de France, lequel étant dans Rouen, expédia des lettres - patentes (1) portant érection de cette université en droit canon et droit civil. On présenta ces lettres au Par-

_____

(1) Le texte porte en 1401, mais c'est une erreur.

(*Edit.* C. L.)

lement de Paris, pour y être entérinées; l'université de cette capitale s'opposa à l'enregistrement, par les raisons que je marquerai en parlant du droit civil. L'affaire demeura en suspens jusqu'à l'an 1436, que l'on ajouta à l'université de Caen les Facultés de théologie, de médecine et des arts, et le baillif de la ville fut nommé conservateur de ces priviléges royaux; mais Charles VII, après avoir obligé les Anglais à quitter ses domaines, ne voulant point reconnaître ce qui avait été fait par eux, créa de nouveau l'université de Caen en 1450, à son entrée dans cette ville.

Suit l'université de Bordeaux, à laquelle il ne paraît pas que Charles VII ait eu de part, parce qu'au temps de son établissement, les Anglais étaient maîtres de la Guienne. Ce fut Eugène IV qui l'érigea en 1441, à la sollicitation des habitans, et il lui accorda les mêmes priviléges qu'à celle de Toulouse; c'est-à-dire qu'on y enseignerait toutes les facultés. Le pape dit dans sa bulle qu'il accorde cette grâce, parce que (1) cette ville, une des plus considérables de cette contrée, s'est toujours distinguée dans les études des belles-lettres et des sciences, et qu'elle a de tout temps produit des hommes savans. En effet, depuis Au-

---

(1) *Quod potissimùm in prædictâ civitate, quæ inter alias illarum partium reputatur insignior, plerisque litterarum studiis et diversarum facultatum scientiis semper incumbere et in eis plurimùm proficere consueverit, ex quo doctissimorum virorum copia semper effloruit, et insigniter pullulavit.* (Chronique Bordelaise.)

sonne, les études s'étaient toujours maintenues plus ou moins dans Bordeaux.

Les troubles du royaume et la part que les docteurs de Paris avaient cru devoir y prendre, avaient beaucoup dérangé les études dans l'université de cette ville; les professeurs avaient souvent cessé leurs leçons sous Charles VI; plusieurs avaient été exilés; les assemblées leur avaient été interdites. Par-là les études languissaient, les abus et les désordres y prenaient racine. Cela obligea Charles VII de songer à rétablir le bon ordre et le goût de l'étude. Comme les papes avaient un amour particulier pour cette université, le roi pria le pontife de charger le cardinal d'Estouteville, son légat en France, de travailler à cette réforme. Urbain V, peu de temps avant, avait chargé les cardinaux de Saint-Marc et de Saint-Etienne d'une pareille commission. Charles VII rappela ses docteurs dispersés; le cardinal commença par régler les appointemens des professeurs, les exhortant à vivre d'une manière réglée. Les leçons recommencèrent, et les études reprirent vigueur. Ce furent les règlemens faits par ce cardinal qui servirent de modèle à la réforme de l'université, faite depuis sous Henri IV.

Cette université avait aussi reçu quelques secours dans ses membres, de la part de quelques particuliers, sous le règne précédent. En 1388, Pierre de Montaigu, cardinal de Léon, fonda par son testament six nouveaux écoliers dans le collége des Aicelins, dont deux seraient prêtres, et étudieraient en droit canon

et en théologie. Philippe, évêque d'Evreux, et depuis de Noyon, fut l'exécuteur testamentaire du cardinal, et fit des règlemens pour ce collége, qui prit
alors par reconnaissance le nom de *Montaigu*, qu'il
porte encore. En 1412, Olivier Donjon, du diocèse
de Tréguier, docteur régent en droit, fit une donation considérable au collége de Tréguier, où il avait
été boursier. Les statuts de ce collége furent dressés
en 1411. En 1455, on dressa aussi des statuts pour
la réforme du collége du Plessis, fondé par Geoffroy
du Plessis, proto-notaire apostolique, qui était aussi
le fondateur de celui de Marmoutier pour les religieux de cette abbaye de bénédictins, où il avait été
lui-même religieux. Ce dernier collége avait été ré-
formé en 1390, par ordre d'Elie, abbé du monastère, qui avait fait faire un règlement par lequel il
devait y avoir six écoliers toujours en habit de moine.
Il est à remarquer dans ce règlement, que si quelqu'un se rend suspect d'hérésie, il sera renvoyé à
Marmoutier. Les réformateurs du collége du Plessis,
dont nous venons de parler, furent Hervé, abbé de
Saint-Germain-des-Prés, Thomas de Courcelles et
Jean de Martigne ou de Montigni, docteurs en droit
canon.

Le règne de Charles VII fut l'époque de deux autres universités du royaume; l'une fut créée en 1436,
sans qu'il y ait eu aucune part. Philippe, duc de
Bourgogne et prince du sang français, en fut le fondateur. C'est celle de Dôle, ville qui était alors de la
domination de ces ducs. Louis XI la transféra depuis à

Besançon, pour gratifier cette ville, qui s'était mise sous sa protection. L'autre est celle de Valence en Dauphiné; le corps d'études, qui était depuis long-temps dans cette ville, obtint les honneurs et privi-léges d'université de Louis XI, en 1453, lorsque brouillé avec le roi son père, il y faisait sa résidence comme dans la capitale de son domaine, en qualité de dauphin.

Mais la plus célèbre université fondée dans ces temps-là, quoique hors de la domination de France, est celle de Louvain. Jean, duc de Bourgogne et de Brabant, avait formé dans cette ville un corps d'étu-des, après que Jaqueline sa femme eut cessé de lui faire la guerre; mais on n'y enseignait que les huma-nités et la philosophie. Philippe-le-Bon, qui embras-sait tout ce qui pouvait faire fleurir ses Etats, et qui aimait les arts et les sciences, érigea ce corps d'études en université, et obtint à cet effet une bulle de Mar-tin V, l'an 1425. Guicciardin dit que ce fut à la prière de la noblesse du pays que le duc pensa à procurer cet avantage aux Pays-Bas. Ce qui est sûr, c'est qu'il n'épargna ni soins ni frais pour y attirer des hommes savans de toute part, sachant bien que pour avoir des fruits étrangers, il faut faire venir la graine ou les plan-tes des pays où ils sont le mieux cultivés. Il établit des salaires considérables pour les professeurs, fonda les chaires, chargea un magistrat d'être le conserva-teur des études, de la discipline et des priviléges de l'université. On verra ailleurs que les succès répondi-rent aux soins qu'un si grand prince s'était donnés.

Il paraît qu'une autre ville du royaume visait à la même distinction; c'est celle de Narbonne. Bernard de Fargue, neveu de Clément V, et archevêque, y avait fondé un collége; Jean, son successeur, en 1379, y avait dressé des règlemens qui font voir qu'on y étudiait la théologie, le droit canon, la médecine et les arts; ceux qui étudiaient la médecine devaient par ces statuts y passer cinq ans; les étudians en droit civil et canonique et les théologiens, douze. Le cardinal de Lorraine ayant succédé à l'archevêque Jean, voulut bien qu'on se conformât à ces statuts pour ce qui regardait les artistes et les théologiens; mais il interdit l'entrée de ce collége à ceux qui voudraient s'adonner à la médecine et au droit, pouvant étudier ces deux facultés à moins de frais à Toulouse et à Montpellier, villes voisines, et dont les universités avaient beaucoup de réputation.

Il y avait environ cinquante ans, lorsque Charles VI monta sur le trône, qu'il s'était formé à Toulouse un établissement littéraire, qui prit depuis le titre d'*Académie*. Je veux parler de celle des Jeux Floraux, la plus ancienne de toutes celles de l'Europe, mais dont la constitution se ressent bien du goût du temps et du terroir. Depuis long-temps le Languedoc et la Provence étaient la contrée de France où les troubadours brillaient le plus, et c'est à eux qu'est due cette fondation

Sept des principaux citoyens de Toulouse, qui se disaient troubadours, s'assemblaient fréquemment dans un jardin d'un des faubourgs pour lire ensemble leur poésie. Il sortit de là une société qui prit le nom de *Société des jeux d'amours*, et dont les confrères prirent celui de *Maîtres en la gaye science*. On fonda un prix qui était une violette d'or, et qui devait se donner tous les ans au mois de mai, à la meilleure pièce qu'on présenterait. On invita tous les poètes du Languedoc à travailler pour ce prix. Ce fut en 1324 que se tint la première assemblée. J'ai trouvé à Toulouse, entre les mains de M. Ponsan, trésorier de France, et zélé membre des jeux floraux, les deux premières pièces qui remportèrent le prix, et je les rapporterai à l'article de la poésie. La première de ces pièces est intitulée *Cirventes* (sic).

Par un registre qui est à l'hôtel de ville, j'ai vu qu'en 1356 on ajouta deux autres prix, qui sont une églantine et un souci d'argent. Ces prix se donnaient aux frais de la ville, et l'on voit par les articles 55 et 56 des ordonnances ou règlemens, que tous les habitans de la ville et du gardiage étaient tenus de contribuer aux prix de la *violetta*, de *l'églantina* et *del gauch*, dont il est parlé dans un autre article de ce règlement.

Ce monument honorable pour les Toulousains est du règne de Charles VI. Il fut fait l'an dix-huitième de son règne (juin 1399), et fut publié au nom de Colard d'Estouteville, sénéchal de Toulouse. On voit qu'on recevait des docteurs en la gaye science, et que pour parvenir à ce grade, il fallait avoir remporté les trois principales fleurs, reçu le grade de bachelier, et soutenu un examen public sur la grammaire, la rhétorique comprise, après quoi on était maître, et on avait droit d'assister aux assemblées, qu'à cause de la guerre des Anglais on transféra à l'hôtel de ville, où elles se tiennent encore.

Le zèle pour cet établissement gagna même le beau sexe. Une dame de considération de la ville en donna des preuves qui seront éternelles. Je parle de Clémence Isaure, dont Castel a voulu attaquer incivilement l'existence dans ses *Mémoires de Languedoc*. Cet auteur a raison de traiter de fable une tradition vulgaire qui fait regarder Clémence comme la fondatrice des jeux floraux, qui la devancent de plusieurs années; mais ses doutes sur l'existence et sur les bienfaits de cette femme illustre ne sont qu'un pyrrhonisme déraisonnable soutenu par les conjectures les plus légères. Mais ce point d'histoire littéraire est aujourd'hui trop éclairci par le savant bénédictin qui a fait l'histoire de Languedoc, et par les recherches soigneuses de M. Ponsan, pour que je m'y arrête. Cet académicien a déjà communiqué une partie de ces découvertes à la Société des jeux floraux, et il a bien voulu me faire part des autres. Il a entre les mains de quoi convaincre que Clémence vivait vers la fin du quatorzième siècle, ou au commencement du quinzième, ce qui revient au règne de Charles VI.

Rien de plus précis pour le prouver, qu'une pièce de vers qui se trouve à la fin des œuvres de Goudoulain, fameux poète toulousain, imprimée en 1694. On y voit dans l'appendice un poème, ou plutôt une ode de quarante-neuf strophes de six vers chacune, qui paraît avoir été adressée à Clémence Isaure, ou lue en sa présence. Elle y est ainsi apostrophée :

> Donna Clemença se bous plats
> Jou bous diré pla las bertats
> De la guerre que ses passada, etc.

Et dans la dernière strophe :

> Per a quo n'oun diré pas may
> Yeu besi, qu'a quo bous desplay
> D'aussi dire, Dama Clemença
> La mort de tant de brabos gens
> Que n'eron mas que suffisens
> De creyssé el terradou de França.

Voilà une Clémence à qui ces vers sont adressés. Comment douter qu'elle ne soit celle qui protégeait la société en question, et venait de lui faire des libéralités? Ce qui suit le prouve sûrement :

> Per ço jeu nou meriti pas
> D'abe de flous de vostres mas.

Le sujet de cette pièce fait juger qu'elle fut faite sur la fin du quatorzième siècle, peu de temps après l'expédition que le brave du Guesclin, à la tête de 400 Toulousains, fit en Espagne contre Pierre, roi de Castille; car du Guesclin ne fut fait connétable de France qu'en 1370, et dans ces vers il y est qualifié de *connétable*. Clémence ne fut donc bienfaitrice de la société de la gaye science qu'après cette époque, puisque le poète, après avoir chanté les exploits de ses

compatriotes dans cette guerre, n'exige point de recevoir en récompense des fleurs de ses mains, n'ambi-
tionnant que le bonheur de lui plaire : mais on dé-
duit encore de ce compliment que Clémence avait été
la bienfaitrice des jeux floraux.

Et en effet, telle était l'opinion du commencement
du seizième siècle, comme Castel lui-même en convient, en rapportant un *Registre des délibérations
faites au collége, intitulé de la science de rhétori-
rique, autrement de la gaye science, fondée à
Toulouse par dame Clémence.* Ce registre commence l'an 1513. Or, qui pouvait avoir donné lieu à
cette tradition, sinon que cette dame avait été la restau-
ratrice des jeux par la fondation des prix, qui auparavant étaient aux frais du public, ou bien pour en
avoir augmenté le nombre?

Ce qui confirme encore tout ceci, ce sont les monumens de reconnaissance publique qu'on a long-
temps conservés à Toulouse à l'égard de Clémence
Isaure. On érigea un mausolée à sa mémoire dans
l'église de la Daurade, avec sa statue; on allait tous
les ans répandre des roses sur ce tombeau, jusqu'à ce
qu'il en fût entièrement couvert; cela se pratiqua jusqu'à l'an 1557, temps où, par une délibération publique qu'on voit dans les registres de l'hôtel de ville,
la statue fut transportée à cet hôtel, où elle est encore, et depuis lors, la cérémonie de fleurs ne se pratique plus, et on se contente de faire l'éloge de cette
bienfaitrice dans le discours de réception des nouveaux confrères.

Au reste, il fallait que du temps de Charles VI cette société fût en bien grande réputation, puisque Jean, roi d'Aragon, envoya une ambassade au roi de France, pour lui demander des poètes de la province de Languedoc, qui allassent établir dans ses Etats les écoles de la gaye science.

Le goût de ces sortes d'établissemens poétiques ne s'était pas borné à Toulouse. Long-temps avant le règne de Charles VI il s'était formé de ces sortes de sociétés en diverses provinces, dans lesquelles on lisait quantité de vers d'amour, composés par les maîtres de ces sociétés, ou qu'elles recevaient d'ailleurs. Le chef ou président de ces compagnies était qualifié de *prince*. C'était à lui qu'on adressait les pièces, et il paraît que c'était lui aussi qui jugeait de celles qu'on devait lire, et qui répondait aux auteurs. Il est souvent parlé de ces sociétés dans les poètes de ces temps-là, sous le titre de *Puits d'amours*. Martin le Franc leur donne le même nom dans son *Champion des dames* (1), sous Charles VII. On voit dans cet

---

(1) Prince d'amours, prince de fain;
    Prince de la sanglante étraine,
    Qui repaist amoureux de fain,
    Et tient en la fièvre quatraine :
    Il fait son parc à la quintaine,
    Où le plus vaillant tanstot tumbe,
    Et n'y a joye si certaine
    Qui n'aye incontinent sa tumbe.
       Maître prince pour présider,
    En son puis amoureux se met

ouvrage qu'on s'exerçait ainsi à la poésie en Picardie (1), en Artois, aux fêtes de Tournay, d'Arras,
de Lille, d'Amiens, de Douai, etc. Les assemblées
se tenaient ordinairement à la fête de saint Valentin,
commencement du printemps. On proposait des questions problématiques sur l'amour ; et ce qui étonnera
peut-être les galans de notre siècle, ces questions se
décidaient par des vers, lice qui s'appelait *jeux partis*. Si l'on en croit Fauchet, l'établissement de ces
sociétés poétiques s'était fait sous Charles V, et leur
auteur avait été Robin de Compiègne, poète de Picardie.

On deubt s'esjouir, et présider.
Qui de sens plus grant s'entremet,
Moult de bien annonce et promet.
Faites rimes, dictes, farces, etc.

Ils font rondeaux, ballades, lays
Et telles rimes amours louent,
Non pas tant seulement les lays,
Mais plusieurs clercs à ce se vouent ;
Le prince en son puis tout avouent,
Tous avouent son sacrifice.
Merveilles est que les yeux clouent
Ceux qui ont de pugnir office.

(1) Or, fait on pis qu'ils ne soloient
En Picardie et en Artois,
Voit on aux festes de Tournay,
Ne à celle d'Arras et de Lille,
D'Amiens, de Douay, de Cambray,
De Valenciennes, d'Abbeville, etc.

ARTICLE III.

Des bibliothèques.

Nous avons vu les soins que s'était donnés Charles V pour rassembler des livres dans les maisons royales. La principale collection était celle de Fontainebleau, que Charles VI son fils transporta au Louvre après sa mort, et ce fut le commencement de la bibliothèque royale. Ce prince n'eut pas plus de loisir ni de goût pour penser à l'accroissement de ce glorieux établissement, que pour les autres moyens qui tendent au bien des lettres. La bibliothèque du Louvre fut à la vérité augmentée sous lui de vingt volumes, que son fils le duc de Guienne lui avait envoyés en 1409, et qui furent inscrits au catalogue par Gilles Malet, bibliothécaire; mais en même temps elle était exposée au pillage du duc d'Anjou, des autres princes du sang, des grands et petits officiers de la cour. Par l'inventaire qui en fut fait, elle se trouva diminuée de deux cents volumes, et réduite au nombre de neuf cent trente. Ce fut alors qu'on chargea Antoine des Essards, écuyer, de la garde de ces livres.

Cette bibliothèque était composée de livres de toute espèce. Les plus considérables étaient les bibles latines et françaises, dont l'usage s'était introduit communément, depuis que le latin était devenu une langue morte. On y voyait un grand nombre de livres d'églises, la plupart enluminées avec grand soin. Le nombre des bons auteurs profanes n'y était pas grand. Quantité de livres d'astrologie, de chiromantie et de géomantie; mais ceux qui abondaient le plus étaient les romans en vers et en prose; peu d'anciens auteurs, encore moins de poètes latins. Ovide, Lucain et Boëce étaient les seuls : la partie de l'histoire était curieuse.

Charles VII étant parvenu à la couronne, fit d'abord inventorier sa bibliothèque, et il se trouva que les livres en étaient encore diminués, n'y ayant plus que huit cent trente-trois volumes, qui furent évalués à 2323 liv. 4 s., somme assez considérable pour ce temps-là (1).

Mais en 1425, les Anglais, devenus maîtres de Paris, le duc de Betfort, qui prenait la qualité de régent du royaume, s'étant fait représenter les mêmes livres par Garnier de Saint-Yvon, s'en rendit maître, et en 1429 en déchargea ce bibliothécaire. Il les envoya, suivant toute apparence, en Angleterre (2), au moins en partie, puisque l'on trouve sur certains livres (3), qui sont actuellement à la bibliothèque du

(1) On trouvera un plus ample détail sur la bibliothèque du roi dans les Mémoires de l'Académie des inscriptions. *Voyez* ci-dessous, le Mémoire de Boivin le jeune, et l'inventaire des livres de la bibliothèque de Charles V. (*Edit.* C. L.)

(2) Fait contesté. (Edit. C. L.)

(3) Sur un livre intitulé : *Rational des divins offices*, où l'on voit le seing de Charles, et au commencement de ce volume, à l'ouverture, on lit : *Ce livre est à Jean, comte d'Angoulême* (1441).

roi, qu'ils furent envoyés de France en Angleterre par le duc de Betford, au duc de Glocester, son beau-frère. Il est dit dans le registre de la Chambre des comptes, que les livres de la tour du Louvre furent achetés par ce duc, 1200 livres, et que cette somme fut payée à Pierre Thuri, entrepreneur du mausolée de Charles VI. Quelques-uns de ces livres furent rachetés à Londres par le prince Charles d'Orléans et le comte d'Angoulême, lorsqu'ils furent prisonniers après la bataille d'Azincourt, et ils les rendirent, à leur retour, à la bibliothèque, d'où ils avaient été tirés. On voit cela dans un manuscrit qui contient le détail de tout ce qui fut fait sous ces princes. Charles d'Orléans, dont nous parlons, avait aussi formé une petite bibliothèque à Blois.

Sous le règne de Charles VII, la bibliothèque du fameux monastère de Lerin en Provence, trouva un restaurateur zélé dans la personne de Monges des *Giles d'or,* moine de cette abbaye, descendant de la maison Cibo de Gênes. Ce moine, que l'historien de Provence comble de louanges, était un homme de lettres très-éclairé. Il avait fait un cours d'études très-suivi dans son monastère, et avait la réputation d'être poète, rhétoricien, philosophe au-dessus de tous ceux de son siècle. Chargé du soin de cette bibliothèque, il trouva un vieux catalogue, qu'Hermentaire, moine du même monastère, avait fait autrefois par les ordres d'Idelphonse II, roi d'Aragon, marquis de Provence. Cette bibliothèque avait été une des plus célèbres de l'Europe; elle avait été enrichie par les comtes de Provence, par les rois de Naples et de Sicile, et par plusieurs amateurs des lettres, dont cette province abondait. Les incursions que Lerin avait souffertes en temps de guerre, en avait dispersé les livres. Monges voyant les vides qu'il y avait, composa un nouveau catalogue, et rangea les livres par ordre de langues et de matières; il transcrivit aussi des manuscrits, occupation ordinaire des moines, avant l'impression, et à laquelle l'Eglise et la république des lettres sont redevables de plusieurs ouvrages qui auraient péri sans eux. Plusieurs de ces manuscrits étaient des vieux poètes provençaux, dont il envoya depuis un exemplaire à Louis II, duc d'Anjou et comte de Provence, héritier des Etats et de la riche bibliothèque du roi Réné.

Mais de toutes ces précieuses collections, il n'y en eut point de mieux choisie que celle qui formait la bibliothèque des ducs de Bourgogne et de Brabant. Ces princes se donnèrent tous les soins pour y avoir de bons livres; et à en juger par ce qui nous reste (1), ils les firent copier à grands frais; car rien de si beau que les manuscrits, qui semblent tous faits au burin; rien de si magnifique que les miniatures qui les ornent. J'y ai vu, entre autres choses, un livre de la *Vie et miracles de Notre-Dame,* fait à La Haye en 1456, copié magnifiquement avec des miniatures en

---

(1) Plusieurs auteurs parlent de cette bibliothèque comme d'une des plus rares de ces temps-là. Voyez *Flandria illust.,* *Sanderus* (et les catal. publiés par M. Barrois.) (*Edit.* C. L.)

camaïeu, qui sont incomparables; une Bible en français, de 1246, également bien écrite et bien ornée.
Plusieurs de ces livres sont dus au zèle que Philippe-
le-Bon avait pour tout ce qui regardait les lettres. Le
très-beau Quinte-Curce qu'on voit adressé à Charles, fils de ce prince, avait été écrit sous le règne du
père, par *vénérable personne Vasque de Lucène,
Portugais.* Il ne fut fini qu'en 1468, après la mort du
duc. Presque tous les livres de cette bibliothèque
étaient in-folio, et sont encore d'une très-belle conservation (1).

Au reste, en parlant des bibliothèques, il ne faut
pas s'en faire des idées sur celles de nos jours. Comme
il n'y avait que des manuscrits qui étaient fort rares
et coûtaient fort cher, il n'y avait guère que les princes et quelques monastères qui eussent les facultés nécessaires pour former des bibliothèques. Cela faisait
aussi que les gens de lettres étaient plus rares, et
qu'il n'y avait qu'un certain ordre de gens qui étudiassent. Les pertes qu'avait faites la bibliothèque
du roi étaient donc difficiles à réparer : cependant

---

(1) Le duc Charles de Lorraine, gouverneur-général des
Pays-Bas, qui nourrit le même goût pour l'avancement des
lettres et des arts, que les princes qui étaient autrefois les
gouverneurs de ce pays, vient de tirer de l'obscurité les débris de cette bibliothèque, qui a été long-temps exposée au
pillage dans les temps des guerres, et sous les Espagnols, et
va en faire une bibliothèque publique, par les soins de M. le
comte de Cobenzel, ministre plénipotentiaire de la cour de
Vienne, très-versé dans la littérature ancienne et moderne.

Charles VII ne négligeait rien pour cela. Il se flattait que l'art de l'imprimerie, qui venait de naître (vers 1440), allait lui fournir des moyens d'accomplir ses desseins.

Cette découverte avait été faite en Allemagne, et il paraît très-vraisemblable que ce fut à Mayence. Tritheme dit que le premier projet en fut conçu par Jean Guttemberg, gentilhomme de cette ville, qui, après avoir dépensé tout son bien pour l'exécuter, s'associa avec Jean Fust ou Faust, bourgeois, son concitoyen, et ensuite Pierre Schœffer de Gernsheim, lequel, surtout par son extrême industrie, contribua beaucoup à la perfection de ce nouvel art, duquel l'Eglise et les lettres ont tiré tant d'avantages.

Les premiers essais qui furent publiés, sont le *Psalmorum Codex*, qui parut durant le règne de Charles VII, l'an 1457; deux ans après on donna le *Rationale divinorum officiorum* de Guillaume Durand; le Vocabulaire latin, intitulé *Catolicon Johannis Bladi de Juana*, parut l'année suivante, 1460. C'est tout ce qui fut imprimé du temps de Charles VII (1).

Ce prince allait faire partager à la France les avantages de l'imprimerie avec l'Allemagne, s'il avait vécu plus long-temps. Une note marginale qu'on trouve sur les monnaies de France, à côté de celles de ce monarque, nous apprend une anecdote là-dessus. Elle

(1) Il y a ici quelques erreurs. *Voy.* les nouvelles recherches publiées sur cette matière. (*Edit.* C. L.)

porte qu'ayant su qu'il y avait à Mayence « gens « adroits à la taille des poinçons et caractères, au « moyen desquels se pouvaient multiplier par l'im- « pression les plus rares manuscrits, le roi, curieux « de telles choses et autres, manda aux généraux de « ses monnaies d'y dépêcher personnes entendues à « ladite taille, pour s'informer secrètement de l'art, « et enlever subtilement l'invention, et qu'on envoya « Nicolas Jenson, un de ses graveurs de la monnaie « de Paris. » Cette note se rapporte à l'an 1458, et dit que Jenson, de retour en France, trouva que le roi était mort. Or, Charles VII mourut en 1461, et l'imprimerie ne s'établit en France que neuf ans après, par les soins d'un Savoyard, docteur de Sor- bonne, que Louis XI avait exilé de France, et qui paraît s'être ainsi piqué de rendre le bien pour le mal.

ARTICLE IV.

De l'état des études publiques.

Les différentes universités dont on a parlé dans l'article précédent, portaient particulièrement le nom d'*Universités de loi,* non qu'on n'y enseignât point en même temps les autres facultés, mais parce que l'é- tude de la jurisprudence avait été le but principal de leur fondation.

Par la même raison, l'on regardait l'Université de Paris comme particulièrement consacrée à la théo- logie, qui était la faculté en faveur de laquelle elle

avait d'abord été établie, et où elle se distinguait au-
dessus de toutes les universités du monde. Cependant
elle était composée de quatre facultés : de la théologie, du décret, de la médecine et des arts. Le décret
embrassait le droit canon et le droit civil : elle recevait dès-lors plusieurs nations ; elle avait l'anglaise de
plus qu'aujourd'hui, et sous celle-ci était comprise
la nation allemande, qui n'y tenait pas un petit rang
et autorité, dit Pasquier. On y comptait jusqu'à vingt
mille écoliers, tant le concours était grand ; mais Charles VII étant rentré dans Paris en 1436, en exclut la nation anglaise, ce qui diminua le nombre des étudians.

Ce qui fait la réputation d'une université n'est pas
tant l'exactitude et la régularité des leçons, que les
grands hommes qui y enseignent et qui s'y forment.
Celle-ci jouissait depuis long-temps de cet avantage,
et le temps dont nous parlons ne le cédait à nul autre à cet égard. Les Pierre d'Ailly, les Gerson, les
Clémengis et plusieurs autres en étaient regardés avec
raison comme les oracles.

De tous temps les papes l'avaient regardée comme
l'école de l'univers ; à ce titre ils en prirent toujours
un soin extrême. Gerson prêchant à Avignon en présence de Benoît XIII, la comparait, d'après Alexandre IV, au paradis terrestre, où était l'arbre de la
science du bien et du mal, et à un grand fleuve
d'où sortaient quatre grandes rivières, par lesquelles
l'univers était abreuvé. On venait en effet de toutes
parts pour y étudier la théologie, comme à sa source.

Le grand crédit dont elle jouissait faisait que

les différens partis qui divisaient alors la France, cherchaient à s'autoriser de ses suffrages, et cela lui donnait entrée dans toutes les affaires publiques.

Urbain V demanda son appui en 1381 contre son compétiteur. Elle écrivit à Innocent VII pour lui faire des reproches du refus qu'il faisait de se prêter à des voies d'accommodement; le pape ne dédaigna pas de se justifier auprès d'elle. Jean XXIII lui envoya des députés, et lui demanda l'aide de ses conseils. Pour la gagner, il donna deux bulles en 1412, l'une qui accorde au chancelier de l'université d'absoudre les maîtres et les écoliers des censures encourues de la part du saint-siége; l'autre qui laisse au jugement de l'évêque de Paris les causes de ses suppôts, qu'on avait coutume de porter au tribunal du pape.

Les rois Charles VI et Charles VII appelaient souvent les docteurs de Paris à leur conseil, et recevaient avec bonté les remontrances qu'ils portaient à leur cour, comme un moyen de connaître le vrai, et profitaient des lumières des docteurs pour se conduire dans les ténèbres occcasionnées par le schisme de l'Eglise et par les divisions de l'Etat. Les lettres-patentes données par Charles VI pour la paix de l'Eglise, disent que le roi agit de la sorte de l'avis de l'Université de Paris. Celles de Toulouse, d'Orléans, d'Angers et de Montpellier y sont aussi nommées : monument honorable du désir sincère qu'on avait de connaître la vérité dans l'obscurité où l'on était, et du cas que l'on faisait de ceux qui avaient des lumières pour la discerner.

Les pas que la cour faisait vers l'université pour ce qui regardait le bien public, l'autorisait à faire à son tour des démarches éclatantes vers la cour pour le procurer. En 1394, elle sollicita le roi, les ducs de Bourgogne et d'Orléans ses oncles, de s'appliquer de toutes leurs forces à l'extinction du schisme, et proposa la voie de cession des deux papes, comme le moyen le plus sûr pour y parvenir. Le parti du légat d'Avignon ayant prévalu dans le conseil, il obtint qu'on imposât silence aux docteurs ; mais ils cessèrent leurs leçons jusqu'à ce qu'on les écoutât. L'université de Cologne leur écrivit pour les louer du zèle qu'ils faisaient paraître pour le bien de l'Eglise. Ils envoyèrent l'année suivante des députés à l'université d'Oxford, pour qu'elle donnât la main aux moyens proposés, et ils députèrent aussi auprès des électeurs qui tenaient pour le pape italien ; ils exhortèrent même, par lettres-patentes, les papes eux-mêmes à se prêter aux voies de conciliation. Jean Goulain, frère carme, émissaire de la cour d'Avignon, ayant prêché que toutes les voies d'union proposées ne valaient rien, autorisé à cela par le pape, qui lui avait accordé toutes sortes de cas réservés et des pouvoirs illimités, l'université, aussi surprise du zèle aveugle de ce moine mercenaire, que scandalisée de ses propositions, le retrancha de son corps, et fit une ordonnnance portant défense à tous ses membres, sous peine d'être retranchés, de recourir au pape pour aucun bénéfice.

En 1408, les docteurs de Paris intervinrent au conseil du roi avec les princes et le Parlement, à l'occasion d'une bulle de Pierre de Lune, pape d'Avignon, qui mettait le royaume en interdit. Le recteur parla au milieu de l'assemblée contre l'injustice de cette bulle. Dans les troubles occasionnés par les guerres des Anglais, et par les divisions entre les ducs de Bourgogne et d'Orléans, l'université députa au roi et au duc de Guienne, son fils, pour les porter à la paix, et le dauphin et les seigneurs l'envoyèrent remercier de ses bons offices. En 1413, le docteur Talvende, à la réquisition de la cour, fit un discours devant le roi, au nom des quatre Facultés, pour l'exhorter à la paix, et elle fut conclue. Les troubles dont nous parlons ayant beaucoup dérangé les affaires de l'Etat et les finances, les remontrances que l'université fit à ce sujet furent reçues favorablement. Un écolier de l'université ayant été arrêté par le prévôt de Paris, et pendu par jugement de son tribunal, en 1403, on en porta des plaintes en cour, on cessa les leçons jusqu'à ce qu'on eût eu satisfaction. La même chose étant arrivée sous Charles VII, en 1448, Guillaume de Tigneville, prévôt de Paris, fut obligé d'en faire amende honorable.

Les princes du sang, dans leurs querelles particulières, ne manquaient pas d'appeler à leur secours des docteurs pour soutenir leurs intérêts. Le duc de Bourgogne, après avoir fait assassiner le duc d'Orléans, chargea Jean Petit, cordelier, docteur normand, de défendre sa cause au conseil du roi. En un mot, il n'y avait point de grandes affaires où l'on crût pouvoir se passer des lumières des gens de l'université.

Mais en même temps cela donnait lieu aux intrigans, aux mercenaires, aux flatteurs, dont les corps les plus insignes ne sont jamais totalement dépourvus, de faire servir les circonstances à leurs intérêts particuliers. Les études souffraient aussi de ces diversions d'applications; mais il y a des temps et des circonstances où les grands hommes croient devoir tout sacrifier au bien public, qui prévaut sur tous les avantages particuliers, et il est heureux pour un Etat qui est menacé d'un renversement dans ses maximes primordiales, qu'il y ait des corps qui s'en regardent comme les dépositaires, qui en rappellent les principes, qui s'opposent au torrent; de là dépend quelquefois le salut de l'Etat. Si l'esprit de citoyen abandonne les corps, si les fausses maximes les pervertissent, c'en est fait de la Constitution; une révolution devient son unique et malheureuse ressource.

Après l'Université de Paris, les plus célèbres étaient celles de Toulouse et de Montpellier. La première, qui subsistait depuis 1233, avait aussi quatre Facultés. On y voyait des professeurs de réputation, et une grande affluence d'étrangers, même beaucoup de gens de condition. Malgré les guerres entre la France et l'Angleterre, les sujets de ce dernier royaume allaient étudier à Toulouse, à cause sans doute du voisinage de la Guienne, dont les Anglais étaient les maîtres; et comme quelques seigneurs les maltraitaient en passant par leurs terres, Charles VII donna des lettres à Braye-sur-Seine, en 1437, en faveur des écoliers étrangers qui allaient étudier à Toulouse, et en

particulier de ceux qui étaient soumis à l'Angleterre; et afin d'y maintenir les études florissantes, il
mit les écoliers sous la protection du sénéchal de
Toulouse.

La faculté de théologie de cette université était la
plus estimée, après celle de Paris; on y cultivait particulièrement le droit; mais la cour d'Avignon s'y
était fait beaucoup de partisans contre les docteurs de
Paris; ceux-ci firent quelquefois condamner les écrits
des Toulousains à être brûlés, comme fomentant le
trouble et empêchant le progrès de leurs vues pacifi-
ques.

. On enseignait à Montpellier le droit canon et le
droit civil. Le célèbre Pétrarque y avait fait son cours
de jurisprudence; mais la faculté de médecine était
celle qui distinguait cette université de toutes les autres. Elle faisait un corps à part; mais en 1421, Martin V l'unit avec les facultés de théologie et de droit.
Cette bulle fait juger que cette école n'eut toutes les
qualités qui constituent une université que depuis
lors. En effet, le pape lui accorde les priviléges des
autres universités; cependant, malgré cette union, elle
continua d'avoir deux chefs ou recteurs, l'un pour
la médecine, l'autre pour les autres facultés.

Les universités de Toulouse et de Montpellier eurent aussi besoin de quelque réforme. Pierre, cardinal du titre de Saint-Pierre-aux-Liens, en dressa la
première en 1390, et cela en qualité de commissaire
de Clément VII. Ces articles furent publiés quatre
ans après par l'abbé de Saint-Sernin de Toulouse.

Elle avait alors neuf professeurs en théologie, quatre de frères mineurs, un carme, trois jacobins et un augustin ; trois docteurs ès lois, dont l'un était recteur ; un maître et professeur des arts, et deux en grammaire. On y fit encore des statuts en 1410.

L'université d'Orléans était particulièrement pour l'étude du droit. On verra quelques docteurs qui s'y sont fait un nom dans l'article de cette science. On enseignait toutes les facultés à celle d'Avignon, fondée nouvellement par les papes, qui y faisaient leur résidence. Pétrarque y avait fait ses humanités ; elle fournit dans la suite quelques hommes distingués dans la science du droit.

L'université de Louvain avait fait des progrès rapides, à la faveur de la protection particulière dont Philippe-le-Bon l'honorait. Elle devint bientôt l'émule des plus célèbres écoles. Il s'y forma de grands hommes. Adrien VI, pape et grand théologien, y fit depuis ses études, ainsi que le fameux Pierre de la Ramée, qui déclara la guerre à Aristote et à la scolastique, dans l'Université de Paris. C'est de cette école que les successeurs des ducs de Bourgogne dans les Pays-Bas, tirèrent une colonie littéraire pour former l'université de Douai, fille qui pendant un temps a fait honneur à sa mère ; celle-ci se conservera dans tout son lustre, à la faveur des grands princes qui la protégent et procurent tous les jours de nouveaux encouragemens au zèle de ses professeurs.

Il résulte de tout ce que nous venons de rapporter, que sous ces deux règnes, il se fit de grands préparatifs pour le renouvellement des études, qui éclata sous les règnes suivans. Quelques encouragemens de la part des princes qui gouvernaient, les écoles qu'on augmentait, les fondations littéraires, les disputes mêmes que les circonstances faisaient naître, la considération dont jouissaient les gens d'études, ne caractérisent pas un siècle d'ignorance, et annonçaient des sources de lumières pour les temps suivans. Le mauvais goût qui régnait était plutôt l'effet des ténèbres d'où l'on sortait, que de celles où l'on vivait. On voyait une fomentation qui promettait de nouvelles productions. On faisait des efforts, et les efforts en fait d'esprit ne se font pas sans des éclats de lumière.

Nous finirons cet article par une remarque d'un écrivain, qui écrivait sous Charles VII, qui a rapport à ce que je dis. Elle est de Martin le Franc, poète et philosophe, qui, en parlant de l'état des sciences de son siècle, dans son livre intitulé le *Champion des Dames,* dit « que la théologie, la physique et les au-« tres sciences étaient bien plus cultivées qu'elles ne « l'avaient été dans les siècles précédens (et il en rend « raison ainsi). Or, dit - il, des anciens nous avons « l'art, l'expérience et l'épreuve, et les choses prêtes « trouvons ; si, ce n'est merveilles se savons plutôt ou « plus qu'ils ne savoient, car encore nous ajoutons « beaucoup aux choses qu'ils trouvoient. » Mais la raison que cet auteur donne, pourquoi nonobstant que les connaissances fussent plus étendues, on écrivait moins, n'est pas si juste que ce qui précède : « C'est, dit-il, que le monde est plus près de sa fin. »

On parlera ailleurs de cette imagination. Passons à la seconde partie de nos recherches.

DEUXIÈME PARTIE.

ÉTAT DES LETTRES, DES SCIENCES ET DES ARTS,
considérés en particulier.

ARTICLE PREMIER.

De l'étude des langues et des belles-lettres.

Il ne paraît pas que le décret du concile de Vienne, tenu environ soixante ans avant le règne de Charles VII, qui, à la sollicitation de Raimond Lulle, ordonnait qu'il y aurait dans les universités de Paris et des autres pays, des maîtres pour enseigner les langues hébraïque, arabique et chaldéenne, afin de faciliter la conversion des infidèles, eût eu son effet en France, puisque l'on n'y voit aucun vestige de cette étude jusqu'ici, et que le concile de Bâle renouvela le même décret en 1434, ordonnant qu'il y aurait deux professeurs en langues arabe, hébraïque et chaldéenne dans les universités. Ce que dit Mézeray, que ces langues étaient enseignées dès l'an 1325, semble n'avoir d'autre fondement que quelques lettres de Jean XXIII; mais ce que ce pape en dit n'est relatif qu'au décret du concile tenu à Vienne, sous son prédécesseur, dont il souhaitait l'exécution. Il paraît même que cette ordonnance ne fut exécutée que long-temps après, puisque Pasquier dit que quoique l'université *fût en honneur depuis long-temps, toutefois, par le malheur des temps, on n'y connaissoit la langue hébraïque que de nom, et quant à la grecque, bien qu'on en fît quelque état, c'étoit plus par contenance que d'effet : car quand il étoit question de l'expliquer, cette parole couroit dans la bouche de plusieurs ignorans :* « græcum est, non legitur.» Je ne trouve en effet en France aucun écrivain de ce temps-là qui sût l'hébreu, que Jérôme de Saint-Foy, parce qu'il était Juif de naissance.

La langue latine était toujours en possession de toutes les écoles; mais dans le temps qu'elle faisait l'occupation ordinaire des régens, et trop long-temps celle des écoliers, c'était un *langage goffe et grossier,* dit Pasquier. Ce que dit Christine Pisan, en parlant de Charles V, qu'il *savoit compétemment le latin,* nous fait juger que ce n'était pas une chose ordinaire hors des colléges; en parlant même de l'habileté de Jean Mallet, bibliothécaire du roi, cette savante en fait l'éloge par ces paroles : *Que souverainement bien lisoit et ponttoit.* Il y a apparence que Charles VI ne savait pas tant de latin que son père, puisqu'il fallut traduire en français le discours que Clémengis fit au roi, pour qu'il pût être lu dans le conseil.

La rareté des bons auteurs de la bonne latinité, avant que l'imprimerie les eût multipliés, était la cause principale de la décadence de cette langue. Il fallait que Cicéron fût bien rare, puisqu'on n'en voit

pas un seul exemplaire dans le catalogue de la bibliothèque royale, fait sous Charles VII. Une autre cause
encore de cette décadence, c'était la raison même qui
aurait dû la faire fleurir; l'usage trop familier qu'on
en faisait dans les colléges et dans les cloîtres, et
même, par une ancienne routine, dans les actes publics. Car on se servait également du latin et du français
dans ces actes, et même dans les dépêches qui éma-
naient de la cour. Les lettres - patentes données par
Charles VI en faveur des Juifs sont en latin, aussi bien
que celles qu'il donna pour la conservation des libertés de l'Eglise gallicane et de celles du Dauphiné,
touchant la provision des bénéfices. Les évêques écrivant au roi et au pape, le faisaient en latin. Les lettres de l'évêque de Comdom, écrites en 1393 à Charles VI, au sujet de sa maladie, sont en cette langue.
La harangue de l'ambassadeur du même prince à l'empereur, au sujet du schisme, l'est aussi, et l'on eut
soin d'y employer une bonne plume, au moins à l'é-
gard du temps. Le secrétaire de Charles VI, Jean de
Montreuil, faisait la plupart des lettres en latin. On
en a un recueil qui fait voir qu'il avait lu les bons
auteurs.

L'on n'en était pas en effet entièrement dépourvu;
quelques-uns copiés dans ce siècle font voir qu'on
n'ignorait pas entièrement quelles étaient les sources
de la bonne latinité, et que l'on cherchait à les faire
connaître. J'en juge par les déclamations de Quintil-
lien, copiées sous le règne de Charles VI, ou peut-
être sous celui de Charles VII, par les *Noctes atticæ*

d'Aulu-Gelle, environ du même temps; par un Virgile et un Horatius Flaccus, sur lequel il est marqué qu'il fut copié l'an 1425.

Le latin des sermons et des actes publics est fort barbare. Je ne parle pas du langage des scolastiques, dont la barbarie contribuait beaucoup à les rendre tristes, insipides et ennuyeux jusqu'au dégoût. Un des docteurs de Paris qui écrivait en bon latin, est Nicolas Clémengis. Sa latinité est pure et digne d'un meilleur siècle.

Au reste, je ne découvre aucun ouvrage grammatical sur la langue latine. Il fallait pourtant qu'il y en eût, puisqu'on l'étudiait. Jacques le Grant, ce savant augustin du règne de Charles VI, en parlant des arts libéraux, dans le second livre de la première partie de son *Archiloge-Sophie,* parle de la grammaire et de la rhétorique. Le père Montfaucon rapporte un Dictionnaire latin-français qu'il juge pouvoir être de ce temps-là.

La langue française ne fournit pas non plus des ouvrages didactiques. C'était l'usage qui en décidait. Lorsque le *Champ fleuri,* ouvrage grammatical, parut le siècle suivant, il fut regardé comme le premier ouvrage qu'on eût donné sur les règles de la langue. On trouve cependant dans le second registre des règlemens de l'Académie des jeux floraux, dans la cinquième partie, qu'on y donne des règles grammaticales; mais on ne les connaissait pas ailleurs, d'autant que ces règlemens étaient en langage du pays, et n'avaient jamais été publiés hors de là.

II. 8ᵉ LIV.   12

On pourra juger du style et de l'orthographe par l'échantillon du discours de Pierre-aux-Bœufs, que je rapporte dans l'article de l'éloquence. J'observe dans la diction de Christine de Pisan et d'autres écrivains du temps, beaucoup de tours de phrases et même de mots tirés de l'italien. Outre que Christine était italienne d'origine, le commerce des Français avec la cour d'Avignon, où il y avait des Italiens, gens de lettres, avait pu contribuer à ce mélange. Les deux dialogues que fit Henri Etienne, le siècle suivant, contre les courtisans qui affectaient de se servir des mots italiens mêlés avec le français, confirment ma conjecture.

Une autre remarque que j'ai faite en lisant les anciens ouvrages, regarde l'orthographe et la prononciation. Je trouve, par exemple, que bien des mots qu'on écrit aujourd'hui par un *u*, s'écrivaient alors par *ou*; le mot *suffisamment*, dans les œuvres de Christine de Pisan et dans d'autres auteurs français, est écrit *soufisamment*, et l'on trouve la même chose dans les auteurs plus anciens, tels que Beaumanoir et autres. Je passe d'autres exemples pour ne point alonger, et je conclus que l'ancienne prononciation française était plus conforme à celle des Italiens, dans les mots originaires du latin. Celui des écrivains du règne de Charles VII qui contribua le plus à perfectionner et polir la langue française, fut Alain Chartier.

Cette langue, sous ces deux règnes, acquit quelques richesses qui lui furent d'un avantage considérable; ce sont des traductions des bons auteurs latins.

Pierre d'Ailly fit la version ou plutôt la paraphrase du livre de la Consolation de la philosophie, de Boëce. Jean Courtecuisse donna, en 1403, le Traité des vertus, de Sénèque. On regarde le Quinte - Curce rapporté dans la Bibliothèque des manuscrits du père Montfaucon, comme une production du quatorzième siècle ou du commencement du quinzième (1). Les OEconomiques d'Aristote, livre traduit par Laurent Prémier, dont le manuscrit est dans la bibliothèque de l'archevêque de Vienne, en Dauphiné, ainsi que la traduction de Boccace, du même auteur, doivent être rapportés au règne de Charles VI, puisque l'on voit sur le volume l'année 1417, date de ces ouvrages. Le traducteur dit qu'il a fait la dernière version à la requête de Simon du Bois, valet de chambre du roi très-chrétien. C'est donc sans fondement que la Croix du Maine, dans sa bibliothèque, attribue ces traductions au temps de Louis XI.

Une traduction des Stratagèmes de Frontin, faite par un anonyme, est dédiée à Charles VII. L'Oraison de Xénophon à ·la louange d'Agésilas, ainsi que les Batailles puniques, mises en français par Jean-le-Bègue, sont des productions de ce même règne, et l'on juge de la même date à peu près, les Vies des hommes illustres de Plutarque, ouvrage sûrement du

(1) Le beau *Quinte-Curce* français qui est dans la bibliothèque des ducs de Bourgogne, est de l'an 1468. C'est peut-être la même traduction que celle de Montfaucon, que Vasque copia.

quinzième siècle. Ce fut environ dans le même temps que l'on mit en français le livre *des Nobles et des gens selon le jeu des Échecs,* composé dans le quatorzième siècle, par Gilles de Rome.

La langue française acquérait ainsi tous les jours de nouvelles richesses, elle se perfectionnait tous les jours, mais elle n'était pas générale en France. On en voit une preuve entre autres dans l'Académie des jeux floraux. Les statuts et les règlemens (1) qu'on en fit sous Charles VI sont en langue toulousaine, jargon mêlé de provençal et de catalan. Ces statuts commencent ainsi : « Trois choses sont nécessaires à perfection ; *do fin, voler, saber et poder, et la una defaillent les duas petit podo, etc.* » Les compositions qui se faisaient pour les prix de la violette, de l'églantine et du souci d'argent, sont toutes en cette langue. Le manuscrit contenant le recueil des pièces qui remportèrent ces prix pendant une partie du quinzième siècle, prouvent ce que je dis (2). Celle de l'an 1425 est intitulée : *Dansa de nostra Dona per laqual hat lo gang mestre Raimon Dellam,* l'an 1425. Je la rapporterai en entier dans l'article de la poésie. Goudolain, poète toulousain du seizième siècle (3), nous a conservé quelques-unes de ces poé-

(1) Ils sont intitulés : *Statuts et règlemens de la science* Del gay Saber.
(2) Je l'ai vu à Toulouse entre les mains de M. Ponsau, de l'Académie.
(3) Le recueil de ce poète fut imprimé en 1694.

sies, et il n'a travaillé lui-même que dans cette langue, comme on le peut voir dans le recueil de ses
œuvres.

Il y a tout lieu de croire que dans toute la France
méridionale la langue française n'était guère en usage.
Les actes publics de Guienne, que j'ai vus dans les
Rôles gascons de la Tour de Londres, sont tous ou en
latin ou en gascon. J'ai observé la même chose dans
les titres particuliers que l'on conserve dans le pays.

En Provence, on ne se servait aussi que du latin ou
du provençal. Les ordonnances du roi Réné se faisaient en patois. On en peut juger par celle qu'il fit
contre les blasphémateurs (1); les lettres que ce prince
écrivait sont aussi en provençal. J'en ai vu une au
duc de Calabre (2), et une autre qui est conservée
dans les archives de la ville de Tarascon.

En général, le goût de la belle littérature, si l'on
en excepte la poésie, n'était pas le goût dominant;
mais il y avait toujours un petit nombre de gens qui

---

(1) *Per placar la justicia sentissima de Diou lo creator, la
qualla quasi non cessa (per los meillor) parlos des merites de
nostres peccats, de tocar et castigar de pestilentia, et d'altres fla-
gels lou pays de Provenza, etc.*

(2) *Illustrissimo é carissimo Duch primogenit governador é loc-
tenent nostre; nos com saben en los dies passats avens considera-
tion als bons serveis é merits passots del noble é amat conseiller
nostre messien Borthomeu Gary, l'y donan perpetuellement en feu
honorat segon Costum de Cathalania, per a el sos fils Empero
Mascles de legitim matrimoni procreados , los viscomtat de
Baz, etc.*

la cultivait : tel qu'un Jacques le Grant, fort considéré à la cour de Charles VI. On trouve dans ses ouvrages des vestiges des auteurs grecs et latins, ainsi que dans ceux de Froissart et Christine de Pisan, qui en avait fait une étude suivie. Clémengis, de l'Université de Paris, doit être mis au premier rang. Les cent trente-sept lettres de cet auteur seraient avouées dans notre siècle. Elles sont pleines d'instructions morales et politiques, de questions de critique, d'avis salutaires, de complimens, de peinture des vices et des vertus. Il en est même quelques-unes qui, n'étant pas sur des matières sérieuses, ne laissent pas de faire voir l'érudition de l'auteur, comme font la quatrième et la cinquième, où il réfute Pétrarque, qui avait avancé qu'il n'y avait qu'en Italie où il y eût des poètes et des orateurs de mérite. Cette proposition avait aussi offensé Jean de Montreuil. Il se met en colère dans une de ses lettres à Clémengis. Ce secrétaire de Charles VI avait beaucoup de passion pour la littérature. On a de lui soixante-douze lettres assez bien écrites, dédiées au cardinal de Florence. Il faisait beaucoup de cas de l'amitié des savans. Les affaires du cabinet ne l'empêchaient point d'être en commerce avec eux. Il voulait surtout avoir souvent Clémengis, qu'il appelle l'honneur, la gloire et l'ornement de la France. De Montreuil fit corriger ses lettres par Gerson, qui joignait aux études les plus profondes de la théologie et du droit public ecclésiastique, celle des belles-lettres, comme on le verra en son lieu.

ARTICLE II.

De la logique, de la physique, de la philosophie morale, de l'astronomie et des mathématiques.

La philosophie d'Aristote, ou plutôt celle des Arabes, était en possession de toutes les écoles. Le bonheur qui avait accompagné cette nation, tant en guerre qu'en paix, avait servi à porter leur goût et leur génie dans toute l'Europe; et comme les Arabes n'avaient cherché la philosophie que dans Aristote, les écoles chrétiennes se contentèrent aussi de l'y chercher, par une servile imitation dans le renouvellement des études, qui se fit dans le douzième siècle. Ce fut alors que les ouvrages de ce philosophe, passés d'Espagne en France, y trouvèrent bientôt un grand nombre de sectateurs. Bérenger, Abeilard, Gilbert de la Porée, et autres beaux esprits leur donnèrent de grandes louanges; mais c'étaient tous gens notés; plus ils faisaient l'éloge de cette philosophie, plus elle était suspecte, d'autant que les pères grecs et plusieurs pères latins avaient dit dans les premiers siècles qu'il n'y avait point de philosophie dont les principes fussent plus contraires à la créance de l'Eglise.

Cependant deux grands théologiens, Albert-le-Grand et saint Thomas en firent une version en latin, mais ils la firent sur le texte arabe, et le philosophe grec ne conserva dans cette traduction presqu'aucun de ses traits.

Les suffrages de deux aussi grands hommes ne contribuèrent pas peu au triomphe d'Aristote, malgré la condamnation de ses écrits, faite par un concile de Paris en 1209, qui les fit brûler publiquement et en défendit la lecture sous peine d'excommunication ; cette défense avait été depuis renouvelée par les cardinaux de Saint-Étienne et de Sainte-Cécile, envoyés à Paris pour bannir la philosophie d'Aristote de l'université, comme inutile aux chrétiens, et opposée à l'Ecriture sainte. Malgré toutes ces disgrâces, Aristote reprit de nouvelles forces sur la fin du règne de Charles V. Les cardinaux de Saint-Marc et de Saint-Martin étant venus à Paris pour travailler à la réforme de l'université, par ordre d'Urbain V, après plusieurs conférences secrètes et publiques, les censures qui avaient été publiées contre la doctrine d'Aristote furent levées : on fit plus, on approuva ses ouvrages, et on permit de les lire avec quelques modifications. Par-là, l'autorité de ce philosophe se raffermit, et je ne comprends pas par quel enchantement tous les esprits se tournèrent de son côté.

Mais les modifications prescrites par les deux cardinaux que je viens de nommer, étaient encore une entrave dont les sectateurs d'Aristote souhaitaient de le délivrer, afin que le triomphe fût complet.

Les succès des partisans d'Aristote, à Rome, achevèrent ce triomphe en France.

Quelques philosophes grecs venus en Italie un peu avant la prise de Constantinople, avaient entrepris de faire recevoir la doctrine de Platon. A cet effet,

Gemiste Platon (*surnommé*), l'un des plus beaux
génies de son siècle, homme très-savant et grand pla-
tonicien, trouvant à Rome la philosophie d'Aristote
fort suivie, l'attaqua par un petit livre sous le titre de
Sentimens d'Aristote différens de ceux de Platon,
dans lequel ce dernier philosophe est partout préféré
au premier.

Trois hommes, aussi fort savans, attaquèrent Gemiste; George Scholarius, depuis patriarche de Constantinople, connu sous le nom de *Gennadius;* Théodore de Gaza et George de Crete. Bessarion, disciple
de Platon (*du Gemiste*) et protecteur de la nation
grecque, entra aussi en lice et parut déclaré pour son
maître. Michel Apostolius, son ami, écrivit en même
temps contre Aristote. Ces ouvrages ébranlèrent la
philosophie d'Aristote, et il parut que les platoniciens
allaient prévaloir. C'est là ce qui avait donné lieu aux
ordres dont les cardinaux de Saint - Etienne et de
Sainte - Cécile avaient été chargés par le pape, de
proscrire Aristote de l'Université de Paris.

Mais bientôt la faction de Gemiste commença à
avoir du dessous. Nicolas V chargea Bessarion lui-
même de traduire toute la méthaphysique d'Aristote
sur les manuscrits du Vatican. Cela se passa en l'an
1447. Il y a apparence que les péripathéticiens de
l'université, profitant des bonnes dispositions du pape
pour Aristote, obtinrent de son légat, le cardinal
d'Estouteville, un règlement favorable à sa doctrine,
à l'occasion de la réforme de l'université : ce règlement
prescrivit que tous les étudians dussent s'exercer sur

la philosophie d'Aristote et se provoquer mutuellement à la dispute. Le successeur de Nicolas V, après l'abdication de Calixte III, n'eut pas moins de zèle pour cette philosophie.

Jamais règlement ne fut mieux observé que celui du cardinal d'Estouteville à ce sujet. Alors ses partisans ne cherchèrent plus qu'à dédommager Aristote de ce qu'il avait souffert jusqu'à ce jour-là. On ne put plus prétendre au degré de maître-ès-arts, qu'on n'eût été interrogé sur sa philosophie. Le refuser, c'était se rendre suspect; depuis on disputa plus que jamais sur la philosophie, et les esprits ne furent jamais moins philosophes.

La philosophie péripathéticienne jeta donc de profondes racines dans les écoles du royaume; elle devint la base de la théologie, et même des autres sciences. On disait qu'on était généralement convenu de faire amende honorable à Aristote de l'abandon dont on avait paru le menacer. Aristote et la raison étaient presque synonymes. On se livra aveuglément à tout ce qu'il avait dit et à tout ce que les mauvaises traductions lui ont fait dire. Il suffisait que quelque opinion portât son nom, on y souscrivait sans examen; jamais la vérité elle-même n'a joui d'un si beau privilége.

Cependant la version des ouvrages d'Aristote était toujours celle qui avait été faite sur le texte arabe. Cela ne contribua pas peu aux chicanes de la philosophie péripathéticienne. Les questions les plus abstraites s'accumulèrent; au lieu de former les esprits

à bien juger, à raisonner juste, on les exerçait à subtiliser. « Que les questions qu'on agite dans les écoles
« sont vaines et chimériques! » s'écriait long-temps
après un savant espagnol, en voyant cette philosophie
toujours en vogue. « Est-on plus savant, dit-il, pour
« avoir long-temps disputé sur les universaux, sur les
« noms analogues, sur ce qui est premièrement
« connu, sur les principes des différences individuel-
« les? etc. » C'étaient pourtant là les questions sur lesquelles les esprits s'aiguisaient à l'école de la philosophie.

Les esprits ainsi livrés et habitués à de vaines spéculations, à des distinctions chimériques, tombaient
dans des erreurs aussi creuses que les sources d'où
elles partaient. Un autre malheur, c'est que cette
dialectique vétilleuse menait à l'étude des sciences
et les infectait de sa barbarie et de ses chimères. La
jurisprudence comme la théologie de ces temps-là ne
se ressentent que trop des vétilles péripathéticiennes,
et plût au ciel qu'elles en fussent généralement re-
venues!

Au reste, l'on ne trouve pas encore beaucoup d'ouvrages de philosophie de ces temps-là, et la disette
n'en est pas à regretter. Je ne citerai qu'en abrégé
ceux qu'on attribue à Bertram de Trielle, de l'ordre
des dominicains, du diocèse de Nîmes : les Commentaires sur les sentences de Guillaume de Gannat, donnés en 1383; un autre Commentaire sur le même livre,
de frère Adam, d'Orléans; quelques questions métaphysiques du même sur Aristote; les écrits de Jean

de Gay de Poitiers, dont les leçons ont aussi pour base le livre des Sentences. On trouve encore différens traités de philosophie de Nicolas de Orbellis, de l'ordre des frères mineurs de Poitiers, qui écrivait sous Charles VII; et le plus ample de ces commentaires philosophiques est celui de frère Sanctius Mulieris, dominicain gascon, professeur de Toulouse, et depuis évêque d'Oleron, qui assista au concile de Constance, comme légat du comte de Foy.

On a parlé ci-devant du fond des choses sur lesquelles roulaient les questions philosophiques; l'on voit, par les ouvrages qui nous en restent, que la méthode dont on traitait la dialectique, cet art de réduire en pratique la raison dans la recherche de la vérité, n'en réparait pas le défaut; elle ne faisait que leur ajouter un nouveau désagrément par sa sécheresse et son obscurité. Il semble qu'on s'était donné le mot pour parler un langage inintelligible, et pour ensevelir la raison sous une multitude d'argumens subtils et captieux, toujours exposés sous la même forme syllogistique, que Lucien, en parlant des sophistes de son temps, appelait avec raison des filets pour prendre les hommes : quelle dialectique!

En parlant de la logique, j'ai presque dit ce qu'il y a à dire sur la métaphysique. Ces deux parties de la philosophie empiétaient tellement l'une sur l'autre, qu'il serait difficile de fixer quelles étaient les limites de leur juridiction. Il ne valait pas même la peine qu'elles fussent jalouses de leurs droits. De toute la philosophie d'Aristote, la partie qu'il paraît avoir le plus négligé, est la métaphysique. C'est le sentiment qu'en porte Plutarque, et les plus zélés défenseurs de ce philososophe paraissent en convenir. Cependant, par une suite du faux respect, c'était elle qui dominait, on n'en connaissait pas d'autre. En vérité, les questions qu'on agitait sur les opérations de l'entendement, sur les universaux, sur la distinction de quantité avec les choses auxquelles cette quantité appartient, sur l'infini actuel, etc., méritaient-elles d'occuper des têtes bien faites, ou n'étaient-elles pas plutôt un vain amusement, un prétexte de fainéantise, et des sources de disputes interminables. En négligeant ce qui pouvait être d'usage, on poussait la spéculation au-delà des bornes, on s'évaporait en des inutiles subtilités. Le Traité de l'âme du cardinal Pierre d'Ailly est si plein de ces subtilités et de distinctions idéales, qu'il fait bien mieux connaître l'esprit de son auteur que les questions qu'il traite. Les esprits même supérieurs ne sont pas plus à l'abri du mauvais goût et des préjugés du temps, que les corps les mieux constitués le sont de l'infection dans un temps de peste. Qui pourrait soutenir aujourd'hui la lecture des Traités de métaphysique de F. Adam d'Orléans, de l'ordre des FF. prêcheurs, et l'esprit du même snr les causes physiques et sur l'âme, rapportées par Thomassin dans sa Bibliothèque de Paris?

Il est aisé de s'imaginer qu'au moyen d'une telle logique, la physique ne recevait pas plus de lumières, puisque la connaissance des mystères de la nature dépend autant du raisonnement que de l'expérience.

Ces deux flambeaux de l'étude de la nature étaient inutiles. Aristote paraît à tout. Il n'y avait de physique que celle de ce philosophe, ou plutôt que celle des Arabes. Il semblait qu'on tînt pour une vérité irréfragable ce qu'Averoës, un des philosophes de cette nation, avait dit : qu'avant Aristote la nature n'était pas entièrement achevée, qu'elle n'avait reçu son accomplissement qu'à sa naissance. On était persuadé qu'il était inutile de recourir à l'expérience et de considérer la nature en elle-même, de chercher à la surprendre sur le fait; ou l'on agissait comme si l'on en eût été persuadé, et l'alternative produisait le même effet.

Cependant, comme les Arabes s'étaient fort appliqués à l'alchimie, l'étude de cette partie de la physique était assez commune, non seulement en France, mais par toute l'Europe. Cette science a son juste milieu et ses excès, comme toutes les autres. C'est dans ce juste milieu qu'elle a enrichi la physique de plusieurs découvertes très-utiles. L'excès n'a encore conduit qu'à des chimères. La possibilité du grand œuvre prouvée par certains raisonnemens métaphysiques, par l'analogie de certains principes, n'avait jamais été, et n'est encore réalisée que par des faits obscurs et sujets à être contestés. Tous les mystères dont Raymond Lulle, Arnaud de Villeneuve, et plusieurs autres, avaient enveloppé, au commencement du quatorzième siècle, leurs prétendues découvertes, sont plus propres à faire soupçonner ces découvertes d'illusion ou d'imposture, qu'à établir

une vérité. La bonne physique abhorre les mystères, elle cherche à les expliquer; l'ignorance et
l'imposture les multiplient. Le savant Roger Bacon,
contemporain de Raimond Lulle, homme d'un génie
supérieur et pénétrant, auquel il suffisait de faire entrevoir une science pour qu'il l'approfondît, avait été
plus sage en Angleterre. Il se crut assez dédommagé
des peines qu'il se donna par les découvertes utiles
qu'il fit dans la chimie et dans la nature, dont il enrichit son pays sans le leurrer par des mystères im-
pénétrables. Les chimistes français ne furent pas assez
heureux pour l'imiter. Ils ont fait comme le chien
de la fable, ils ont pris l'ombre pour la réalité.

Ceux qui brûlèrent du charbon sous les règnes que
nous parcourons, ne le firent que pour parvenir à la
pierre philosophale. Ils couraient à perte d'haleine
vers ce but; les découvertes curieuses qu'on pouvait
faire en chemin, n'étaient point capables de les arrêter.

La science hermétique était fort connue en France:
il y avait des gens qui se piquaient d'être appelés *philosophes hermétiques*, les grands mêmes s'en mêlaient. Il y a eu dans tous les temps des adeptes qui ont
eu besoin de protection et de secours pour entreprendre ce grand œuvre, qui fait qu'on peut se passer de
tous. On trouve toujours de la protection auprès des
courtisans quand on fait entrevoir que la réussite devient une bonne affaire; et ils eurent l'imprudence
d'inspirer le goût de l'alchimie à Charles VI, comme
si ce prince n'eût pas déjà eu l'esprit assez faible,

sans l'agiter encore par des recherches de cette nature.

Un des plus célèbres adeptes de ce règne, fut Nicolas Flamel, qui, par conséquent, n'est point du treizième siècle, comme le dit M. l'abbé Langlet. Flamel était persuadé, ou voulait persuader qu'il avait atteint le but, et que c'était par-là qu'il avait gagné quinze cent mille écus dont il se trouva possesseur, quoique né sans bien. Mais quelques anecdotes de ce temps-là font conjecturer qu'il avait amassé ces richesses dans la gestion des finances, lorsque les Juifs furent chassés du royaume, et cela *en faisant le bon serviteur du roi.* On dit encore que Flamel n'inventa cette raison de ses richesses, que pour se mettre à couvert du duc de Bourgogne, qui avait fait trancher la tête à Jean de Montaigu, autre financier, qui avait mal versé dans le maniement de l'argent du roi.

Les diverses fondations que Flamel fit à Sainte-Geneviève, à Saint-Jacques de la Boucherie et aux Innocens, ne sont pas capables de faire revenir quelques gens de la mauvaise idée qu'on a eue de lui. Il est assez commun, et il l'était encore davantage dans ces temps-là, plus superstitieux que le nôtre, de s'imaginer qu'en donnant à Dieu ce que l'on a pillé, lorsqu'on n'en peut plus jouir, tout est réparé. Si la manière dont Flamel voulut faire croire au public qu'il avait amassé tant de bien était une imposture, il n'oublia rien pour réparer le scandale de son péculat (1), dans

----

(1) *Voyez* Jacques Gohorri et Corrozet, dans la préface du

les siècles à venir. Il ordonna qu'après sa mort on mît un tableau à Saint-Jacques de la Boucherie, sur lequel seraient diverses figures énigmatiques et des emblêmes de son invention, propres à indiquer qu'il avait trouvé cette pierre tant cherchée.

Au reste, il est sûr que ce financier était entièrement abandonné à la science hermétique. Voici comme il est entré dans cette carrière. Etant à Paris, il lui tomba entre les mains un vieux livre latin écrit sur de l'écorce d'arbre, non avec de l'encre, mais avec le burin, et d'un fort beau caractère. Ce livre contenait trois fois sept feuillets, mais chaque troisième feuillet était sans écriture; à la place on y avait peint et colorié, dans le premier septenaire, une verge et des serpens qui s'engloutissaient les uns les autres : sur le second on voyait une croix ou un serpent crucifié; et à la fin du troisième était tracé un désert, au milieu duquel roulaient plusieurs belles fontaines, d'où sortaient des serpens qui couraient d'un côté et d'autre.

Au premier feuillet de ce livres on lisait en lettres capitales et dorées : *Abraham, Juif, prince, prêtre, lévite, astrologue et philosophe, à la nation des Juifs, que la colère de Dieu a dispersés dans les Gaules, salut, D. I.* Après cela venaient des impré-

---

livre de Roch le Bailli, intitulé *Le Démostenon*, imprimé à Rennes en 1578, et les Antiquités de Paris, par du Breuil.

cations contre celui qui jeterait les yeux sur ce livre, s'il n'était sacrificateur scribe.

Après plusieurs consolations pour les Juifs, Abraham enseignait à sa nation la transmutation des métaux. Tout s'y trouvait expliqué très-clairement : manière de s'y prendre, vaisseaux qui doivent servir, couleurs qui paraîtront, tout y était, excepté qu'il n'y était point parlé du premier agent; mais au quatrième et cinquième feuillet, cet agent était peint et figuré avec beaucoup d'art, et d'une manière intelligible pour ceux qui se connaissaient en fait de langage philosophique.

Flamel avait acheté ce livre sans en connaître trop le mérite, non plus que celui de qui il l'avait acheté; mais il voulut percer le mystère qu'il contenait. Il entreprit à cet effet le voyage d'Espagne, afin de consulter quelques savans juifs, et il emmena avec lui en France un médecin de Léon. Ils examinèrent ensemble ce grand livre; mais son pauvre médecin n'eut pas le bonheur de percer les mystères qu'il contenait, étant mort à Orléans, avant que d'arriver à Paris. Flamel, accablé de tristesse, travailla inutilement à déchiffrer ce livre suivant les instructions de son Espagnol; il crut devoir mettre la main à l'œuvre, et fit en 1382 sa première projection sur le mercure; et s'il faut l'en croire, il le convertit en argent. Peu de temps après il fit la transmutation en or. Flamel dit qu'il fit trois pareilles transmutations, qu'il aurait eu assez de la première, mais qu'il les réitérait pour le plaisir de contempler ces ouvrages de la nature. Ceux qui croient

Flamel sur sa parole, disent que pour reconnaître la
grâce que Dieu lui avait faite, il fit de grandes donations à l'Eglise, dont les archives de Saint-Jacques
de la Boucherie conservent au moins quarante différens actes. Il fit rebâtir en 1402 le portail de Sainte-
Geneviève-des-Ardens, celui de l'église des Quinze-
Vingts, celui de l'église de Boulogne, près Paris. Lui
et sa femme, morts en 1413, fondèrent quatorze hô-
pitaux dans Paris, tous bâtis à neuf, firent construire
trois chapelles et réparer sept autres églises (1). L'on
ajoute que ces donations avaient été faites avant l'expul-
sion des Juifs, qui ne fut qu'en 1406, que Flamel
avait d'ailleurs la réputation d'un honnête homme,
simple, ingénu, qui doit être le caractère d'un adepte.

Quoi qu'il en soit de la source des richesses de
Flamel, il est sûr qu'il était un grand philosophe
hermétique; il nous a laissé des preuves convaincantes
de cette science par ses différens ouvrages (2); en 1399

(1) Guasco aurait dû ajouter à ces édifices construits par
Flamel, le petit portail de l'église de Saint-Jacques, et la
fameuse arcade du charnier des Innocens, qui servit de
texte à la fable des hiéroglyphes, dont il sera question dans
la note suivante. (*Edit.* C. L.)

(2) Voilà des assertions bien hasardées sur un homme
dont la vie est encore un problême; et il est permis de douter que l'académie ait donné son suffrage à cette partie du
Mémoire qu'elle a couronné. Tout ce qu'on vient de lire a
été évidemment puisé dans le prétendu livre de Flamel, publié pour la première fois en 1612, in-4°, par le Poitevin
Arnaud de la Chevalerie, avec les Traités de philosophie

il fit l'*Explication de ses figures*, ouvrage qu'il re-
vit en 1413; mais cette explication de figures mysté-

---

naturelle d'ARTHEPHIUS et de SYNESIUS, sous le titre suivant:
*Le livre des Figures hiéroglyphiques de Nicolas Flamel, es-
crivain, ainsi qu'elles sont en la quatrième arche du cimetière des
Innocents, à Paris, entrant par la porte rue Sainct-Denys, devers la main droicte, avec l'explication d'icelles, par le dict Flamel, traictant de la transmutation métallique,* NON JAMAIS IM-
PRIMÉ.—Paris, Guillaume Marette, 1612, in-4°, fig.

Est-il vrai que Flamel ait été possesseur du livre doré venant
d'Abraham, qu'il ait fait le voyage de Gallice, qu'il ait travaillé au grand œuvre, qu'il y ait réussi, qu'il ait écrit sur
cette matière, ou qu'il ait fait autre chose que des copies,
comme callygraphe; et, enfin, que sa fortune répondît à l'i-
dée qu'on s'en est formée depuis qu'on l'a supposé alchimiste?

Toutes ces circonstances sont autant de questions qui méritaient d'être examinées, et dont la solution négative semble la conséquence la plus naturelle de tous les faits et documens authentiques recueillis dans l'*Histoire critique de Nicolas Flamel et de Pernelle, sa femme,* publiée en 1761, in-12.
A la vérité, l'abbé de Guasco n'a pu profiter de ces recherches, qui n'avaient point encore été faites quand il écrivit
sa Dissertation. Mais on peut toujours lui reprocher d'avoir
accueilli trop légèrement des faits qui n'ont en eux-mêmes
rien de vraisemblable, sur la foi d'un alchimiste traitant du
grand-œuvre, d'après l'autorité d'un livre qui offre tout le
caractère de la supposition, et dans lequel on lit, entre autres vérités de cette force, qu'Arthephius a vécu mille ans,
grâce à ses rares secrets. Il y a tout lieu de penser que le
Poitevin qui, en 1612, a publié le livre des Hyérogliphes,
comme une traduction de l'original latin de Flamel, fa-
briqua lui-même cet ouvrage sous un nom fameux, pour

rieuses est elle-même aussi mytérieuse et allégorique
que les figures, de sorte que les philosophes n'en ti-
rent aucun secours. Son sommaire philosophique contenant plusieurs secrets de l'alchimie (1), et un Traité
de la transmutation des métaux, ouvrages faits en
1409, ne sont guère plus clairs. On lui attribue encore
un livre sous le titre de *Desir desiré;* mais ses lavu-
res qu'on a en manuscrits (*sic*), ainsi que les remarques
sur Zacharie (2), sont visiblement supposées, Zacharie
n'ayant paru que quinze ans après la mort de Flamel.

Sous Charles VII, la science hermétique continua
d'être professée. Le fameux Jacques Cœur, d'orfévre de
Bourges devenu maître des monnaies et intendant des
finances, voulut aussi persuader que c'était en elle qu'il
avait trouvé la source des richesses immenses qu'il

---

donner plus de consistance aux rêveries des alchimistes
dont il avait grossi le nombre. Quand bien même Flamel
en serait l'auteur, ce ne serait pas une raison pour croire ce
qu'on y rapporte. Le mensonge se réfute de lui-même lorsqu'il blesse toute vraisemblance ; et telle est la relation où
Guasco a puisé le paragraphe dont il s'agit. On en jugera par
l'extrait que nous en donnons, d'après le livre original dont
nous possédons un exemplaire. Le roman est, d'ailleurs,
curieux et peu commun. *Voy.* nos additions. (*Edit.* C. L.)

(1) Jacques Gohorri, Parisien, et grand chimiste lui-
même, fit imprimer ces ouvrages en 1561.

(2) Denis Zacharie, gentilhomme bordelais, plus connu
sous le nom de *Zacaire.* Son principal traité est l'*Opuscule de
la vraie philosophie des métaux*, imprimé à Lyon en 1574,
in-12, et dans le Recueil in-folio du médecin Manget.

avait amassées ; et à l'imitation de Flamel, il a voulu
éterniser cette persuasion par des monumens publics.
On voit encore sur l'édifice de la Bourse de Montpellier, et sur la superbe maison qu'il fit construire à
Bourges, tout plein de signes mystérieux qui se rapportent à cette science. Il prétendit aussi par-là de se
mettre à couvert des poursuites que le péculat qu'on
lui attribuait lui avait attirées. Jacques Bouret, grand
amateur de l'alchimie, s'efforce de prouver que les
grands biens de Jacques Cœur venaient de là. Il est
assez singulier qu'il n'y eût que des gens qui avaient
le maniement des finances, qui trouvassent le secret
de s'enrichir là où tout le monde se ruine.

La science hermétique avait aussi pénétré dans les
cloîtres. Sous Charles VII, Geoffroy Lévrier, moine
de Citeaux, s'était fait une réputation qui lui attirait
les curieux étrangers ; mais une chose qui prouve
combien les esprits en étaient généralement occupés,
c'est que l'on trouve le langage des alchimistes introduit même dans les poètes de ce temps-là. L'ouvrage
en vers de *la Fontaine périlleuse,* fait sous ces règnes ou sous le suivant, est plein de ces termes mystérieux, au point que quelques-uns n'ont pas douté
de le mettre au rang des ouvrages qui traitent *ex
professo* de cette science. Le roman de *la Rose* en
est aussi farci.

A l'alchimie près, la bonne physique était un pays
inconnu aux philosophes ; il n'est par conséquent pas
étonnant que l'on regardât les phénomènes de la nature avec cette admiration, souvent avec la supersti-

tion qui est l'effet de l'ignorance. « L'on tint pour
« une grande merveille un feu corruscant, dit des Ur-
« sins, qui apparut à grosses globes sur la ville de
« Paris, et, courant de porte en porte sans tonnerre,
« dit le même auteur, abattit trois cheminées à Cha-
« renton, et rencontra un compagnon auquel il ôta le
« chaperon et la manche dextre de sa robe, et passa
« sans lui mal faire; et par un trou entra en la mai-
« son du dauphin; et en une chambre rencontra un
« jeune homme, lequel il tua, lui consumant la chair,
« les os et tout. » En voilà plus qu'il en faut pour
faire regarder ce tonnerre comme diabolique; aussi
n'y eut-il que l'*eau bénite qui eût pu le chasser.* Il
ne fallait pas beaucoup de physique pour savoir que le
fer extrêmement rouillé ne se ressoude pas aisément;
cependant on regarda comme un prodige que l'épée
de la pucelle d'Orléans, qu'elle rompit en frappant
un concubinaire, *ne pût se rassembler.* Cette épée
avait été tirée d'entre les vieilles armures qui étaient
à Sainte-Catherine-de-Fierbois. Je doute que l'on eût
bien examiné si le calme qui succéda à la bourasque
qui avait empêché les bateaux de remonter la Loire,
lorsque la pucelle voulait aborder à Orléans, n'était
pas naturel : on aurait peut-être connu que ce n'était
pas un si grand miracle. Une bergère accoutumée à
vivre dans les champs pouvait fort bien se connaître
aux apparences de changement de temps, lorsqu'elle
prédit que le vent cesserait; les paysans font tous les
jours de ces sortes de prophéties; mais il fallut que
ce fût un oracle qui vînt d'en haut. Il n'aurait pas été

difficile non plus d'expliquer, suivant les lois de la physique, comment une vache avait pu mettre au jour un monstre qui *avait deux têtes, et en une bouche fourchue deux langues;* mais, faute de physiciens entendus, il fallut recourir à l'abbé de Saint-Germain-des-Prés, qui *était un prud'homme;* et ce prud'homme n'hésita pas de décider *que semblables choses n'arrivaient jamais qu'elles ne fussent signes de grands maux.* Les ignorans, quoique honnêtes gens, ont un goût décidé pour trouver des mystères.

La nature étant si peu étudiée, si peu connue, il n'est plus étonnant que l'accusation de magie fût si commune dans le quatorzième et dans le quinzième siècle. Qu'est-il besoin de recourir à la magie, disait, le siècle précédent, le savant cordelier Roger Baccon en Angleterre, qu'est-il besoin de recourir à la magie, puisque la physique nous enseigne tant de secrets qui ont le double avantage et de satisfaire notre curiosité et de surprendre le vulgaire ignorant?

Cependant, sous Charles VI, le duc d'Orléans fut accusé par Pierre de Craon, son ennemi, de fréquenter les sorciers. Valentine de Milan, sa femme, fut soupçonnée d'avoir ensorcelé le roi. Il aurait été fort simple de croire la maladie de ce prince toute naturelle; mais elle surpassait les connaissances de ses quatre physiciens (c'est ainsi qu'on appelait les médecins); il fallait donc qu'il y eût quelque chose de plus que du naturel. Aussi l'historien rapporte qu'un méchant homme, lequel, dit-il, à proprement parler, était un sorcier, se vanta que, si l'on voulait le laisser faire, il guérirait le roi, et qu'il avait un livre qui s'adressait *à Adam, de la consolation d'Abel son fils, qu'il pleura, et fit le deuil cent ans.* On le fit parler au roi. Le dénouement fut simple, on trouva que c'était un imposteur.

Car la persuasion où l'on était de la puissance réelle de la magie, faisait souvent que des méchantes gens avaient recours à des pratiques desquelles on prétendait faire dépendre les ensorcellemens et les prestiges. En ce cas, ils méritaient bien que la justice en vengeât la société ; mais un peu plus de philosophie aurait souvent épargné le crime et la peine, encore plus souvent l'accusation. Je plains presqu'autant le juge que les criminels, lorsque je lis dans l'histoire de Provence, que deux sorciers de la ville de Hières furent brûlés vifs, pour avoir été convaincus d'avoir fait des prestiges sur deux jeunes mariés, au moyen d'une certaine bourse de peau de chat velue, avec quelques paroles marmottées entre les dents, qui suffirent pour rendre impuissans ces pauvres jeunes gens, et faire changer leur amour en haine. On avait tant de peur de cette maudite bourse, qu'on n'osait la toucher, crainte d'ensorcellement ; il fallut avoir recours à un rabbin, à qui la loi de Moïse défend de croire aux enchantemens. Ce fut ce rabbin qui alla chercher ce redoutable sortilége de peau de chat dans les cavernes de Tarascon, et le porta à Aix, comme le corps du délit.

Il y avait, à la vérité, quelques gens d'esprit qui ne donnaient pas aveuglément dans tous les contes.

qu'on faisait des sorciers. Martin le Franc, dans son *Champion des dames,* ne paraissait pas trop crédule ni sur l'existence des sorciers, ni sur ce qu'on rapporte de ces sortes de gens, non plus que sur le pouvoir des diables sur les choses extérieures; car son adversaire l'ayant voulu persuader du contraire, en lui rapportant l'exemple d'Albert-le-Grand, qui avait, dit-on, fait parler une tête d'airain, le Franc s'en moque comme d'une folie (1).

Cependant cet homme d'esprit, cet esprit-fort souscrivait, dans le même ouvrage, à une ancienne fable qui avait fait de Virgile un grand magicien; car Martin le Franc a suivi cette imagination dans son *Champion des dames,* et il met sur le compte de ce poète plusieurs extravagances indignes d'un si grand génie.

Ce qui avait donné lieu à cette folie, c'est qu'il paraît qu'il y eut un Virgile qui a passé pour magicien;

---

(1) Tu parles du grand Albert,
    Je ne croy que si grand docteur
    Fut si fol ou si coquebert,
    Qu'il voulust estre invocateur
    Ou ressembler le Créateur,
    Qui met le vent dedans les orgues,
    Par lequel seul médiateur,
    Parole humaine est de nos gorges.
    Que s'il fist ce qu'on lui impose,
    Voulenté de trop enquérir
    Ou il ne debvoit pas férir,
    Si ne peut ou son mal guérir,
    N'excuser par philosophie
    Sans envers le diable merir
    Faire ne peut telle follie.

et la conformité du nom dans ces temps d'ignorance, où l'on connaissait plus la magie que *l'Enéide*, a fait confondre le poète Virgile avec ce Virgile prétendu négromancien, en attribuant au premier ce qui avait été dit de merveilleux de celui-ci dans un livre intitulé *les Faits merveilleux de Virgile*.

Il ne faut donc pas croire que cette facilité à décider en faveur de la magie, à en trouver partout, ne fût que l'effet d'un préjugé populaire; le jugement que plusieurs docteurs de Paris portèrent sur un jeune homme espagnol qui vint en France, en l'an 1445, fait bien voir que c'était la suite d'une prévention générale. Le fait mérite d'être rapporté en entier, tel qu'on le trouve dans Coucy. Il dit que ce jeune Espagnol, âgé d'environ vingt ans, « excellait dans « toutes les sciences, et brillait spécialement parmi le « clergé. Il était chevalier ès-armes, docteur en théo-« logie, en médecine, ès-lois et décrets, savait la mu-« sique, jouait de toute sorte d'instrumens si bien que « personne ne pouvait le surpasser, et il rendait raison « de tout ce qu'il savait. Il jouait à l'épée à deux « mains; il sautait contre son adversaire et arrière lui « vingt pieds et plus. Après qu'il eut été en divers « lieux, il vint à Paris, où, en la présence de qua-« rante ou cinquante des meilleurs juges de l'Univer-« sité, il fut examiné avec diligence sur diverses scien-« ces; et il répondit si sagement par de bonnes et « fortes raisons, qu'aucun d'eux ne savait répondre « rien. Qui plus est, en leur présence, il arguait, cor-« rigeait et reprenait les livres de saint Jérôme, de

« saint Augustin et autres Pères de l'Eglise. Il partit
« ensuite pour la Bourgogne, où il fut aussi entendu.
« Il comptait de passer en Angleterre, mais il s'en
« alla en Allemagne. » Après son départ de Paris, l'U-
niversité s'est assemblée pour savoir ce qu'il fallait
juger de la science surprenante de cet étranger.
Après bien des débats, il ne parut pas possible
que, même en trente ans, on pût apprendre tant
de choses. A cette cause, plusieurs furent d'opinion
que c'était de la magie, et que ce prodige de science
était l'antechrist, ou quelqu'un de ses disciples ; car,
ayant cherché les livres qui parlaient de l'antechrist,
ils trouvèrent que tout pouvait bien cadrer avec notre
jeune homme : heureusement, il avait prévenu la
sentence, et il était loin. Quel crédit n'acquérait
point la magie, si elle avait une pareille puissance !
Je parle de ces sottises pour faire connaître l'extravagance de certains temps. Combien l'esprit humain
n'a-t-il pas lieu de s'humilier, lorsqu'on fait son histoire !

Avant que de finir ce qui regarde la physique, je
dirai en passant que ce fut sous le règne de Charles VI (1), suivant l'opinion la plus commune, que
Bertold Schwartz, ou le noir Allemand, fit la découverte de la poudre à canon, qui fut peu de temps
après portée en France. Je sais que quelques-uns font
remonter plus haut cette invention, qu'on l'a fait

---

(1) Les uns disent que ce fut l'an 1380, d'autres la fixent
à l'an 1354.

même venir de la Chine (1), que l'on l'attribue au savant Roger Bacon. Tout cela peut être, et je dis seulement que ce fut sous le règne de Charles VI que la connaissance en vint en France. L'on commença, selon Froissart, à se servir du canon à la bataille de Rozembèque ; et, en effet, on en voit deux pièces sur la peinture qui représente cette bataille, dans un ancien manuscrit de cet historien.

Je regrette fort de ne pas trouver beaucoup à dire sur la philosophie morale, cette science qui forme l'homme, le dispose à devenir chrétien, le rend utile à la société. Il n'est pas de celle-ci comme de la plupart des autres, qui semblent ne rendre leurs oracles que dans des déserts presque inaccessibles à la plupart des mortels. Elle est prête à révéler ses mystères, ou, pour mieux dire, ses vérités, à tous ceux qui sont capables de la réflexion la plus légère ; elle opère la conviction en inspirant des sentimens.

Quoique la morale ne fût pas la partie de la philosophie dont on s'occupait le plus dans les études publiques, elle n'était cependant pas entièrement abandonnée ; mais on dirait que, ne pouvant se souffrir parmi les épines de l'école, elle avait choisi un champ

---

(1) On prétend que les Portugais trouvèrent au royaume de Pégu des pièces d'artillerie que les Chinois y avaient apportées quinze cents ans auparavant, et les Chinois rapportent cette invention à un esprit malin qui l'enseigna le premier à leur roi, nommé *Vitei*, pour se défendre des Tartares.

plus agréable parmi les fleurs de la poésie. En effet, les poètes de ce temps-là sont pleins d'allégories morales; souvent leurs poëmes sont des traités de moralités.

Un ouvrage de poésie, qui appartient presque entièrement à la morale, est l'*Archiloge-Sophie*, de Jacques le Grant, ce savant augustin du règne de Charles VI. L'auteur traite dans ce livre du prix de la sagesse, en faisant parler *dame Sophie*, à laquelle il déclare qu'il est prêt à tout abandonner pour la suivre. A cette déclaration, elle s'approche de lui, lui adresse quelques discours; et l'auteur exprime sa joie par ces vers :

Je fus comme ravi en ceste amour tant douce
En écoutant les dits de sa plaisante bouche,
Lesquels sont cy escripts en prose et en vers
En forme de proverbe à propos moult divers ;
Et pourtant je requiers en l'honneur de ma mye
Que ce livre soit dit *Archiloge-Sophie*.

L'ouvrage est divisé en trois parties : la première parle de toutes les sciences, la seconde des vertus, la troisième des différens états de la vie. Ces parties sont subdivisées en livres. Il est question, dans le premier, de la première partie de l'amour de Sophie, et des raisons qui doivent porter chacun à l'aimer; le second roule sur les arts libéraux; le troisième embrasse la philosophie naturelle et morale, et s'étend sur la physique, métaphysique, sur la politique et l'économie. Cette partie est terminée par un quatrième livre sur les sciences divines.

L'Archiloge-Sophie est la traduction du même ouvrage, fait en latin par le même auteur, sous le titre de *Sophologium*, qu'il avait adressé à l'évêque d'Auxerre. Il présenta celui-ci au duc de Berry, oncle du roi.

On a encore un autre ouvrage de Jacques le Grant, qui regarde les mœurs, et qui peut être mis au rang des ouvrages sur la philosophie morale. L'amour que l'on doit à la vertu, la pensée de la mort, etc., en font le fond. Il le dédia au duc Charles d'Orléans, en faveur de qui il paraît avoir été fait.

L'Estrif ou *le Débat de fortune*, ouvrage en prose et en vers de Martin le Franc, appartient aussi à cette classe. L'auteur l'avait dédié au duc de Bourgogne, par l'insinuation duquel il l'avait composé. Dans ce dialogue entre la Fortune, la Vertu et la Raison, cette dernière fait l'office de juge. La Fortune vante ses avantages, et veut persuader qu'elle fait tout dans le monde; que les hommes lui ont les plus grandes obligations; qu'elle est sûre d'offrir à tous ce qui est plus propre à les satisfaire : l'inconstance dont on l'accuse est une faute des astres ou des hommes, qui empêchent de profiter de ses faveurs. La Vertu et la Raison unissent leurs forces pour combattre les prétentions de la Fortune et abaisser son orgueil, en faisant voir que tout est subordonné à une Providence supérieure à toute sagesse humaine, et que la vraie félicité consiste à se laisser conduire par cette Providence. La Vertu fixe le prix des dignités, de la noblesse, des richesses, et montre que l'homme vertueux possède tout cela, même dans l'humiliation et la pauvreté. Ce à quoi la Vertu s'attache principalement, dans le premier livre, est de prouver que les malheurs publics et les révolutions des empires ne viennent point de la Fortune, mais sont une punition des crimes des hommes (1). Dans le cours de l'ouvrage, le Franc insiste beaucoup sur l'opinion de quelques anciens touchant la durée du monde, qu'il regardait alors comme près de sa fin; mais, à l'occasion de cette question assez inutile, il fait de fort solides réflexions sur l'incertitude de la vie et sur la nécessité de bien vivre. Au reste, peu d'ordre dans cet ouvrage et une prolixité fatigante, fatras d'érudition tirée des Pères, des philosophes et de l'Ecriture, et placée sans ménagement. Il y a apparence que *l'Esprit de la Fortune*, rapporté dans la Bibliothèque des manuscrits du P. Montfaucon, n'est autre que celui-ci, et que ce savant a lu *Esprit* au lieu d'*Estrif*, ou bien c'est une faute de copiste.

---

(1) Noble n'est-on pour grand cas de richesse
    Ni pour servir femme, royne ou princesse,
    Pour tenir court pleine de familiers,
    Pour lever bruyt plus haut que n'est la lune :
    Savez qui fait les vaillans chevaliers?
    Desir d'honneur et refus de fortune.

    Enfans êtes si je ne vous adresse
    Moins est de vous que de pouvres nahiers :
    Entendez-moi, servez Dieu volontiers,
    Le peuple aimez sans faintise aucune,
    Et retenez mon commandement tiers :
    Desir d'honneur et refus de fortune.

Enfin, la *Consolation des trois Vertus*, d'Alain Chartier, dédiée à Charles VII, est aussi un ouvrage tout philosophique, et l'on trouvera différens autres monumens de cette nature dans l'article de la Poésie.

A l'égard des mathématiques, quoique l'étude n'en fût pas totalement abandonnée, il est sûr qu'elle n'était pas fort commune : les parties auxquelles on s'appliquait le plus étaient l'astronomie et l'arithmétique. Pierre Apariac, chancelier de l'Université de Paris et précepteur de Gerson, nous a laissé quelques ouvrages qui regardent la première de ces deux sciences, tels que celui de la correction du calendrier, un autre du siècle lunaire, un de la concorde des vérités astronomiques avec la théologie et l'histoire, qui peut servir à prouver la vérité des prophéties ; un dernier, enfin, sous le titre de *Concordance et discordance des astronomes*. Ces ouvrages sont en latin.

Le second livre de *l'Archiloge-Sophie*, dont nous avons parlé, dit quelque chose de la géométrie et traite plus au long de l'arithmétique, et ce qui en est dit peut être utile dans tous les temps.

L'astronomie était la partie pour laquelle on avait un goût plus décidé : Charles V avait fondé un collége (1) d'astronomes à Paris, et l'avait pourvu d'astrolabes, de sphères et des autres instrumens nécessaires. Il avait fait traduire tous les livres qu'il avait

_____

(1) Il donna à ce collége la dîme de Congie (*sic*), et fit confirmer la fondation par Urbain V.

pu trouver de la science du ciel. Il obtint d'Urbain V une censure contre quiconque oserait ôter de ce collége ces livres ou ces instrumens. Thomas Pisan était en même temps son médecin et son astronome, et il se gouverna particulièrement par les conseils de maître Chrétien Gervais, *grand et profond astronome;* ce fut même à sa requête, appuyée de toute l'Université, que ce prince fit l'établissement dont je viens de parler. On donnait des leçons sur la science du ciel dans les écoles; nous en trouvons quelques monumens dans les ouvrages des professeurs. Adam d'Orléans, jacobin, nous a laissé un traité *De cœlo et mundo,* et l'on prétend qu'il possédait particulièrement l'astronomie. Gilles d'Orléans, du même ordre, a écrit sur les éclipses du soleil et de la lune. Mais voyons un peu en quoi consistait la science astronomique de ces temps-là. On voit bien par quantité de traits que l'histoire nous a conservés, et par les livres qui nous restent, que les astronomes s'occupaient à connaître l'histoire du ciel, les mouvemens et la distance des astres; mais tout cela se rapportait plus à la connaissance des influences qu'ils prétendaient que les astres avaient sur les corps, et sur toutes les choses sublunaires qu'à toute autre fin. C'était le but où se rapportait cette étude dans la pratique; futilité pernicieuse qui conduisit cependant, comme par hasard, à des connaissances plus rares et plus solides.

Ce goût pour l'astrologie avait encore été puisé chez les Arabes, grandement entêtés de cette folie.

Au reste, cette étude se rapportait en même temps

aux mœurs du siècle. Presque tous les princes avaient des astrologues à leurs gages, sans le conseil desquels ils n'entreprenaient, souvent ils ne décidaient rien. Chaque siècle fournit son imposture : l'astrologie était celle de celui dont nous parlons ; elle s'était rendue nécessaire dans les cours, on ne pouvait s'en passer. On dirait que le présent n'occupait pas assez, qu'il fallait savoir l'avenir. Charles V, inquiet s'il aurait des enfans de son fils, fit tirer l'horoscope de Charles VII par André de Suilly.

Après la mort de Charles V, quoique Thomas Pisan déchût du crédit qu'il avait à la cour, cela ne signifiait pas qu'on méprisât l'astrologie à celle de Charles VI. On voit que sous son règne on assembla nombre d'astronomes pour savoir ce qu'il fallait penser d'une éclipse qui avait paru et avait épouvanté *tout le monde et fait retirer dans les églises, croyant que le monde dût faillir.* La décision des gens du métier nous fait connaître quelle était leur habileté ; ils dirent que la chose était bien étrange et signe d'un grand malheur. « Au mois de novembre 1399, on « avait vu une comète d'une lueur extraordinaire, et « dardant sa queue vers le couchant, et ne dura qu'une « semaine. » Les astronomes ne manquèrent pas de la regarder comme un présage des changemens qui se firent dans toute la chrétienté, surtout dans le royaume de Naples et dans l'Empire. Voici un autre trait : « Une grosse étoile avec cinq petites, qui fut vue en « Languedoc, donna une grande peur ; et non sans « cause, dit l'historien. » Comme cela arriva avant la bataille de Hongrie, on n'hésita point de regarder ces étoiles comme un pronostic de cette bataille : la conséquence n'était-elle pas naturelle?

Le livre de Simon Pharès, *Des plus célèbres astronomes,* nous parle de Jacques d'Angers, astronome de Charles VI, qui découvrit la fausse intention de deux religieux augustins, qui, sous prétexte de guérir le roi, avaient été apostés par le duc de Bourgogne pour le faire mourir. Il y avait aussi à la cour maître Gervais de Crète et Michel Tournaroue de Chartres. Il est dit que celui-ci était fort savant en la *pratique des élections*. Il fit celle du jour que le roi alla à la chasse, où il trouva le grand cerf avec un collier de cuivre sur lequel se lisaient ces mots : *Hoc Cæsar me donavit.* Un autre astrologue était Charles d'Orgemont, qui prédit au roi que le duc d'Anjou ne rapporterait autre chose de son voyage de Naples que la honte et l'indigence. Il prédit encore l'issue du voyage que Boucicaut fit à Gènes, et la trahison du marquis de Montferrat et du comte Francisque. La victoire que Charles VII remporta à Fromigny, en 1450, avait aussi été prédite par Louis de Langlé, médecin et astrologue espagnol, de même que la grande peste qui fut à Lyon l'année suivante, pour raison de quoi il eut une pension de 1000 liv.

Car Charles VII ne pouvait pas plus se passer d'astrologues que son père. Jean de Bregny, chevalier, lui fit l'horoscope de la nativité du duc Amé de Savoie, et de Yolande de France sa femme. Germain de Tibouville lui prédit la mort d'Henri V et de Charles VI.

Jean Marende de Bourg-en-Bresse lui fit la nativité de Louis son fils, et prédit ses aventures jusqu'à l'âge de trente ans, avertissant le roi de sa révolte, et combien son règne serait émerveilleux aux hommes. Pierre de Saint - Valerian, chanoine de Paris, passait pour un grand astrologue, et le roi l'envoya en Ecosse pour le mariage de Marguerite. Manassès, juif de Valence, prophétisa jusqu'à la bataille de Monthléry, et fut fort estimé d'Amédée de Savoie, depuis pape.

Les princes du sang avaient aussi leurs astrologues. Maître Florent Villiers était celui du comte de Dunois, et le conseil de tous les princes de son parti.

Il ne faut point s'étonner du grand crédit qu'avaient tous ces gens-là dans des siècles de superstition et d'ignorance. C'étaient des gens d'esprit, qui savaient remarquer, qui faisaient des réflexions, qui étudiaient les caractères des princes auxquels ils avaient affaire, et par-là ils pouvaient plus aisément prévoir les succès des entreprises. L'expérience, souvent le hasard les faisaient deviner quelquefois ; l'obscurité de leurs prédictions sauvait d'autres fois les méprises à la faveur de l'équivoque. Prévenus comme on l'était en faveur des astrologues, cela faisait qu'on n'examinait pas de bien près, dans un temps où l'on n'examinait guère.

Il faudrait d'ailleurs prouver que, bien des prédictions que les historiens attribuent aux astrologues, n'ont pas été inventées après coup, ou fondées sur des *on dit;* que les historiens eux-mêmes, prévenus de leur temps, ne les ont point crues trop légèrement ; que lorsque Christine de Pisan, par exemple, dit que son père avait lu dans les astres le jour de sa mort, et qu'elle arriva précisément à l'instant prédit, cela ne partait point de la conviction où elle était de la probabilité d'une mort prochaine, jointe à l'estime singulière qu'elle avait pour la réputation de son père, qui la faisait croire aveuglément tout ce qu'il disait.

Au reste, combien d'opinions, combien d'erreurs ont eu dans le monde un aussi long cours que les principes les plus vrais, parce que prenant ces erreurs pour des vérités, on embrasse aveuglément tout ce qui les entretient, et l'on rejette ou l'on néglige tout ce qui peut les détruire. Tous les temps fournissent de ces exemples.

Ce qui est plus surprenant, et qui marque le crédit qu'avait l'astrologie, c'est que le cardinal d'Ailly, quoique grand théologien, en faisait grand cas, et s'y appliquait lui-même. Il fit quelques traités de théologie, qui sont un mélange de ces deux sciences, tel que *La Concorde de l'Astrologie et de la Théologie*, où il rapporte aux astres les changemens de religion, la naissance des hérésies, etc.; et il croit même que par les principes de cette science, on peut prédire celle des hérétiques, aussi bien que celle des prophètes. A ce compte la révélation et l'inspiration n'auraient pas été fort nécessaires, les astres en auraient assez appris. Le cardinal composa encore d'autres traités, l'un d'astronomie, un de la sphère, un sur les météores d'Aristote et l'impression de l'air ; et dans deux traités des faux prophètes et des mau-

vais anges, il trouve encore lieu de parler de l'astrologie judiciaire, conséquemment à ses principes.

Le discours astronomique de la figure et de l'i-
mage du monde, auquel est jointe la compilation de
la science des étoiles par Léopold, fils du duc d'Au-
triche, est une preuve que l'étude de l'astronomie
n'était pas seulement à la mode en France.

Cependant l'astrologie ne laissait pas de trouver des
contradictions de la part des théologiens. Gerson
composa son *Trilogue* de l'astrologie théologique,
dans lequel il tâche de réfuter l'astrologie judiciaire,
et il traite en même temps des astres, de leur influence et des anges. Le traité que fit ce savant pour
combattre la pensée superstitieuse des jours heureux
et malheureux, tendit aussi à détromper des rêveries
astrologiques. Aussi Simon Pharès, dans son recueil,
avoue que l'astrologie était calomniée d'*art divina-
toire et superstitieux,* et que l'on faisait courir que
les astronomes avaient inventé des histoires pour l'accréditer. Cet astrologue peut bien nous apprendre que
l'on n'était pas toujours astrologue impunément, car
il se trouva exposé à de grands orages à Lyon (1).

Les parties des mathématiques qui ont rapport à
l'artillerie et à la marine, étaient fort peu connues.
On n'était pas même beaucoup dans le cas de les cultiver.

La marine, sous le règne de Charles V, devait avoir

_____

(1) *Voyez* ci-après le catalogue des astrologues de ce
temps. (*Edit.* C. L.)

été assez bien entretenue, puisque peu de temps après sa mort on fut encore en état de mettre en mer une flotte qui tient du prodige. Elle était composée de douze cent quatre-vingt-sept voiles, sans comprendre soixante-douze bâtimens de transport que l'on chargea de quantité de bois tout taillés, et préparés pour bâtir une ville dans le lieu où l'on espérait de faire la descente. Mais cette flotte formidable eut encore un succès moins heureux que celle qui avait été assemblée par Charles V : celle-ci parvint à faire une descente sur les côtes de Galles et de Cornouailles, sous les ordres de l'amiral Jean de Vienne; la dernière fut dispersée. On revint à la charge en 1404, lorsque l'amiral de Trie passa en Angleterre un corps de troupes pour se joindre à celles du prince de Galles, et détrôner le roi Henri IV, et l'entreprise échoua encore. On juge bien que pour composer ces flottes prodigieuses, les bateaux des pêcheurs n'étaient pas épargnés. Cela contribua à détruire le commerce maritime, qui est le nourricier de la marine.

Sur la Méditerranée, Charles VI avait aussi eu soin d'avoir une flotte qui répondît à celle de l'Océan. On voit qu'à l'an 1390, à la prière des Génois, le roi équipa une flotte sous les ordres du duc de Bourbon contre les Barbaresques, qui ruinaient le commerce dans cette mer. Cinq cents hommes d'armes tous chevaliers ou écuyers, avec plusieurs princes et grands seigneurs, s'embarquèrent pour cette expédition; et le comte d'Erby, fils du duc de Lancastre, voulut en être avec des troupes de sa nation.

Mais les échecs essuyés dans ces entreprises ruinè-
rent entièrement la marine de France; les Anglais
ne pensèrent qu'à prendre leur revanche; devenus
maîtres de la mer, ils furent bientôt en état de le
devenir des côtes maritimes de France; et ces conquêtes furent le tombeau de la marine sur l'Océan.

Charles VII ayant reconquis son royaume, ne fut
pas en état de rétablir d'abord les forces de mer. Pour
combattre les Anglais à Bordeaux, il fallut qu'il eût
recours aux vaisseaux flamands. Un autre obstacle au
progrès de la science de la marine, marqué par les historiens, c'est qu'on ne se doutait presque pas qu'elle
exigeât d'autres connaissances que celles qui forment
un bon militaire. On croyait qu'un habile capitaine
sur terre pouvait l'être sur mer : on faisait grand cas
des prouesses qui dépendent de la valeur, et on négligeait celles qui sont le fruit du savoir.

Le port de mer où il restait quelque peu de commerce, et d'où l'on faisait des voyages de long cours,
était Marseille; ailleurs on n'allait guère que de côte
à côte; de Marseille on faisait dès-lors des voyages au
Levant, où l'on transportait surtout des draps de Car-
cassonne, ville qui depuis long-temps se distinguait
par cette manufacture, qui avait aussi essuyé diverses
révolutions, par les efforts que les Anglais et les Flamands avaient faits de tout temps pour traverser ce
commerce, et par l'infidélité des manufacturiers, qui
altéraient souvent la qualité des draps, afin de s'enrichir en peu de temps et quitter ensuite le commerce.
Cela se voit dans une requête de la ville de Carcas-

sonne à Louis XI. Mais je m'éloigne trop de mon sujet ; j'y reviens.

L'artillerie ne fit pas encore de grands progrès sous ces règnes. Charles VII avait des canons et des bombardes au siége de Montereau - Faut-Yonne en 1437. Il y en avait au siége de Veut-Poucques (*sic*) en 1453, et Jacques Lalain, dernier comte de cette maison, fut tué d'un coup de canon (1). Mais ces foudres de la guerre ne devaient cependant pas être fort sûres ; car les canons étaient tous de fer avec des cercles de même, et ils étaient si difficiles à manier et de si mauvais calibre, qu'ils servaient plus à étonner par le bruit, qu'à battre et terrasser. La chronique rapporte un fait qui montre bien le peu de connaissance qu'on avait de cet art. En 1448, tous les officiers d'artillerie s'étant assemblés devant le roi, derrière la Bastille, pour essayer une grosse bombarde qu'il avait fait faire à Tours, au premier coup qu'on tira, un boulet de fer pesant cinq cents livres ayant été porté jusqu'au pont de Charenton, les artilleurs jugèrent que la bombarde ne s'était pas bien vidée ; le fondeur faisant l'office de canonnier, prit donc le parti de la nettoyer et recharger ; mais il se servit si mal de son écouvillon, qu'il lui laissa du feu, de sorte qu'ayant mis la poudre et le boulet, la bombarde, sans attendre l'amorce, se déchargea, et fit sauter en

---

(1) J'ai vu cela dans l'église de Lalain, où la statue qui est sur le tombeau de ce comte, a à ses pieds un canon, et l'inscription dit qu'il lui ôta la vie.

l'air le canonnier, et près de vingt personnes furent
tuées ou estropiées.

ARTICLE III.

De la Théologie.

La scolastique ennuyeuse, sèche et remplie de
subtilité quant au fond, de distinctions et de divisions
quant à la forme, avait fait l'occupation de presque
toutes les écoles depuis saint Jean de Damas, à qui
elle devait sa principale origine. Le cardinal du Per-
ron comparait avec raison les écoles à une salle d'escrime. Les thèses qu'on y soutenait étaient pleines
d'aigreur, d'emportement, souvent de subtilités dangereuses, éloignées de l'analogie de la foi.

Les esprits, préparés et exercés à la chicane dans
les écoles de philosophie, entraient ainsi disposés dans
celles de la science des vérités divines. La simplicité
avec laquelle les Pères de l'Eglise traitent les vérités
de la foi et de la morale, ne pouvait que paraître fade
à des esprits blasés par tant de subtilités.

Comme saint Thomas s'était fréquemment servi
d'Aristote dans sa Somme, pour prouver les vérités
chrétiennes, l'autorité de ce philosophe avait presque
pris la place des maîtres de la religion. On n'était
bon théologien qu'autant qu'on était bon péripa-
théticien. Par-là l'usage de l'écriture et de la tradition en était abandonné, ou ceux qui s'en servaient
étaient traités de bonnes gens ; on les appelait par

ironie *biblici*, comme n'ayant pas assez d'esprit pour aimer les subtilités, et comme étant incapables de se débarrasser d'un sophisme. Cela alla si loin, que dans des thèses de ce temps-là on n'hésita pas d'avancer que, sans Aristote, la religion aurait manqué de ses principaux éclaircissemens. Cette empreinte trop sensible des rêveries péripathéticiennes sur les vérités théologiques, donna lieu à cette satire aussi injuste que hardie de Fra Paulo : *Senza Aristotile non avremmo molti Articoli di fede.*

Les esprits étaient donc généralement subjugués, lorsqu'en 1366 parut Durand de Saint-Porcien, évêque de Meaux, appelé le *docteur résolu :* cet auteur eut la hardiesse de composer un traité sur les quatre livres de Sentences, dans lequel il ne suit aucun de ceux qui avaient partagé les écoles avant lui ; il ne copie, il ne cite personne. Il avança plusieurs opinions qui lui étaient particulières, et qui annonçaient l'essor que les esprits allaient prendre. En effet, depuis Durand, les théologiens commencèrent à se donner un peu plus de liberté, et firent des systèmes particuliers, où l'on voit plus de discernement, un examen plus raisonné, et moins de servitude dans la méthode.

La théologie, par conséquent, fondée sur l'écriture et la tradition, commença d'être cultivée. On s'appliqua à des questions utiles du dogme et de la morale, et on les traita d'une manière plus claire, plus solide, et plus débarrassée des termes de la philosophie et de la scolastique. On vit paraître de grands théologiens, de ces théologiens qui seront lus dans tous les siècles, et qui instruiront dans tous les temps.

Je ne parle ici que des docteurs français. Pierre d'Ailly, professeur de la Faculté de Paris, et ensuite archevêque de Cambrai et cardinal, Jean Gerson, chancelier de l'Université de la même ville (de Paris), Nicolas Clémengis, du même corps, et Gilles Charlier, doyen de Cambrai, furent ceux qui eurent plus de part à cette révolution de l'école de théologie sous Charles VI.

Ces docteurs composèrent à dessein des traités didactiques pour ramener les esprits à la sainte théologie. Ils le firent avec succès dans l'Université de Paris; le succès ne fut pas général dans les autres écoles, surtout celles des ordres religieux, parce que les bons et les mauvais partis dans les corps s'y prennent et s'y abandonnent également avec plus de difficultés. Les opinions, ainsi que la méthode de les enseigner, deviennent une affaire d'institut, et s'y éternisent.

L'étude de l'Ecriture sainte était celle qu'il convenait principalement de ramener dans les écoles. Pierre d'Ailly, dans son Commentaire abrégé sur les quatre livres des Sentences, se plaint qu'elle était abandonnée; il la recommande dans un livre particulier, et en donne l'exemple par un ouvrage intitulé : *Le cours de la Bible.*

Gerson, son écolier, à qui Pierre d'Ailly donne le titre de *docteur évangélique* et de *docteur très-ré-solu,* écrivit une lettre aux étudians du collége de Navarre, où il proposa ses sentimens sur les études

222 (222)

que doit faire un théologien. Par rapport à la scolastique, il conseille la lecture de Guillaume d'Auxerre, de saint Bonaventure, de saint Thomas et de Durand. Il blâme cependant ces auteurs d'avoir mêlé des questions de physique et de logique avec les matières théologiques. Pour la morale, il propose les Dialogues de saint Grégoire, ses Morales et son Pastoral, et les vies des Pères.

Le commentaire que ce docteur fit d'un poëme latin, intitulé *Floretus*, peut être aussi mis au rang des ouvrages qu'il a faits pour inspirer le oût de la solide théologie. Le *Floretus* était un poëme divisé en six chants, dont le premier expose les dogmes catholiques, le second roule sur la morale chrétienne, le troisième parle des péchés, le quatrième des sacremens, le cinquième des vertus, et le sixième roule sur la mort, l'enfer, le paradis et le purgatoire. L'auteur de ce poëme était Jean Garlande, poète et grammairien du onzième siècle, qui exposa la doctrine de son temps sur tous ces points. Gerson fit donc le commentaire de cet ouvrage, qu'il trouva fort utile, surtout pour les controversistes, et il peut être regardé comme une Somme de théologie, semblable à celle de saint Bernard, dont le P. Mabillon, qui a fait une édition des œuvres de ce docteur, n'a point parlé, comme M. Dupin, qui a fait imprimer celles de Gerson, n'a point fait mention de ce commentaire, auquel ce savant théologien se détermina, voyant les défauts des Sommes théologiques dont on se servait, et voulant proposer celle-ci comme meilleure.

Nicolas Clémengis travailla à la réforme des études théologiques, par sa réponse à Jean de Piémont, qui l'avait consulté s'il passerait docteur. Il explique quel doit être le but de ces études ; il se plaint de ce qu'on néglige de lire l'Ecriture, et donne d'excellentes règles pour la bien étudier ; il blâme la scolastique telle qu'on l'enseignait, en disant qu'elle avait fait perdre le goût de l'Ecriture, et détourné de l'application que l'on doit à l'étude de la positive. Son traité *de Consolatione Theologiæ* se rapporte à la même fin.

Quelques-uns de ces docteurs ne bornèrent pas leur zèle à inspirer le goût de l'Ecriture par leurs discours, ils en donnèrent l'exemple par des ouvrages qu'ils composèrent sur le texte sacré. Pierre d'Ailly fit un Commentaire sur le cantique des cantiques, qui est plein d'onction, un autre sur l'Evangile de saint Marc ; il travailla sur les pseaumes, et il nous reste ses méditations sur ce sujet. Gerson travailla à son Commentaire sur les pseaumes, et on a plusieurs leçons sur différens endroits de l'Evangile de Jean de Courtecuisse, docteur de la Faculté. Les concordances de la Bible, divisées en cinq livres, paraissent de ce temps-là ; mais l'on n'en connaît pas l'auteur. Tous ceux que je viens de nommer écrivaient sous Charles VI.

Les docteurs de Paris ne furent pas les seuls qui s'appliquèrent à l'étude de l'Ecriture sainte. Saint-Antoine Rempeloge, augustin, composa, sur la fin du quatorzième siècle, les figures de la Bible, pour servir aux jeunes prédicateurs ; et en rapportant l'histoire, il en tire des vérités morales; mais ce livre est rempli de fables et de faussetés. Mathieu d'Evreux, dominicain, est l'auteur d'un Commentaire sur le Pentatheuque, des postilles sur Isaïe, et sur plusieurs autres livres de la Bible. Thomas Verdun, jacobin, fit des postilles sur les épîtres de saint Paul aux Romains et aux Corinthiens, aux Ephésiens et aux Hébreux. Robert Begard, docteur en théologie, et confesseur de Charles VII, mit cet ouvrage dans la bibliothèque des Frères Prêcheurs d'Evreux. Nicolas de Gorham, du même ordre, composa, en 1390 ou environ, des Commentaires sur plusieurs livres tant de l'Ancien que du Nouveau-Testament. Pierre de Perpignan, carme, travailla sur les pseaumes; Raimond Jourdain en donna une paraphrase, et Jean Noblet, carme de Paris, fit des explications sur les épîtres canoniques. Mais tous ces Commentaires se ressentent beaucoup du peu de goût, du peu de critique d'un siècle où les langues savantes étaient ignorées; beaucoup de mysticités, peu de soin littéral. L'exposition marginale de l'Evangile de saint Jean, rapportée par le Père Montfaucon, est de ces temps, ainsi que la copie des livres de Job, de Tobie, des Juges, etc., et de tout le Nouveau-Testament. On trouve encore dans ce savant bibliothécaire une version des quatre Evangiles en français, datée de 1389. Tous ces ouvrages prouvent que l'étude de la sainte Ecriture reprenait vigueur.

Mais ce qui contribua le plus à remonter aux sources de la bonne théologie, ce sont les disputes qui furent agitées à l'occasion des hérésies des hussites et des viclefites, des démarches pour la réunion des Eglises latine et grecque, et de la division causée par le schisme des papes de Rome et d'Avignon. Elles exercèrent la plume de plusieurs théologiens, et occasionnèrent plusieurs ouvrages polémiques tous excellens : il s'agissait de grands intérêts bien au-dessus de ceux des opinions des écoles ; pour les traiter on avait recours aux grands principes, on puisait dans les véritables sources des vérités, l'Ecriture et la Tradition : cela fait voir que les disputes littéraires en tout genre ne sont jamais malheureuses à tous égards. Sous ces deux règnes elles acquirent une gloire immortelle à la nation, par les ouvrages solides qu'elles procurèrent, par les grands hommes qu'elles formèrent.

Pour ce qui regarde le schisme, Pierre Plaoul, dans le discours qu'il prononça au concile de Pise, pour prouver que l'*Eglise est au-dessus du pape,* eut recours à toutes les preuves que l'histoire ecclésiastique pouvait lui fournir, et il assura que c'était le sentiment des Universités de Paris, d'Angers, d'Orléans et de Toulouse ; l'orateur était docteur de la première. Nicolas Clémengis fit paraître en toute occasion un zèle infini pour éteindre cette division de l'Eglise. Peut-être la liberté et la véhémence avec lesquelles il écrivait nuisaient-elles un peu aux intérêts de la cause pour laquelle il combattait. Il fit une description pathétique des maux que le schisme causait, dans un discours particulier sur ce sujet : on a de lui une conférence sur le concile général ; il traite d'infâmes les divisions que causait l'entêtement des deux papes, et dit qu'il faut se séparer de Babylone, de corps et d'esprit.

Ce fut à l'occasion du schisme que Pierre d'Ailly fit paraître ses savans traités, roulant sur les questions, *Si l'Eglise est réglée par la Loi et par un Roi, confirmée par la Foi, et dominée par le Droit,* ainsi que celui de la réformation de l'Eglise, qui est le plus estimé de ses ouvrages. On sait combien ce cardinal se distingua dans le concile de Constance, n'étant encore que docteur. J'en parlerai plus au long en parlant du Droit ecclésiastique. Son traité des Sacremens fut sans doute rédigé à l'occasion des disputes qui se traitèrent dans ce concile pour condamner les erreurs des hérétiques de Bohême.

Jean Gerson surpassa encore son maître en savoir, en méthode, en critique et en solidité. Il épuise les matières qu'il traite ; il établit toujours ses résolutions sur des principes certains tirés de l'Ecriture, de la tradition et de la raison naturelle. Il est vrai que ses ouvrages ne sont pas tous d'égale force, mais la plupart sont excellens et seront utiles dans tous les temps. Rien de plus solide que son *Examen des Doctrines* pour distinguer la vraie de la fausse. Il y pose des maximes par lesquelles on apprend à qui il appartient de les examiner, et quelles règles on doit suivre dans cet examen. Ses trois traités, le premier qui regarde les principes de la foi, intitulé *Déclaration de ce qu'il faut croire ;* le second, *Protestation, ou*

Confession en matière de foi contre les hérésies;
et le troisième, sous le titre de *Caractères d'obsti-*
nation en matière d'hérésie, sont très-instructifs.
Ils furent faits à l'occasion des viclefites, ainsi que
celui de la rétractation des hérétiques. Personne ne
travailla plus que ce docteur, tant pour la foi que
pour la paix, en ces temps malheureux pour l'Eglise.
Etant au concile de Constance, dont il était l'âme,
il publia divers traités, celui de l'unité de l'Eglise
et des différens états des ecclésiastiques, où il soutient
que les curés ont succédé aux soixante-douze disciples, et sont d'institution divine; celui *de Auferibi-*
litate Papæ ab ecclesiá, ne fut pas fait, comme quelques-uns se le sont imaginé, pour prouver que l'Eglise
peut se passer de pape pour toujours, mais pour un
temps seulement, et dans le cas qu'il faille le déposer, cas qui se présentait alors, à cause des différens
papes. Cette circonstance lui fit faire plusieurs autres
écrits, ainsi que la question qui fut agitée dans le
même concile, touchant la proposition meurtrière de
Jean Petit, cordelier (1).

_____

(1) Le jésuite de Colonia, dans son *Histoire de Lyon,* ne
veut pas que Petit fût cordelier, mais prêtre séculier, fondé
sur le silence de la qualité de cet auteur, de des Ursins et de
Monstrelet, historiens contemporains. Mais Paul Emile le
nomme cordelier, environ un siècle après, qui est plus fort
que l'argument négatif tiré du silence. On dit que M. l'abbé
Fleury, sur les plaintes des cordeliers et sur les attestations
de l'université, avait promis de mettre un carton sur ce

On a dit que ce religieux avait fait la défense du duc de Bourgogne, au sujet de l'assassinat du duc d'Orléans : dans cette apologie, il avait avancé qu'il est permis à tout particulier de tuer un tyran. Gerson s'était déclaré contre cette proposition, au commencement de cette cause.

Lorsque le concile de Constance fut assemblé, Gerson poursuivit avec tout le zèle imaginable cette doctrine meurtrière, afin d'en obtenir la condamnation de la part du concile, qu'il avait déjà obtenue de l'université, zèle qui lui attira l'inimitié du duc de Bourgogne, qui, ayant juré sa perte, l'obligea de se retirer à Lyon; ce qui a fait dire qu'il était de cette ville, où il mourut, quoiqu'il fût Champenois, comme on le voit par l'épitaphe de sa mère, qui est dans la paroisse de Barbier, en Champagne.

Comme la cause de ce cordelier se trouvait unie avec celle de Jean de Falkenberg, dominicain de Cami- niec, qui avait soutenu une pareille doctrine, Gerson

point d'histoire, mais qu'il en fut empêché par sa mort. Tous les nuages répandus depuis quelque temps dans un mémoire manuscrit par le père Mercier, cordelier, ne doivent pas empêcher d'embrasser le sentiment qui fait Jean Petit cor- delier, depuis que M. l'abbé Bonardi, docteur de Sorbonne, l'a rendu victorieux dans son histoire manuscrite de la fa- culté de théologie de Paris, par deux preuves ou monu- mens contemporains. Le premier est la liste des licences qui disent Jean Petit *frater et minor;* le second est le regis- tre imprimé des dépenses du duc de Bourgogne, où le tré- sorier qui payait une pension à Petit, l'appelle *cordelier.*

en poursuivit avec le même zèle la condamnation, que le pape n'avait pas jugé à propos de porter, et il entreprit en même temps la défense des Polonais, qui poursuivaient ce dominicain : cela donna lieu au traité que Gerson fit en 1418 en leur faveur, où il soutient qu'il est permis d'appeler du jugement du pape en matière de foi, parce que ce jugement n'est pas infaillible comme celui du concile. Au reste, le cordelier Petit ne fut pas le seul religieux apologiste de l'assassinat commis par le duc de Bourgogne. Martin Porée, frère prêcheur et confesseur de ce duc, en avait aussi pris la défense, quoiqu'un des juges qui, de la part de l'évêque de Paris, avaient condamné au feu lesdites propositions, eût été le jacobin Jean Polet, Lorrain, inquisiteur-général en France, qui a même laissé les actes de ce jugement, intitulés : *Actes du concile de la foi,* tenu à Paris, sur les propositions de Jean Petit. Polet avait deux autres jacobins pour conseillers dans cette cause : c'étaient Pierre Flore, et Jean Michel de Clermont, qui rédigea la censure.

Au reste, le zèle que le chancelier de l'Université de Paris eut toujours pour la doctrine de son corps, le fit regarder comme suspect par les partisans de la cour romaine, et les cordeliers, qui étaient en grand nombre dans ce parti, n'eurent garde de manquer une attribution (*sic*) aussi aisée et aussi commode, pour noircir un homme qui les avait cruellement offensés dans un des membres de leur corps : le cordelier Jean Roche, grand ami de Petit, appuyé du crédit de l'évêque d'Arras, depuis cardinal, fort attaché à l'ordre de

Saint-François, fit un traité contre Gerson, dans lequel, faute raisons, il lui dit des injures, et le dénigre par cette accusation vague, mais dès lors très-commune dans les disputes théologiques, d'homme suspect dans la foi : il crut au surplus tirer d'affaire Petit en disant que ses propositions étant philosophiques ou morales, n'étaient point du ressort du concile, qui ne doit juger que des matières de foi, et que des juges inférieurs (il veut parler des pères du concile) ne sont point en droit de condamner une doctrine, même dans un concile général.

Les ouvrages de Jean de Courtecuisse, aussi docteur de Paris sous Charles VI, et ensuite évêque de Paris, et depuis de Genève, où il mourut en 1425, sont solides et pleins de lumières. On a de ce prélat des questions théologiques et un traité de la puissance de l'Eglise et du concile. Nicolas Clémengis, outre le traité de l'*Etat corrompu de l'Eglise,* en fit deux autres sur l'infaillibilité des conciles généraux. Il combat cette infaillibilité dans les questions de discipline, de fait ou de morale; mais il la soutient pour les matières de foi : il ajoute sagement qu'il n'a point intention de rien assurer, mais seulement de proposer des difficultés, et qu'il est prêt à rétracter ce qui paraîtra contraire à la vérité. La lettre que ce savant adressa à Charles VI, tendante à déterminer le roi à prendre les moyens qui conviennent pour assoupir les troubles qui agitaient l'Eglise, était plutôt un écrit du corps entier de l'université, qui lui avait fourni les matières, que le sien particulier.

La dispute que Giles Charlier eut au concile de Bâle, où il était en qualité de député de l'Université de Paris, contre Galeus Thaborite, sur l'article de la punition publique des péchés, nous fait voir que l'auteur avait puisé dans les sources. Les différentes consultations nous confirment dans cette idée. Le premier volume de ses ouvrages, sous le titre de *Sporta*, contient différens traités de la conservation des biens de l'Eglise et de ses défenseurs, de la virginité perpétuelle de la Sainte-Vierge contre les iconomaques, et du célibat des évêques. Le second, sous le titre de *Sportula*, renferme ceux de l'élection du traître Judas, de la hiérarchie ecclésiastique et de la confession ; et entre les ouvrages manuscrits de cet auteur, il y en a un de la communion des laïques sous une seule espèce, qu'il composa sans doute à l'occasion des disputes contre les Grecs, et un traité sur les indulgences, matière de disputes entre les catholiques et les hussites et viclefites.

Les ouvrages de Jean de Monteson, dominicain et professeur de la faculté de Paris, auraient été plus utiles si l'auteur avait eu autant de sagesse que de science. Il en composa plusieurs à l'occasion du schisme ; tels sont le *Dialogue sur le schisme*, qu'il adressa au cardinal de Saint-Martin du Mont ; le traité de l'élection du pape, intitulé : *Informatorium*, qui parut en 1399 ; un autre sous le titre de *Correptorium contrà epistolam fundamenti*, et soixante dix-huit questions adressées au pape Boniface IX.

Les bornes qui me sont prescrites ne me permettent pas de parler de plusieurs autres théologiens fort accrédités : tels que le docteur Deschamps, écolier de Pierre d'Ailly, N. Lami, qui assista au concile de Bâle, Gérard Machet, confesseur de Charles VII et ensuite évêque de Castres, dont on a plusieurs lettres théologiques, que M. de Lanoy appelle *Lettres principales*. Cet écrivain fut vice-chancelier de l'université, en l'absence de Gerson.

Hors de l'université, quelques théologiens exercèrent aussi leur plume au sujet des erreurs qui couraient; et sur le schisme, Martial Auribelli, Avignonais, et depuis général des dominicains, combattit les hussites par un traité du corps de Jésus-Christ dans l'eucharistie; ce fut lui qui composa aussi l'office de Saint-Vincent de Ferrier. Bertram, évêque de Theflis, de l'ordre des frères prêcheurs et vicaire-général de Metz, adressa un traité sur le schisme, à Conon, archevêque de Trèves, au commencement du règne de Charles VI. Frère Nicolas de Saint-Saturnin, du même ordre, provincial de Paris, en fit autant; Bertrand Lagerier de Figeac, de l'ordre des frères mineurs et cardinal de la cour d'Avignon, fit un traité pour soutenir les prétentions du pape son maître.

Jérôme de Sainte-Foy, Juif converti au christianisme par Vincent de Ferrier, et médecin de Benoît XIII, à Avignon, donna en 1412 ses traités de controverses contre les Juifs, sous le titre de *Hebreo Mastrix*. Le premier de ces traités roule sur les moyens de confuter les Juifs et de les convaincre. Le second est contre le *Thalmud*. Il démontre, dans le premier,

que les vingt-quatre conditions que les Juifs reconnaissent devoir se rencontrer dans le Messie, suivant
l'Ecriture et leur tradition, sont accomplies en Jésus-
Christ. Dans le second, il découvre les erreurs et les
rêveries du Thalmud. Il eut pour adversaire Isaac
Nathan et Vidal, fils de Lévi. On parle encore d'un
écrit de Sainte-Foy qui est en manuscrit dans la bibliothèque de Leyde, intitulé *le Livre des oppro-
bres*. On assure que plusieurs Juifs furent convertis
par la lecture de ces ouvrages.

Ce renouvellement des études théologiques, dont on
vient de voir tant de monumens, ne mit cependant
pas encore la théologie entièrement hors de la captivité dans laquelle la scolastique l'avait réduite. Ce ne
furent que des préludes de liberté. L'autorité des scolastiques y était trop invétérée pour céder à tout-à-
coup. Comme les réguliers enseignaient plus communément la théologie dans les universités, et même
avec plus de réputation que les séculiers, qui s'adonnaient davantage au droit canon et au droit civil, ces
religieux se faisaient un devoir d'enseigner suivant la
méthode de ceux qui étaient regardés dans leur ordre comme les grands maîtres. C'était un parti pris de
n'en point abandonner les opinions, quand même on
serait convaincu; leurs spéculations les plus abstraites étaient devenues des dogmes des écoles, par lesquels il fallut combattre. Saint-Thomas s'était acquis
à juste titre la réputation de *docteur angélique,* par
sa doctrine et par la sainteté de sa vie; mais on ne se
contentait pas de suivre ses sentimens, on poussait le

scrupule jusqu'à ne se croire pas permis de se départir de la méthode dont il a écrit, méthode confuse et embarrassée qui divise beaucoup et définit peu. Sa Somme est un excellent abrégé de théologie; mais ce n'est qu'un abrégé. Indépendamment des autres bonnes raisons, elle prit une grande vogue, parce qu'il est plus aisé d'apprendre un abrégé que de bien savoir la positive, qui comprend l'Ecriture, les conciles, les Pères et l'histoire. Le maître des Sentences, commenté par saint Thomas, était comme un texte sacré et le fondement des leçons publiques; texte éclairci par tous ceux qui l'ont suivi, et qui avait encore besoin de l'être. Pierre d'Ailly lui-même fit un commentaire de sa Somme théologique; Giles Charlier en fit autant : Bertrand de Trielle, dominicain, Capreolus, professeur de Toulouse du même ordre, ne pouvaient faire autrement. Ce dernier nous a laissé une défense de saint Thomas. Les Sommes de théologie qui restent de Pierre Baucher de Béziers, de 1390; de Jean Brici, de Bertolon, de Rive, de Guillaume de Gannat, d'Adam d'Orléans, de Jean Gay de Poitiers, tous jacobins et docteurs en théologie, ne sont que des commentaires des quatre livres des Sentences.

Scot, le subtile Scot était le maître de l'école séraphique; ses disciples enchérissaient encore sur les subtilités de leur maître. Des raisonnemens pointilleux, des titres pompeux, dont on était fort avide, tenaient lieu de démonstrations. Les Annales des frères mineurs nous parlent de plusieurs grands théologiens qui dans ce temps-là illustraient cet ordre, quoiqu'ils ne nous aient point laissé d'ouvrages. Thritème dit que Guillaume de Sorlem, Breton, était estimé par l'excellence de sa doctrine, et que frère Etienne Brulefer, qui enseigna à Paris, à Mayence et à Metz, était un des disciples qui faisait honneur au maître. Frère Guillaume Abrine, frère Jean Fillet ou Vanglet, inquisiteur d'Avignon, frère Nicolas Amantis, frère Jean Gautier, tous disciples de saint Bernardin de Sienne, et saint Jean de Capistran, étaient célèbres par leur science et leur piété, ainsi que frère Mongin, vicaire-général de l'ordre, mort à Metz en 1463.

On nous dit, dans ces Annales, que dans cet ordre on avait toujours pris grand soin de ne faire promouvoir au grade de docteur que des religieux qui eussent donné des preuves suffisantes de leur capacité par l'exercice des leçons et autres actes ordonnés par les statuts des universités; ce qui y avait fait fleurir avec éclat l'étude de la théologie; mais que comme depuis quelque temps il se trouvait des religieux qui avaient obtenu cet honneur sans passer par ces épreuves, l'ambition des ignorans pouvant flétrir l'honneur de la religion, le pape déclara nulles toutes ces promotions irrégulières, et commanda, sous peine d'excommunication, à tous les supérieurs de faire observer sa constitution à l'avenir, quelque raison qu'on pût alléguer pour en être dispensé. Cela se passa l'an 1430. Il ne faut pas oublier qu'il en est souvent de la réputation que se font les hommes, dans les corps ou dans les pays où ils sont, comme de ces choses qui font l'admiration de certains lieux où l'on ne connaît rien de plus beau. Au reste, je ne connais d'ouvrages de ces scotistes que l'Abrégé de théologie selon la doctrine de Scot, par F. Nicolas de Orbellis, de Poitiers; et c'est un bonheur que l'oubli ait vengé le siècle des productions de tous ces esprits livrés à des subtilités inutiles et souvent dangereuses.

Car c'est de cette source que partaient toutes ces propositions contraires à la saine doctrine, que l'Université de Paris fut de temps en temps obligée de censurer, telles que les quatorze propositions de Jean Montoson, dominicain, sur l'union hypostathique et sur l'essence divine, en 1383, etc.; celles de Jean Gorel, condamnées en 1404; de Pierre de Chonne, en 1428, et tant d'autres soutenues par des religieux dont la Faculté de Paris, toujours zélée pour la défense du dépôt sacré, fit des censures pleines de sagesse, de science et d'érudition.

Une dispute théologique qui fit grand bruit dans ce temps-là, fut celle de l'immaculée conception de la Sainte-Vierge : il y avait quelque temps qu'elle avait commencé, lorsque Charles VI parvint à la couronne. Les jacobins, suivant l'opinion de saint Thomas et de leur Albert-le-Grand, soutenaient que la Vierge n'avait pas été exempte de la tache originelle, puisqu'elle avait été rachetée, aussi bien que les autres hommes, par le sang de Jésus-Christ : les disciples de Scot, les cordeliers, leurs perpétuels antagonistes, prirent occasion de les pousser sur ce point, comme dénigrant à l'honneur de la mère de Dieu ; le peuple et les personnes dévotes applaudirent à ce zèle ; les prélats et les universités épousèrent cette opinion. Les jacobins n'en voulaient pas démordre. Ceux-ci apportaient des convenances qui relevaient les mérites du fils, Sauveur du monde ; ceux-là formaient des conjectures pour relever la dignité de la mère d'un Dieu : l'intérêt de parti animait le zèle de part et d'autre ; on voulait que la foi fût intéressée dans l'opinion qu'on soutenait. La tradition non plus que l'Ecriture n'avaient rien appris sur un point que Dieu n'a pas jugé à propos de révéler ; cependant, nul dogme ne fut jamais soutenu avec plus de chaleur. On en vint bientôt aux armes ordinaires des théologiens ; on se taxa d'hérésie réciproquement ; on fit plusieurs ouvrages fondés sur ces pieuses convenances, qui tenaient lieu de toutes raisons.

Le jacobin Jean de Montoson, Catalan, fut un des plus chauds défenseurs de son ordre ; il fit un traité, *de Conceptione Virginis,* qui fit beaucoup de bruit. Cet écrit ayant été combattu, Jean Thomas, docteur de son ordre, en prit la défense par un écrit en langue vulgaire. Capreolus, aussi dominicain, publia un autre traité sous le titre de *la Vraie innocence de la Vierge,* où il rapporte quarante témoignages de différens auteurs en faveur du sentiment de saint Thomas, au sujet de la conception. Un frère mineur s'éleva d'abord contre par un écrit intitulé *Repercussorium* contre l'adversaire de l'innocence de la mère de Dieu, comme si le dominicain l'eût attaquée à la faveur de l'équivoque sur le mot d'*in-nocence*. On obscurcissait la dispute, au lieu d'é-claircir la question. Les jacobins n'en voulaient point à l'honneur de la Sainte-Vierge ni à son innocence, mais au moment de sa sanctification, que les franciscains assignaient à celui de sa conception. Deux ans après, un autre écrit de Gérard Renier, sous le titre *Si la sainte Vierge mère de Dieu a été conçue non seulement de droit, mais de fait dans le péché originel,* et cela contre les corrupteurs des passages de l'Écriture et des Pères. Jean Brice, professeur de Montpellier, aussi de l'ordre de Saint-Dominique, écrivit un discours que l'on voit dans la bibliothèque vaticane, sous ce titre : *Si le péché originel introduit par le premier homme a passé à tous les hommes qui en sont descendus,* ayant pour thême les paroles de la première aux Corinthiens : *L'on trouve de faux témoins qui ont osé rendre témoignage contre Dieu, niant qu'il ait envoyé Jésus-Christ.*

Ces écrits ne rendirent cependant pas la cause des jacobins la plus forte ; la Faculté de Paris était déclarée contre Montoson : un homme qui a donné prise sur lui rend toujours ses opinions suspectes. Pierre d'Ailly l'avait réfuté, l'évêque de Paris l'avait condamné, et, ayant interjeté appel au pape, il ne fut pas plus heureux ; cela ne rendait pas la cause des jacobins la plus forte. Quelques autres religieux avancèrent aussi quelques propositions favorables au sentiment de leur ordre dans leurs sermons : comme cet ordre voulut prendre la défense de ses athlètes, l'U-

niversité interdit la chaire aux jacobins, et les retrancha de son corps; à quoi se joignirent encore l'indignation de la cour, les huées des fanatiques, qui
forment toujours un grand peuple, et, ce qui est plus
dur, la privation des aumônes. Ils rentrèrent dans
l'Université à l'instance de Charles VI, en 1403, à
condition qu'ils célébreraient la fête de la Conception, que l'Eglise séraphique avait obtenue.

Cette cause ne finit pas là. Les frères mineurs re-
gardaient toujours les dominicains comme suspects;
ceux-ci ne s'accommodaient qu'au temps, parce qu'on
ne leur avait pas encore fourni des raisons et des autorités qui les eussent convaincus; quelquefois même
ils ne s'y accommodaient pas. Le recteur de l'université de Toulouse fut chassé de la ville, à la poursuite des franciscains, parce qu'il avait paru peu persuadé de leur doctrine. Il alla porter ses plaintes à
Rome, et demander réparation de l'injure; il souffrit
même de soutenir son opinion en public, et le jour
fut assigné pour la dispute; mais quelque obstacle
qui survint la fit omettre.

Le cardinal d'Arras fut chargé en 1433, par le
concile de Bâle, de chercher et examiner dans toutes
les bibliothèques ce qui regarderait cette dispute, et
d'en faire le rapport au concile. Il était grand partisan de l'ordre de Saint-François, si l'on en juge par
la défense qu'il entreprit du cordelier Petit, qui lui
avait valu l'évêché d'Arras, que le duc de Bourgogne
lui procura: ainsi il ne faut pas être surpris que les
frères mineurs l'aient emporté sur les dominicains.

Les premiers se sont trouvés par-là vengés avec usure de la poursuite de ceux-ci contre leur frère Petit.

Les esprits étaient trop préoccupés de la magie, comme nous l'avons déjà vu, pour ne pas trouver dans la théologie des monumens qui la regardent. Elle était chose si commune, on était si accoutumé aux pactes et aux invocations du démon, que dans la maladie de Charles VI, de l'autorité même du prévôt de Paris, Ives Guillaume, prêtre, demoiselle Marie de Blanchy, Perrin Hemery, serrurier, et Guillaume Floret, clerc, firent certaines invocations des diables, dit des Ursins ; et n'ayant pu réussir, ils dirent « qu'ils « en avaient été empêchés par le signe de la croix, « que firent ceux qui devaient leur servir d'instru- « ment. »

On lit plusieurs autres exemples de cette nature. Il n'est donc plus surprenant qu'on fît des écrits pour prouver que les pactes avec le démon étaient permis ; et c'est ce qu'on voit par la condamnation que fit la Faculté de Paris en 1389, qui fut suivie d'un traité de Gerson, pour prouver que c'était *un art faux et criminel* : mais aussi il en est des maladies de l'esprit comme de celles du corps ; pour peu qu'elles devien-nent communes, le moindre indice rend suspect ; on suppose, on n'examine plus. C'était alors une attribu-tion assez commune pour décrier ceux à qui l'on en voulait. C'est peut-être par l'effet d'un pareil préjugé que ceux qui étaient restés de l'Université se prêtè-rent à l'accusation de magie contre la Pucelle d'Or-léans. Peut-être est-ce par un zèle trop servile pour les sollicitations des Anglais, qu'ils adressèrent cette requête au roi d'Angleterre pour la punition de cette fille, et que l'évêque de Rouen la déclara hérétique, sorcière, et, comme telle, la livra au bras séculier pour être brûlée.

Pour parler de la théologie morale dans toute son étendue, il faut que je dise quelque chose des ouvrages ascétiques. Je place dans ce rang le livre dédié à Charles VI, qui a pour titre : *Speculum morale regium*, par Robert, évêque de Senez, dans lequel il parle des devoirs des rois. Le Miroir de la Considération, de Pierre d'Ailly, et l'Abrégé de la Contemplation, en trois traités, sont remplis de sentimens pleins d'onction; ainsi que son ouvrage sur les Quatre Echelons de saint Bernard; mais dans ces temps-là on ne savait que donner des titres allégoriques, et souvent des titres extraordinaires aux ouvrages de piété.

Les Règles de morale attribuées à Gerson, qui roulent sur la confession et sur l'art de bien mourir, furent trouvées si solides et si utiles, que les évêques de France les adoptèrent dans leurs synodes pour l'instruction des prêtres. La manière de traiter les matières y est simple et claire. Le Recueil des maximes chrétiennes pour tous les états de la vie, du même auteur, a le même caractère.

Les Traités de morale de Clémengis, tel que son Discours sur la parabole de l'Enfant prodigue, sur l'avantage de la Solitude, et du profit de l'Adversité, font voir que l'auteur était aussi rempli de l'esprit du christianisme qu'il avait d'érudition. Il y traite les sujets avec autant d'élégance et de politesse que de solidité.

Les œuvres de Raimond Jourdain, sur la fin du quatorzième siècle, méritent d'être citées. Elles contiennent onze livres de la Contemplation sur différens sujets, un Traité de la Vierge, un autre intitulé l'*OEil spirituel*, un sur la Vie religieuse, que Wading attribue à Jean de Galles, et une paraphrase sur le quinzième pseaume (1). Gérard Machet, chanoine de Paris et confesseur de Charles VII, donna quelques ouvrages pieux, entre autres des Lettres spirituelles, qui ne sont qu'en manuscrit. Un chapelain de la reine, femme de ce prince, donna le livre des Douze périls de l'enfer. Pierre Bohier, abbé de Saint-Aignan, composa quelques opuscules sur la Règle de Saint-Benoît. Frère Christophe, franciscain et gardien de Metz, publia en 1442 un livre latin sur la pénitence ; Gui, d'Evreux, une Règle pour les marchands, ouvrage qui reste en manuscrit ; et un auteur inconnu traduisit en français, ou, comme le dit le manuscrit, en roman, un très-dévot traité intitulé *Horloge de sapience*, avec des vies et des miracles des saints.

Mais de tous les ouvrages ascétiques qui parurent en ce temps, aucun n'eut plus de succès et un succès plus durable que le livre de l'Imitation de Jésus-Christ, qui fait encore aujourd'hui l'édification des âmes chrétiennes dans tous les pays de la chrétienté,

---

(1) Ces ouvrages furent imprimés à Paris en 1654, par les soins de Théophile Rainald. (*Lisez* Raynaud. *Edit.* C. L.)

et même chez les ennemis du nom chrétien (1). Toutes les prétentions des moines et les disputes des savans n'ont pas encore pu déposséder Thomas de Kempis, chanoine régulier du mont de Sainte-Agnès, du droit qu'il paraît avoir d'être cru l'auteur de ce livre, par préférence à tout autre. On peut voir là-dessus la Dissertation de M. Dupin. Plusieurs autres ouvrages dans le même goût que l'Imitation de Jésus-Christ, dont le style est aussi simple et les pensées aussi solides, composés par le même auteur, paraissent décider en sa faveur. Tous les ouvrages de cet auteur sont en latin; le titre d'*Imitation de Jésus-Christ* n'était que celui du premier livre de l'ouvrage qui en porte le nom.

Je parlerai encore d'un ouvrage singulier, fait par un professeur de Toulouse, Espagnol de nation, qui s'appelait *Raimond de Sabonde* ou *de Sabeida*. Apparemment qu'il avait pris l'idée de son livre de l'Académie des jeux floraux, car il l'intitula *la Violette de l'âme,* et est en forme de dialogue. On prétend que cet ouvrage est le même que la Théologie naturelle de l'homme et des créatures, ou Trésor des considérations divines, qui fut imprimé à Strasbourg en 1496. Ces deux ouvrages ne diffèrent que quant à la forme. Montagne traduisit cet ouvrage de l'espagnol, et il en faisait beaucoup de cas, peut-être plus qu'il n'en mérite. Il contient plusieurs raisonnemens

---

(1) Le manuscrit que j'ai vu dans la bibliothèque des jésuites d'Anvers, est écrit de la main même de Thomas de Kempis, sans dire s'il est l'auteur ou le copiste.

alambiqués, vagues et métaphysiques, sur la religion et sur la morale chrétienne (1).

---

(1) Raymond de Sabeida est plus connu en France sous le nom de *Sebonde* ou *Sebond.* Son livre de la *Théologie naturelle*, écrit en mauvais latin, ou, pour nous servir de l'expression de Montagne, *basty d'un espagnol baragouiné en terminaisons latines*, parut dans cette langue à Strasbourg, en 1496, in-folio, sous le titre de *Theologia naturalis ; sive Liber creaturarum, magistri Raymundi.* — *La Violette de l'âme,* dont il s'agit ici, et qui est du même auteur, n'a été traduite que depuis la publication de la traduction de Montagne. Le titre en est ainsi conçu : LA VIOLETTE DE L'AME, *où par un dialogue diversifié, est doctement enseigné le vray et asseuré moyen de parvenir à la cognoissance de Dieu, de soy-mesme et du prochain. Traduicte du latin de Raymond Sebond ; par D. Charles de Blondel, religieux de l'ordre de Sainct-Benoist, à Marchiennes. Arras, chez François Bauduin............. 1617,* petit in-12. Quant à la question si cet ouvrage est exactement le même que la *Théologie naturelle,* voici ce que nous lisons dans l'épître, en forme de préface, de Blondel, qui connaissait bien les deux Traités, et auquel on peut s'en rapporter avec confiance :

« Estant tombé entre les mains par le moyen d'vn de noz
« amis, ces Dialogues composez par ce docte théologien,
« Raymond Sebon, le renom duquel est assez cogneu par
« sa *Théologie naturelle,* laquelle, passé plusieurs années, a
« esté aussi translatée en françois, où il traicte les mesmes
« matières qu'il faict icy, faisant de très-beaux discours des
« perfections de Dieu, des dons, graces et bénéfices qu'il a
« faits à l'homme par dessus toutes les autres créatures, en-
« semble des debuoirs ausquelz l'homme est obligé pour la
« recognoissance desditz dons et graces, où sont faites de

Je parlerai ici d'une dispute qui regarde la morale, qui fut vivement agitée sous le règne de Charles VI ; elle regardait le fameux livre du roman de *la Rose,* de Jean de Mehun, dit *Chopinel* (*Clopinel*), qui l'avait composé sous Philippe-le-Bel. Ce poëme avait eu une grande vogue, et avait beaucoup de partisans dans le temps où nous parlons. Plusieurs personnes pieuses et des hommes éclairés se déclarèrent contre. Cette dispute peut se comparer à celle qui s'est depuis élevée au sujet des spectacles. Les gens pieux soutenaient que ce livre était tout à fait propre à corrompre les mœurs, et cela n'était peut-être pas difficile à prouver ; les religieux, qui s'y trouvaient fort maltraités,

---

« très-belles déductions de tout ce qui est nécessaire à l'homme
« pour parvenir à la fin pour laquelle il a esté créé ; où sont
« aussi desduictz avec très-grande facilité tous les princi-
« paux pointz de la saincte théologie, et le tout par raisons
« naturelles ausquelles nul ne sçaurait contredire. Et n'y a
« différence de ces deux traitéz du susdit et auteur, fors que
« cestuy cy a esté composé après le premier, en forme de
« dialogue, pour le rendre plus facile, y ayant retiré comme
« la moüelle de ce qui estoit de plus rare au premier traic-
« té, ayant remis le tout en meilleur ordre et augmenté ce
« present traicté du dernier dialogue, qui traicte de la pas-
« sion de Nostre Seigneur, où sont expliqués les principaux
« mystères qui sont contenus en icelle, qui donneront aussi
« vn très-grand contentement aux lecteurs, pour les beaux et
« briefs discours qu'ils y trouveront. »
Ainsi les deux traités de Sebonde ne diffèrent pas seulement par la forme, puisqu'on trouve dans le dernier, des
parties qui ne sont pas dans l'autre.   (*Edit.* C. L.)

n'omettaient rien pour le décrier; les prédicateurs dé-
clamaient contre et l'anathématisaient. Nous apprenons même de quelque lettre de Jean de Montreuil,
que les avocats y avaient aussi déclaré la guerre dans
leurs plaidoyers. Le grand Gerson en crut la lecture
dangereuse, et fit un traité latin pour le prouver,
traité dont plusieurs s'autorisaient avec raison. Les
dames surtout et leurs partisans se déclarèrent pour
ceux qui défendaient la lecture d'un livre qui les
ménage fort peu. Cependant le roman de la Rose
avait ses partisans, qui le soutenaient un ouvrage in-
comparable, très-propre à corriger les hommes de
leurs vices et de leurs ridicules. On y trouvait même
des mystères et des vérités, lesquelles il n'était pas
permis à tout le monde de pénétrer. Les chimistes y
trouvaient le grand-œuvre, les spéculatifs la théologie morale. La Rose était la sagesse. Jean de Montreuil en fit très-sérieusement l'apologie; c'est l'objet
de trois de ses lettres.

Dans le temps qu'on travaillait à maintenir les
bonnes maximes de la morale chrétienne par des livres de piété, de faux mystiques, gens entêtés, dévots et libertins, qui de tout temps en ont été l'écueil,
travaillaient à en renverser les principes par de dangereuses rêveries et de fausses illusions.

En l'an 1412, il s'éleva en Picardie une secte
qu'on appelait des *hommes d'intelligence,* dont frère
Guillaume d'Hildernissen, Allemand, de l'ordre des
carmes, et un certain Gilles le Chantre, séculier,
étaient les apôtres. Ce Gilles disait qu'il était le Sau-

veur des hommes, et que par lui les fidèles verraient
Jésus-Christ, comme par Jésus-Christ ils verraient
Dieu le père; que le diable et tous les damnés seraient sauvés quelque jour; que les plaisirs de l'amour
étant de simples actions de la nature, n'étaient point
des péchés, mais des avant-goûts du paradis; que les
jeûnes, les pénitences, les confessions, les cérémonies de l'Eglise étaient des choses assez inutiles; que
le temps de la vieille loi avait été celui de Dieu le
père, le temps de la nouvelle celui de Dieu le fils,
et qu'il y en aurait bientôt un troisième qui serait
celui du Saint-Esprit, lequel mettrait les hommes en
toute liberté; que toutes leurs œuvres ne servaient ni
au salut ni à la damnation, parce que Notre-Seigneur
Jésus-Christ avait satisfait abondamment pour tout le
genre humain. Plusieurs religieux et autres personnes
crurent à ces rêveries; ils furent combattus par les
théologiens les plus célèbres de ce temps-là; et ces
faux apôtres furent obligés de rétracter leurs erreurs
à Bruxelles, à Cambrai et à Saint-Quentin, où ils
avaient dogmatisé; ce qu'ils firent en présence de
Pierre d'Ailly, qui, en ce temps-là, fut créé cardinal.

Les ouvrages auxquels cette secte donna lieu furent deux Traités sur les faux prophètes, composés
par Pierre d'Ailly, dans le dernier desquels il traite
de l'hypocrisie, voile ordinaire des imposteurs et des
dévots de cette espèce.

Il y avait dans le même temps, à Bourg-en-Bresse,
une fille qui faisait grand bruit, laquelle, pratiquant
une abstinence extraordinaire, avait persuadé à bien

des gens qu'elle avait des extases et des visions. Elle
prétendait délivrer les âmes du purgatoire, et même
de l'enfer. Ce fanatisme donna lieu au Traité de Gerson pour discerner les vraies des fausses visions, et à
celui de l'Épreuve des esprits, qu'il serait à souhaiter
que tous les grands directeurs des personnes qui se
piquent de singularité dans la dévotion, eussent sans
cesse entre les mains.

Gerson combattit les faux mystiques dans le Traité
de l'Incarnation, réfutant Jean Rusbrok, avant-cou-
reur de cette secte. Le livre de Bertram, évêque de
Téflis, dominicain, intitulé *de l'Illusion des démons*,
prémunit aussi contre les fausses révélations, auxquelles il paraît qu'on prêtait aisément croyance.

On en peut juger par la conférence tenue chez le
carme Pavilli, dont nous parle des Ursins. Elle se
tint « dans la vue, disait-on, de chercher les moyens
« de procurer la paix à l'État. Quelques religieux qui
« avaient voulu aviser là-dessus, après s'être séparés,
« s'enquirent de quelques personnes dévotes et me-
« nant une vie contemplative à Paris, et ils trouvè-
« rent des religieux et autres, et des femmes (ce sont
« les paroles de l'historien), à qui le moine Pavilli
« s'adressa, en les priant qu'ils voulussent prier Dieu
« qu'il leur révélât à quelle fin et conclusion les divi-
« sions du royaume pouvaient venir. Il y en eut, entre
« autres, qui rapportèrent trois choses diverses : l'une
« fut qu'il semblait à la créature qu'elle voyait au ciel
« trois soleils ; la seconde, qu'elle voyait trois temps
« divers, dont l'un était vers le Midi, ès marches

« d'Orléans et de Berry, clair et luisant ; les deux au-
« tres près l'un de l'autre vers Paris, qui parfois en-
« couraient des nues noires et ombrageuses : la troi-
« sième enfin eut une vision qui lui représentait le
« roi d'Angleterre en grand orgueil, et étant au plus
« haut des tours de Notre-Dame, lequel examinait le
« roi de France. » On jugeait que cela signifiait changement de seigneurie dans le royaume, et on fondait
le droit du roi d'Angleterre là-dessus. N'est-il pas
surprenant que des docteurs de Sorbonne se portas-
sent à de pareilles rêveries, pour ne rien dire de plus?
Mais c'étaient des moines, et des moines de parti.

Les vaines pratiques de piété, les doctrines superstitieuses qui déshonorent la religion au lieu d'en inspirer, qui font consister la justice dans le dehors, et
laissent le cœur dans le libertinage ou l'esprit dans
l'illusion, trouvèrent dans Gerson un docteur éclairé
qui les combattit. C'est à quoi aboutit son livre contre
les flagellans, qu'il donna en 1417, et sa réponse à
Vincent Ferrier, qui paraissait favoriser trop ces sortes
de pratiques. Gerson fit toujours une guerre sainte
au pharisaïsme de son siècle. Il triompha de ceux qui
voulaient introduire dans le christianisme des nouveautés contraires à la liberté évangélique et à la simplicité de la religion, et il triompha en même temps
des calomnies que les faux dévots ignorans ou inté-
ressés répandirent contre lui par des écrits pleins de
fureur et de calomnie.

Ce fut vers le milieu de ce siècle, c'est-à-dire sous
le règne de Charles VII, que commencèrent à pa-

raître des casuistes. Le jacobin Nicolas de Gorham avait donné, sous Charles VI, des *Distinctions de théologie morale* par ordre alphabétique ; mais le premier qui donna ce qu'on appelle des *cas de conscience*, fut Gilles Charlier, méthode qui avait pris naissance en Allemagne et en Italie, et à laquelle la morale a peut-être autant perdu que gagné. Elle a fait que l'on a trop négligé les principes pour n'étudier, la plupart du temps, que les cas particuliers, que le bon sens seul décide aisément, lorsqu'on possède bien les principes généraux.

ARTICLE IV.

Du droit public ecclésiastique et du droit canon.

On peut regarder le règne de Charles VI comme l'époque du rétablissement du droit ecclésiastique et du renouvellement des grands principes du droit canon. L'abandon de ces principes avait été causé par la nouvelle discipline introduite par les fausses Décrétales et par la vogue qu'avait prise le décret de Gratien, leur compilateur, qui depuis long-temps était l'unique règle qu'on suivît dans les écoles et dans les tribunaux ecclésiastiques. Les constitutions des papes postérieurs à cette compilation roulaient sur les maximes qu'elle contient.

On enseignait le décret dans toutes les universités. Il y a lieu de présumer que cette étude était fort florissante dans celle de Paris, à en juger par les grands hommes qui en sont sortis. Les étrangers même y allaient étudier. Jean de Tourquemade (*Torquemada*), grand canoniste, y avait passé docteur avant que d'aller enseigner le droit canon à Rome, où il devint cardinal.

La Faculté de décret, dit Pasquier, était composée des constitutions canoniques et conciliaires de l'Église ; mais des anciens canons, on ne canonisait presque que ceux qui étaient rapportés dans les constitutions modernes, et la dialectique qui régnait alors fournissait mille prétextes pour les éluder : ainsi les abus s'étaient augmentés et les remèdes étaient diminués, les principes étaient confondus.

Mais la plus rude atteinte que reçut le droit canon, fut pendant le schisme d'Avignon. Chaque pape, pour fortifier son parti, donnait à l'envi toutes sortes de dispenses, accordait mille grâces opposées aux anciens principes, pourvu qu'on demeurât fidèle. Une pratique un peu constante, quelque contraire qu'elle soit aux maximes, les fait bientôt oublier, et bientôt on ne connaît plus de maximes que celles qu'on voit pratiquer ; on ne les prouve plus, on les suppose.

Cette ignorance des principes du droit public ecclésiastique causait mille désordres, et produisait l'incertitude à se déterminer sur les mesures qu'on devait prendre pour prévenir les maux et arrêter ces désordres, et cette incertitude les faisait durer : elle les aurait rendus perpétuels, si enfin les maux mêmes n'avaient forcé à prendre un parti qui en arrêtât le cours.

Sous le règne de Charles VI, on prit donc enfin des mesures pour parvenir à ce but; mais les préjugés invétérés ne se dissipent pas tout à coup, la lumière ne luit qu'à demi : elle perce à la vérité à travers les vapeurs de l'ignorance, mais on craint encore les fausses lueurs : on conserva, en conséquence, beaucoup de fausses idées sur la puissance ecclésiastique. De là les scrupules et les inquiétudes des théologiens et des canonistes sur le concile de Pise, quoiqu'il eût été impossible de l'assembler autrement et de le tenir d'une autre manière ; de là cette précaution qui fit que, pour calmer ces inquiétudes, il fallut que Jean XXIII assemblât dans la suite un autre concile, pour suppléer à la formalité qu'on avait omise en la convocation du premier.

Le clergé de France, depuis la translation du siége d'Avignon, avait souffert une infinité d'oppressions de la part de la cour de Rome, composée en grande partie de prélats français. Trente-six cardinaux avaient des émissaires par toute la France pour épier les bénéfices qui venaient à vaquer, afin de se les approprier, ou pour les mettre à contribution. L'Eglise et l'Etat gémissaient de ces désordres; les remontrances et les menaces du roi Charles VI ne purent les arrêter. Plusieurs cardinaux périgourdins et gascons n'avaient rien à espérer de Rome; il fallait que leur dignité se soutînt par les ressources qu'on trouvait en France.

Les suppôts de l'Université de Paris, qui se ressentaient fort de cette diversion des revenus ecclé-

siastiques, commencèrent à faire là-dessus des représentations à la cour. Des partisans de celle de Rome
publièrent et renouvelèrent des doctrines qui tendaient à justifier ses exactions et ses prétentions. L'U-
niversité les combattit fortement ; elle décida, contre
un dominicain, *que toutes les puissances de juridiction ecclésiastique sont de Jésus-Christ, quant
à la première institution et collation, et du pape et
de l'Eglise, quant à la limitation; que la puissance
du pape n'est pas la seule instituée par Jésus-
Christ.* Et on divisa cette doctrine en huit propositions tendantes à soutenir les libertés de l'Eglise gallicane, et à condamner la simonie, qui était fort
commune à cette cour de Rome, qui s'était formée
en France presque depuis un siècle.

La nécessité de défendre ses intérêts donna donc
lieu à étudier les premiers principes du droit ecclésiastique dans d'autres sources qu'on ne l'avait fait jusqu'alors. On commença à examiner de plus près les
dispositions des Décrétales, et à les rapporter au droit
commun ; on remonta aux anciens canons originaux.
Les questions touchant la puissance ecclésiastique et
civile qui furent agitées, firent approfondir les matières ; et on vit paraître quantité de Traités qui font
voir combien il est aisé de sortir des obscurités, quand
on veut bien remonter à l'antiquité.

Mais comme les matières qui furent agitées alors
ont trop de rapport à des disputes qu'un silence respectueux peut seul faire cesser, et qui ne sont pas du
ressort de l'Académie, je ne ferai qu'indiquer les ti-

tres des ouvrages et des questions, et les écrivains
qui en furent les auteurs.

Pierre d'Ailly donna un Traité de la Puissance ec-
clésisatique. Il remonte, dans la première partie, à
l'origine de la puissance, et la borne aux choses spirituelles, la soumettant aux canons; dans la seconde,
il parle du droit des ministres de l'Eglise, des biens
ecclésiastiques, et en prescrit l'usage légitime. La troisième roule sur la plénitude de la puissance papale,
et prétend qu'elle n'est point absolue, mais dépen-
dante du concile. Cet ouvrage ayant prévenu le pape
contre lui, il fit un nouveau traité, où il soutient
que c'est une erreur, et même une hérésie selon quelques-uns, que de prétendre que le concile n'a point
d'autorité par lui-même. L'ouvrage du même auteur,
de la Réformation de l'Eglise, qui parut en 1415,
regarde aussi les matières canoniques. Il montre la
nécessité des conciles généraux et provinciaux, il
parle des griefs que les autres Eglises ont contre celle
de Rome. On peut joindre ici le Traité de l'autorité
de l'Eglise et des cardinaux, ceux des Lois, de l'Interdit, du Concile, et de la Permutation des bénéfices.

Gerson s'unit à son maître, et fit d'abord un Traité
sur la puissance ecclésiastique et politique, et sur
l'origine du droit, ouvrage fort méthodique, où les
bornes des deux puissances sont bien fixées. Il refuse
à l'Eglise le droit des peines temporelles, si ce n'est
par la concession de la puissance séculière. Il soutient que l'Eglise peut faire des lois, qui obligent le

pape, au lieu que le pape ne peut juger toute l'Eglise, ni mettre des bornes à sa puissance. Il fait voir que celle qui regarde l'institution des ministres a beaucoup varié, et que la cupidité et l'ambition des hommes y ont mis tant de confusion, qu'il est difficile de distinguer ce qui est d'institution divine et de celle des hommes; il démontre que la puissance ecclésiastique, considérée quant à son usage, est sujette à variation. Il donne d'excellentes règles sur les dispenses. Il passe à l'autorité des conciles, et fait voir qu'elle est souveraine dans l'Eglise, concluant que celle du pape est bien supérieure à toute autre puissance ecclésiastique et spirituelle; mais que celle de l'Eglise et du concile est plus étendue. Il soutient que les curés ont voix définitive dans les conciles, comme successeurs de soixante-douze disciples, mais non les religieux, qui n'entrent dans la hiérarchie que par privilége.

Ce traité fut lu dans le concile de Constance en 1417, où Gerson fit aussi un discours pour prouver la supériorité de ces assemblées ecclésiastiques sur le souverain pontife, lequel est regardé comme un traité complet sur cette matière, et fut le fondement de la conduite de ce concile dans l'affaire de Jean XXIII. Ce discours contient douze propositions, dont la dernière est que l'Eglise n'a point de moyen plus efficace pour se réformer, que les conciles généraux et provinciaux.

Jean de Courtecuisse, docteur de Paris, fit aussi un Traité de la puissance de l'Eglise et du concile, et Nicolas Clémengis travailla à ses deux Traités du

concile général. La doctrine pour laquelle ces docteurs combattaient, était celle de leur corps, à ce
qu'ils disaient, et comme il paraît par les thèses que
l'université publia sur les mêmes sujets, et que le
concile de Constance ne voulut pas recevoir, parce
qu'il y en avait quelques-unes exprimées en termes
trop durs; ce qui occasionna principalement tant d'é-
crits sur ces matières, furent principalement les prétentions et les plaintes de Jean XXIII. Avant ces
docteurs, Pierre Pape, official de Lyon, avait déjà fait
un opuscule sur l'élection des papes et des évêques,
suivant les formes canoniques.

Cependant d'autres docteurs parlaient en faveur du
pape. Filastre, doyen de Reims, dans l'assemblée du
clergé de 1406, soutenant le parti de Benoît XIII,
dit qu'il avait deux puissances, une spirituelle, l'autre temporelle, qu'il compare au soleil et à la lune;
que comme Jésus-Christ les avait toutes deux, il les
avait aussi données toutes deux au pape par saint
Pierre; d'où il conclut que le pape a autorité sur le
temporel des rois; mais l'avocat-général, dit des Ursins, n'approuvant point cette doctrine, fit rompre
l'assemblée. Un cordelier normand avait écrit en faveur de la cour de Rome dans un traité qui roule sur
cette question : Si le Saint-Siége est ou n'est pas de
droit divin? et sous le pontificat d'Eugène IV, Jourdain Brice, avocat-consistorial et grand-juge de Provence, fit, l'an 1435, un écrit pour défendre l'élection de ce pape contre les reproches que lui faisait le
cardinal Dominique de Capranica. Ce traité est pro-

prement une consultation qui fut faite à l'instance du cardinal de Foix.

Comme différens moines partisans des maximes opposées à celles de l'Université de Paris publiaient des écrits suivant leurs principes, l'Université proscrivit et censura différentes propositions qu'on avançait dans ces écrits. Telle est celle qui fut condamnée en 1429, qui disait que les apôtres n'ont point reçu immédiatement de Jésus-Christ, mais par saint Pierre, la puissance des clefs, afin de conclure qu'ils n'ont de puissance que celle que leur donne le pape; telles encore les huit propositions qu'elle condamna en Jean Sarasin, dominicain et docteur de Paris, qui allaient à soutenir que la puissance du pape est la seule instituée par Jésus-Christ, proposition que ce docteur fût obligé de rétracter en 1430.

Les écrits sur l'origine et la distinction des deux puissances furent accompagnés ou suivis d'autres traités pour le rétablissement de la discipline. Tel fut celui de Gerson sur la Simonie et les moyens de l'extirper; tel encore le traité de Pierre d'Ailly sur le rétablissement de l'Eglise, et ceux de Clémengis, l'un contre l'établissement des nouvelles fêtes, l'autre contre la Simonie, adressé à Gerson.

La nécessité de la réforme dans l'Eglise, reconnue au concile de Constance, et renvoyée à un autre concile, donna lieu à celui de Bâle en 1431. Les docteurs français se distinguèrent aussi particulièrement dans ce concile. Nicolas Lami et Thomas de Courcelles furent ceux qui y brillèrent le plus parmi ceux qui n'y avaient que la qualité de conseillers. Ils étaient tous deux docteurs en décret. Le second, chanoine d'Amiens, avait, dit un bibliothécaire français, un esprit puissant et admirable; il se distinguait par sa doctrine, et encore plus par sa modestie : ce fut de lui dont on se servit pour dresser plusieurs décrets.

Mais celui qui figura au-dessus de tout autre, tant par sa dignité que par son zèle et son savoir, ce fut le cardinal d'Arles, qui en était président. Æneas Sylvius, avant que d'être pape, dit que le zèle de ce cardinal était digne de la couronne du martyre. L'archevêque de Lyon s'y fit aussi admirer, non par le faste et les intrigues, mais par le bon exemple et les lumières.

A la persuasion des docteurs, le roi Charles VII convoqua l'assemblée de Bourges dans le temps que se tenait le concile, et ce fut dans cette assemblée qu'on travailla à la pragmatique sanction, tendante à faire en sorte que les ordinaires fussent reconnus avant que d'aller en cour de Rome, que les élections fussent rétablies dans leur ancienne pureté, que l'autorité des conciles fût reconnue supérieure à celle du pape, et que les grâces expectatives fussent abolies. C'est à quoi se réduisait cette fameuse loi que Mézerai appelle *le rempart de l'Eglise gallicane,* et qui ne donna guère qu'une joie passagère.

Comme ceux qui avaient le plus contribué à tout ce que le concile et l'assemblée de Bourges, qui en était regardée comme un appendice, venaient de statuer, étaient les docteurs des Universités du royaume, et surtout celle de Paris, il fut ordonné aux évêques d'en avoir avec eux pour les aider de leurs conseils et de leurs lumières ; et pour les récompenser, on arrêta que la troisième partie des bénéfices du royaume serait affectée aux gradués, parce qu'on croyait que les grades étaient la preuve la plus sûre des études et de la capacité.

Tant de soins pris sous ces deux princes produisirent pour quelque temps l'effet qu'on s'était promis. On vit immédiatement après, des conciles occupés à la réforme des mœurs, au rétablissement de la discipline, etc., au lieu que depuis long-temps les conciles ne roulaient que sur des matières de juridiction contentieuse, et sur des affaires temporelles attirées aux tribunaux ecclésiastiques. Tels furent entre autres les conciles de Paris, d'Angers et de Tours.

Cependant on ne voit point qu'on ait travaillé à faire connaître la supposition des fausses Décrétales et les défauts du décret de Gratien, effet du manque de critique de ce temps-là ; on en faisait abstraction, et on allait aux premiers principes. Je ne trouve d'autres ouvrages qui roulent précisément sur les Décrétales, que les leçons sur le troisième livre, composées au commencement du règne de Charles VI, par Philippe de Leyde, reçu docteur à Orléans, et professeur à Paris ; les différentes leçons sur les Clémentines d'Etienne de Provence, professeur en droit, un répertoire des livres III, IV, V et VI des Décrétales et sur les Clémentines, fait par Henry Boich, docteur breton ; vers la fin du quatorzième siècle, et un Commentaire sur le livre des Décrétales, par Gui Pape, lyonnais, oncle de Pierre, dont nous ferons mention ci-après.

Au commencement du règne de Charles VI, dans la chaleur de la dispute sur les prétentions des deux papes de Rome et d'Avignon, Robert Gervais, dominicain de Nîmes, qui avait soutenu auparavant contre Balde et Jean de Lignano les raisons du pape avignonais, adressa au roi un ouvrage sous le titre de *Miroir royal* (1), à dessein de lui faire connaître comment il devait agir à l'égard du schisme, ouvrage où les matières sont traitées suivant les principes canoniques. Je nommerai encore ici les décisions de la Rote et celui (*sic*) de l'unité de l'Eglise, par manière d'apologie faite par Jean Gille, normand, prévôt de Liége, et ensuite cardinal, dépouillé de sa dignité par Grégoire XII, qui le croyait contraire au Saint-Siége.

ARTICLE V.

Du droit civil et du public.

Le droit romain introduit en France par des docteurs italiens, dont les ordonnances de saint Louis et de Philippe-le-Bel avaient depuis recommandé l'étude, prit de plus fortes racines par les nouvelles Universités qui furent fondées dans le temps que je

---

(1) *Speculum morale regium seu de regimine principum, metuendissimo ac illustrissimo D.* CAROLO *moderno, divinâ providentiâ regi Francorum.*

parcours. Elles voulurent toutes avoir des chaires de droit, ainsi que la qualité d'Université de droit, qui avait caractérisé celle d'Orléans, devint commune à toutes les autres, même à celle de Paris, quoiqu'elle eût été particulièrement établie pour la théologie.

Ce n'est pas que les leçons de droit romain fussent nouvelles dans cette dernière école; elles y avaient été introduites depuis long-temps; mais, suivant Pasquier, ce droit y avait essuyé quelques révolutions. Il prétend que la décrétale d'Honorius III l'ayant défendu, on ne l'y enseignait plus : il paraît en effet qu'il n'y avait point de chaires de droit à Paris en 1403, puisque l'université de Caen voulant faire homologuer ses lettres-patentes par Henri VI, soi-disant roi de France, celle de Paris s'y opposa, offrant de faire enseigner le droit civil : on ne le lisait donc pas; autrement on n'aurait pas offert de l'enseigner.

On prétend que cette défense d'Honorius III, confirmée ensuite par Grégoire IX, ne regardait que les ecclésiastiques, afin qu'ils s'adonnassent davantage à l'étude de la théologie, dont la Faculté de Paris était regardée l'école par excellence; d'autres croient que cette défense était générale, et conjecturent que les papes avaient voulu par-là réduire toute la jurisprudence au droit canon et à leurs décrétales, afin que tout le monde chrétien eût les mêmes lois au temporel et au spirituel, s'accoutumant à ne reconnaître qu'un seul chef, en qui étaient tous les droits divins et humains, comme c'était la prétention de ces temps-là; mais la permission d'enseigner le droit romain dans les autres universités suffit pour détruire cette conjecture.

Il paraît même que la décrétale *Super specula* n'a pas été constamment et généralement observée dans Paris même ; car, 1° les statuts de la Faculté de droit de cette ville, de l'année 1296, et qui furent renouvelés sous Charles V, lors de la réformation de l'Université en 1366, et sous Charles VII en 1452 ; ces statuts, dis-je, parlent des bacheliers en droit civil, et prescrivent pour ceux de cette Faculté ce qu'ils prescrivent pour ceux des autres ; 2° les anciens registres du décanat de l'école de droit, faits depuis la décrétale en question, marquent les noms de ceux qui ont été gradués *in Jure canonico tantùm,* ou *in Legibus tantùm,* ou *in Jure civili, aut in utroque Jure ;* 3° plusieurs anciennes quittances des religieux de Saint-Jean-de-Latran, portent qu'ils ont reçu des décrétistes et des légistes de la Faculté, ce qui leur a été annuellement donné pour les messes qu'ils ont fait célébrer dans leurs églises. Toutes ces quittances sont postérieures à la décrétale ; 4° Bouchel, *Verbo Universitate,* rapporte un mandement ou billet du recteur de l'Université de Paris, du 22 novembre 1410, adressé et signifié à tous les régens et suppôts de l'Université, où sont expressément compris et nommés les licenciés en droit civil ; 5° l'Université de Paris compte parmi ses professeurs grand nombre de personnes des plus distinguées dans la jurisprudence, et dans les charges, auxquelles elles étaient parvenues après avoir enseigné le droit à Paris. Tels sont Martin

Defrene, conseiller au parlement sous Charles VI ;
Miles d'Illiers, conseiller, et puis évêque de Castres
en 1459; Guillaume de Conty, député au concile de
Bâle et précenteur (grand chantre) d'Amiens; Ambroise de Cambrai, maître des requêtes; Jacques d'Au-
bri, Guillaume de Castillon, etc., tous conseillers de la
Cour, ainsi que Jean de Ségur, qui des lectures du droit
fut appelé par Charles VII à la charge de conseiller au
parlement de Toulouse. De tout cela il faut conclure
avec Rebuffe et de Ferrière, que la décrétale *Super
specula* n'avait point défendu l'étude de droit civil
généralement dans l'Université de Paris, mais uniquement aux religieux, qui s'y adonnaient aux dépens
de celle de la théologie et de l'Ecriture, tout comme
plusieurs s'adonnaient à celle de la médecine, profession plus lucrative que celle de théologien.

Or, pour répondre précisément à la difficulté qui
se présente, à l'occasion de l'opposition faite par
l'Université de Paris à celle de Caen, je conjecture
que les troubles survenus sous le règne de Charles VI
avaient peut-être suspendu l'étude du droit à Paris,
et que l'Université de cette ville aima mieux les
remettre sur le premier pied que du souffrir une
autre école de droit qui lui aurait porté préjudice. Ce
que dit des Ursins du dérangement des études sous
ce règne, confirme ma conjecture. Au reste, l'école
de droit de cette capitale n'avait point la réputation
de celle de la théologie, ni des écoles de droit d'Orléans et de Toulouse, à l'étude duquel elles étaient
particulièrement destinées.

Pasquier nous apprend que lorsqu'il s'agissait de recevoir quelque candidat avocat ou docteur dans ces écoles, on l'interrogeait non seulement sur le droit romain, mais aussi sur les ordonnances royaux, et sur le droit ordinaire de la France. On laissait au récipiendaire une quinzaine de jours pour se préparer sur ce qui serait casuellement présenté; et s'il se trouvait capable, il était reçu, autrement il était renvoyé aux études jusqu'à un certain temps, que je ne trouve pas fixé.

Quoique le droit romain fût universellement enseigné, il n'était pas pourtant regardé comme une loi à laquelle on fût assujetti par une nécessité absolue; mais on le regardait comme une raison écrite, qui devait être la règle des jugemens. Les juges y avaient recours en tant qu'il était conforme à l'équité, et convenable par la décision de la question dont il s'agissait, surtout en ce qui n'était pas décidé par la coutume en termes exprès. Il paraît que l'ancien droit français était la loi commune dans la plupart des provinces et dans la plupart des tribunaux. Ce droit embrassait les ordonnances des rois et les coutumes particulières. La grande ou la première époque de ces coutumes est le règne de Charles VII. Je veux dire que ce fut dans ce temps-là qu'on commença à les rédiger par écrit, et prescrire des formules qui devaient être conservées dans leur rédaction. Cette rédaction se fit par provinces, et de chaque seigneurie qui avait une coutume locale, on venait déposer dans l'assemblée générale de la province les usages écrits,

ou non écrits des différens lieux ; depuis lors on chercha à rendre les coutumes plus générales ; elles prirent par-là un caractère de loi, en ce qu'elles furent
écrites, et en ce qu'elles reçurent le sceau de l'autorité royale, et elles devinrent plus constantes et
plus étendues.

Mais comme dans le même temps le droit romain
était enseigné dans toutes les universités, il servait
de base et de lumière dans les décisions ; et quoiqu'il
fût regardé comme dans une espèce d'opposition avec
le droit coutumier, toutefois plusieurs dispositions de
droit romain sont entrées dans les coutumes ou dans
les nouvelles ordinations, tout comme dans les leçons
de ce droit on faisait l'application des principes du
droit français, et on montrait les rapports que les
coutumes et les ordonnances avaient avec les lois
qu'on traitait ; de là vient que les Commentaires des
coutumes sont pleins de citations des lois.

Les lois étaient devenues d'un goût si général, que
les prédicateurs mêmes les citaient souvent dans leurs
sermons, comme on le verra dans l'article de l'éloquence.

Mais dans le temps qu'on se servait utilement de
ce droit, comme d'un flambeau pour éclairer les tribunaux, les commentateurs introduisirent en France
la chicane, qui est devenue depuis si commune parmi
les jurisconsultes. Ce qui avait fait germer cette mauvaise herbe dans les champs de la jurisprudence civile,
était encore la mauvaise philosophie et la méthode
des scolastiques : il y avait encore une autre raison ;

les formes judiciaires qui se pratiquaient aux tribunaux des clercs dans le temps que les bornes des
puissances ecclésiastique et séculière étaient très-peu
connues, et qu'on plaidait indifféremment dans les
deux tribunaux, dans le temps que les gens d'Eglise
avaient grande part à l'administration de la justice,
s'étaient introduites dans les cours de justice. Les
ecclésiastiques avaient pris ces formes dans les fausses
Décrétales, et s'en servaient dans les causes purement
temporelles; or, quand les laïques commencèrent de
s'adonner eux-mêmes à la jurisprudence, ils suivirent
la méthode établie, au lieu qu'anciennement les nobles et les gens de guerre qui jugeaient les différens
de leurs vassaux, n'ayant point étudié pour la plupart, ne suivaient dans leur jugement que les anciens
usages. La subtilité de l'école fit donc que les écrivains mirent souvent leur pensée à la place du texte,
lorsqu'il n'était pas clair, et altérèrent par-là ce bon
sens et cette équité que les gens d'esprit avaient admirés dans les lois romaines, et les formalités des
tribunaux ecclésiastiques firent naître la pratique com-
pliquée et sujette à la chicane dans les cours séculières.

Il y eut cependant plusieurs jurisconsultes qui se
firent un nom par leurs ouvrages, outre ceux qui se
sont distingués par les leçons, et que nous avons
nommés ci-dessus. Je trouve d'abord un Guillaume
Coquille, qui le premier rédigea en ordre la coutume
de Nivernais, sous Charles VII. Il fut aïeul du célèbre Gui Coquille, qui se distingua sous le règne de

Louis XI, par son savoir dans la science du droit. Guillaume était si considéré par ses profondes lumières, aussi bien que par sa probité, que le roi le chargea de travailler à la réforme de la justice et des finances dans le royaume, et que le chancelier le Clerc le choisit pour être son gendre, en lui faisant épouser sa petite-fille, Jeanne de Guesdat. Jean Galli, ou le Cocq, avocat du roi au Parlement sous Charles VI, a fait une collection de plusieurs arrêts notables dans les causes où il avait parlé, et qu'il avait vû décider pendant trente ans; quoiqu'il fût avocat du roi, il ne laissait pas de plaider pour les parties, comme ce fut la coutume jusqu'à Louis XII.

Jean Lefèvre nous a laissé des leçons sur les Instituts, datées de 1410, qui sont rapportées dans le Père Montfaucon ; mais un jurisconsulte qui s'est fait une réputation immortelle est Jean Boutilliers, conseiller au Parlement de Paris. Il donna vers l'an 1402 (1) sa *Somme rurale,* autrement appelée le *Grand Coutumier général de pratique civile et canonique,* ouvrage admirable par le mélange d'érudition, et par les antiquités françaises que l'auteur y a insérées, tant pour les coutumes de divers pays, et principalement de la Gaule Belgique, que pour les anciens droits et prérogatives de la couronne. Cette Somme pourrait plutôt être appelée *civile* que *rurale,* et en cas de

(1) Le *Testament* de Boutilliers est du 16 septembre 1402. Il était natif de la châtelenie de Mortagne sur l'Escaut. (Brodeau, sur l'art. 18, n° 12.)

besoin elle peut tenir lieu de Digeste et de Code, puisqu'elle renferme en abrégé tout ce qui est compris
dans ces livres immenses, et qu'on y trouve la théorie
et la pratique, l'usage et la coutume, ainsi que des
décisions et des maximes qui soulagent beaucoup le
lecteur; c'est ce qu'un savant jurisconsulte moderne
a très-bien exprimé par ces deux vers latins:

*Quæ tibi dat Codex, quæ dant Digesta, quod usus
Ruralis paucis, hæc tibi Summa dabit.*

Je rapporterai ici la remarque que fait Pierre de
Saint-Julien de Baleure, dans son livre de l'origine
des Bourguignons : il dit qu'il ne conçoit pas pourquoi ceux qui ont imprimé les dernières Sommes ru-
rales ne les ont pas imprimées toutes entières, comme
lui-même avait donné cet ouvrage au public.

Etienne Bertrandi, natif de Dauphiné, fut un des
plus célèbres jurisconsultes, peu de temps après Boutilliers. Il était natif de Carpentras. Ses conseils sont
d'une grande autorité. Il a joint la pratique et l'usage
du barreau aux principes du droit, dans lequel il était
extrêmement versé. Cet ouvrage est divisé en six volumes, et regarde particulièrement la jurisprudence
du Dauphiné; mais il est d'une utilité générale. L'é-
loge que fait Dumoulin, de Bertrandi, est « qu'il était
« aussi honnête homme que savant, ne répondant ja-
« mais en faveur des consultans, mais du bon droit,
« et qu'il ne se servait point de raisons et autorités
« captieuses tirées des lois, mais qu'il avait toujours
« l'équité devant les yeux, comme un flambeau qui

« l'éclairait. » Ce n'est pas un petit éloge pour cet auteur, d'avoir eu un homme tel que Dumoulin pour
éditeur (1). Un premier président de Grenoble appelle Bertrandi l'*honneur de Carpentras* et la *lumière de son siècle.*

Un autre, dauphinais par ses charges et lyonnais
par sa naissance, qui illustra le barreau sous le règne
de Charles VII, est Gui Pape, d'abord avocat au parlement de Grenoble, et fait ensuite conseiller par
Louis XI, encore dauphin, qui l'employa en différentes négociations importantes, à l'occasion de la
brouillerie avec le roi son père.

Ce magistrat recueillit les plus belles questions
qui furent agitées à ce parlement, pendant qu'il en
fut membre ou avocat, et cet ouvrage est estimé des
gens de loi, et est regardé comme le plus important
de ceux qu'il a composés et celui qui lui fait le plus
d'honneur. « On y trouve un jugement éclairé, un
« savoir solide et une constante prud'homie, » suivant
l'expression d'un illustre magistrat, qui ajoute que
l'auteur s'est mérité une louange immortelle par cette
collection. Dumoulin dit qu'il parle sans prévention;
mais il souhaiterait de pouvoir porter le même jugement de ses consultations, où l'intérêt des parties a
quelquefois prévalu : *Causæ clientali inservivit.* Mais
dans ces conseils mêmes il trouve d'excellentes choses. Tiraquel regarde Gui Pape comme un des plus

---

(1) Il a divisé les *Conseils de Bertrandi* en six volumes, et
il y a ajouté des notes analytiques.

habiles jurisconsultes de son temps ; et selon Loiseau, c'est un des meilleurs praticiens.

Les décisions de Gui sont au nombre de six cent trente-trois. Il les avait d'abord données sans ordre et sans liaison ; mais Closier en a formé dans la suite un corps suivi, sous le titre de *Décisions de Grenoble.*

Il y avait au parlement de Toulouse, du temps de Charles VII, un conseiller que Dumoulin qualifie de *sénateur très-habile* et de *jurisconsulte très-savant;* il s'appelait *Guillaume Benedicti.* Coaruvias dit que ce magistrat avait immensément lu, et qu'il possédait très-bien la pratique. On voit que ces éloges sont très-fondés, lorsqu'on lit l'ouvrage que Benedicti nous a laissé sur les mots du chapitre *Rainutius extra de testam.* On y trouve une connaissance profonde de la science du droit et de la pratique du barreau, jointe à une érudition immense sur les antiquités; mais cette ostentation même d'une érudition très-vaste est ce qui dégrade un peu le mérite de l'ouvrage et de l'auteur, car ayant voulu appliquer toute la matière des testamens à tous les mots dont ce chapitre est composé, il en résulte souvent un tout mal digéré, un tas d'érudition mal placée, qui fait tort à la justesse de jugement de ce magistrat, sans parler de son style, qui est assez dur et grossier. M. Simon dit qu'en suivant sa méthode l'on pourrait faire venir tout le droit aux mots du *Pater.* Tout cela n'empêche pas que l'on doive regarder l'ouvrage de Benedicti comme une riche mine pour les gens de loi, et un monument éternel des vastes lumières de son auteur.

L'on trouve plus de méthode et plus de discernement dans le Commentaire de Lucas de Penna, qu'on
prétend (1) compatriote de Benedicti. Il est sûr qu'il
professa le droit à Toulouse. Son Commentaire roule
sur les trois derniers livres du Code, et il fit aussi
des Gloses sur les Constitutions de Naples.

Jean de Costa fut aussi un des plus célèbres professeurs de cette Université. Il était chantre de
Bayeux, et fut depuis évêque de Châlons et légat de
Benoît XIII au concile de Pise. Jacques Rebuffe,
professeur de Montpellier pendant l'espace de vingt
ans, s'acquit une grande réputation par ses ouvrages
et par ses leçons. Charles VI le fit son avocat-général
à la sénéchaussée de Beaucaire, et ensuite juge du
palais de Montpellier, et il l'anoblit avec sa femme
et tous ses descendans en 1395.

Mathieu Thomasin, président de Grenoble, s'occupa par ordre du dauphin, sous le règne de Charles VII, à un travail très-laborieux, qui a produit un
manuscrit qui est très-rare; il est intitulé : *Registre
delphinal, fait par le commandement du prince
Louis dauphin,* etc. Il est divisé en trois parties. La
première contient les lettres de commisssion, datées
de 1456, de faire des recherches de tous les droits
du prince, des titres de son domaine et des usurpations faites sur ses droits par l'archevêque de Vienne,

---

(1) M. Simon, t. 1 de la Bibl., le fait Napolitain, parce que
Dumoulin l'appelle *Parthenopeus*.

par l'évêque de Valence et par les autres seigneurs de la Provence. La deuxième porte pour titre : *Le Bréviaire des anciens droits, honneurs et prérogatives des dauphins de Viennois*. La troisième est intitulée : *Déduction et déclaration des dignités, titres, droits seigneuriaux du dauphin, lequel est appelé* Archi-sénéchal perpétuel des royaumes de Vienne, d'Arles, et Comte palatin de ladite ville de Vienne.

Je puis joindre aux jurisconsultes français deux étrangers qui avaient puisé en France la science du droit. Le premier est Pierre de Castro, Italien, docteur d'Avignon, qui se fit d'abord une grande réputation par les thèses qu'il soutint, dans le palais épiscopal de cette ville, sur la prorogation de la juridiction ; et ensuite par d'autres thèses soutenues, depuis le matin jusqu'au soir, contre tout venant. Sa réputation s'accrut depuis par cent trente-six réponses qu'il rendit pendant les huit années qu'il demeura à Avignon, avant que de s'en retourner en Italie, comme il fit vers le milieu du quinzième siècle.

Le second étranger dont je dois parler est Philippe, de Leyde, docteur d'Orléans, et depuis professeur à Paris. Après avoir été nommé chanoine de Condé, il écrivit un Traité qui regarde plus le droit public que la jurisprudence civile. Il a pour titre : *du Soin de la république et du sort du souverain.*

Celui-ci n'est pas le seul ouvrage que nous ayons à citer au sujet du droit politique. Le Traité *de la Perte et du rétablissement de la justice*, que Nico-

las Clémengis (1) adressa au duc de Bourgogne, peut
être mis dans ce rang. Le dessein de l'auteur est de
faire voir que, sans la justice, un Etat ne peut se soutenir. Il le fit à l'occasion des guerres civiles de France
et du schisme, qu'il déteste, ainsi que les autres désordres qui régnaient alors dans le royaume, et il
propose des moyens d'y remédier.

Les circonstances dans lesquelles on se trouvait
alors occasionnèrent divers autres écrits de droit politique : tel est *le Songe du vieil pélerin*, qu'on a
voulu confondre avec le songe du Vergier, de Charles
de Maisières, conseiller d'Etat et intendant de Charles V, quoique d'auteurs différens, comme il est aisé
de le connaître par la différence du style et des matières. Quelques-uns ont attribué cet ouvrage à Alain
Chartier; mais il est plus ancien que cet auteur, ayant
été écrit sous Charles VI. On croit devoir l'attribuer
à Philippe de Louvières. La question sur les puissances ecclésiastique et civile y est traitée en politique, mais en politique qui fait semblant de rêver. Le
Mémoire pour le gouvernement du royaume de France, par Jacques Petit, religieux augustin, sous le règne de Charles VI, appartient aussi à cette partie du
droit. Tels sont encore les écrits faits au sujet des
prétentions entre les rois de France et d'Angleterre,
que je ne ferai que citer ici : 1° Traité fait en
1414, pour montrer que le roi d'Angleterre n'a aucun droit sur la couronne de France ; 2° autre

(1) Lisez partout Clémangis.

contre les prétentions des Anglais, composé vers la fin du règne de Charles VI; 3° Droits de la couronne de France contre les Anglais, jusqu'en 1449; 4° Rapport de Jean Juvenal des Ursins, évêque de Laon, au roi Charles VII, de ce qu'il avait extrait des chartes du roi touchant l'accord à faire entre les rois de France et d'Angleterre, avec l'acte de renonciation fait par ce dernier monarque au profit du roi, sur ce qu'il prétendait en Normandie, Anjou, Touraine, le Maine et autres terres du royaume; 5° Discours du droit de Charles VII au royaume de France, et surtout au duché de Normandie, etc., en 1444, par le même.

La préface de Godefroy à l'Histoire de Charles VI, par des Ursins, nous fait connaître son zèle infatigable pour ce qui regardait la paix et le bien public, et les différens autres écrits qu'il fit par rapport à ces objets, qui sont pleins de sagesse et d'amour du bien de l'Etat. Tels sont les Discours et Epitres pour envoyer aux trois Etats tenus à Blois en 1433; une Epitre à l'Assemblée tenue à Orléans, par ordre du roi, pour savoir s'il entendrait à une paix avec les Anglais; Discours touchant les questions et différens entre ces deux couronnes, en 1436; Discours du même à messire Guillaume des Ursins, chancelier de France, son frère, sur le fait de la justice et la charge de chancellerie; Remontrance du même, alors archevêque de Reims et premier pair de France, pour la réforme du royaume, principalement concernant les gens d'Eglise; Exhortation au roi pour obtenir grâce à Jean, duc d'Alençon, criminel de lèse-majesté. Je finirai enfin par l'ouvrage de Robert Blondel, carme, touchant le droit de la France contre les Anglais, dont le manuscrit est cité dans la Bibliothèque de Colbert.

ARTICLE VI.

De la médecine et chirurgie.

La médecine répondait à la physique. On suivait la méthode et les sentimens des Arabes, auxquels Arnaud de Villeneuve et Raimond Lulle, son disciple, avaient donné encore plus de poids dans le siècle précédent. Les livres de médecine qui furent inventoriés dans le catalogue de la Bibliothèque du roi, sous Charles V et Charles VI, sont presque tous des traductions des auteurs arabes. On ne lisait et on n'expliquait presque qu'Avicenne dans les écoles ; il était regardé comme le prince ou le plus excellent de tous les médecins. Razès tenait la seconde place ; et son neuvième livre dédié à Almanzor, dans lequel il prétend trouver tout ce qui peut regarder la manière de guérir les maladies, servait aussi aux leçons publiques. On connaissait peu les médecins grecs, n'ayant que quelques traductions en latin très-corrompu de Galien, que ceux qui les avaient tenaient comme quelque chose de fort précieux et gardaient soigneusement. Il ne paraissait d'Hippocrate que quelques petits livres, comme celui des Aphorismes et des Prognostiques, aussi mal traduits et aussi fautifs que les précédens. On faisait quelquefois mention de Dioscoride, mais ces auteurs n'étaient cités qu'en passant; les autres étaient entièrement ignorés, et continuèrent de l'être jusqu'à la prise de Constantinople, en 1453, que les originaux furent portés en Occident; mais ils ne passèrent en France que bien du temps après.

Dans les leçons, on n'enseignait guère que la théorie sous le nom de *physique,* ce qui faisait donner aux médecins le nom de *physiciens.* Souvent ceux qui l'enseignaient étaient des ecclésiastiques; les religieux même s'en mêlaient; mais on laissait plus communément la pratique des remèdes aux laïques : de là sont venus les apothicaires.

Cette médecine de théorie, séparée des observations, ne donnait que des notions flottantes, des incertitudes continuelles, la théorie allant d'un côté et la pratique de l'autre. Quand on lit les fastes littéraires de cette science dans Leclerc, dans Fieund et dans Schubz, on ne lit guère que les opinions des philosophes, au lieu de celles des médecins.

Les principes souvent gratuits de la théorie ne pouvaient point fournir des secours proportionnés aux degrés des maux qui les exigent : c'est dans une observation diligente des phénomènes des maladies qu'il en faut trouver l'indication, dans la comparaison des symptômes, dans leur analogie. L'observation a été le berceau de la médecine; on étudiait d'après la nature ces symptômes, et on les écrivait d'après une exacte observation.

Les médecins du temps dont nous parlons, imbus de la mauvaise théorie puisée dans les écoles, ne se soutenaient guère dans la pratique que par un jargon inintelligible; et dans les cas embarrassans, ils étaient obligés d'user de toutes sortes de supercheries et de stratagèmes pour cacher leur ignorance. C'est ce qu'on voit par la décision des quatre physiciens de Charles VI, sur la maladie de ce prince, à laquelle ils ne comprenaient rien. Ils dirent que le roi était ensorcelé. Quelquefois, embarrassés du choix des remèdes, ils avaient recours à des pratiques superstitieuses. Gerson fit deux écrits contre deux médecins de Montpellier, dont l'un se servait d'une médaille sur laquelle était gravée la figure d'un lion, pour guérir les maladies; l'autre ne voulait point employer ses remèdes que certains jours. Le savant docteur combat ici la pensée superstitieuse des jours heureux et malheureux. On voit dans le *Calendrier des Bergers*, composé par le berger de la grande montagne, que c'était un préjugé commun, que les planètes influant beaucoup sur les corps, il fallait les observer auparavant, quand on voulait saigner ou purger, ou faire quelque remède que ce soit.

Valescus de Tarente, premier médecin de Charles VI, sans être dépouillé de tous les préjugés de son siècle, était peut-être le seul qui exerçât la médecine en vrai physicien. Il était plus observateur qu'homme de théorie : il ne lisait point les auteurs grecs, qu'il n'entendait point; mais une pratique de trente-six ans, à Montpellier, lui avait donné de grandes connais-

sances : ses observations sont excellentes, et on les
suit encore aujourd'hui. Presque tout ce qu'il dit est
écrit d'après les expériences qu'il a faites lui-même.
L'ouvrage que nous avons de lui, intitulé *Philonium* (1), est également utile pour la médecine et
pour la chirurgie. Il a ceci de particulier, c'est que
de temps en temps il donne l'histoire de quelques cas
extraordinaires qu'il a rencontrés. Il parle entre autre
d'une personne qui mourut pour s'être coupé la luette,
et d'une autre qui eut un retour périodique de fièvre,
chaque treizième jour, durant trente ans. Il s'étonne
beaucoup de ce que les anciens donnaient des remèdes chauds dans la pleurésie, tels que l'hysope,
l'origan vulgaire, etc., et dit que la méthode des ra-
fraîchissemens des modernes est préférable. Il inter-
pose souvent son jugement dans quelques points difficiles de pratique; exemple fort rare en ce temps-là,
où personne n'osait presque penser par soi-même, où
l'on citait toujours, et on ne raisonnait presque jamais.

Il paraît surprenant qu'on n'ait aucun autre ouvrage de médecine à citer de l'Université de Paris,
qu'une lettre de Clémengis, dans laquelle il traité des
causes de la peste avec beaucoup d'érudition. Je trouve
une circonstance curieuse qui regarde cette Faculté
à Paris : c'est que, dans la réforme faite dans l'Université par le cardinal d'Estouteville, on blâme un

(1) Dans l'édition des écrivains concernant les fièvres,
donnée par Fonel, le *philonium* est pris, par méprise, pour
un auteur.

ancien usage de ne point marier les médecins. Cet abus y est détesté sous ces termes : *Impium et irrationale reputantes*, etc. Cet usage venait sans doute de ce que la médecine n'était autrefois professée que par les clercs. Les laïques, qui leur succédèrent, croyaient apparemment que l'état du mariage n'était pas compatible avec la gravité de la profession, et qu'on l'exerçait avec plus de décence dans le célibat. Les médecins, en France, ont encore conservé long-temps des restes de la cléricature dans le manteau et le rabat, dont ceux de quelques nations étrangères sont encore fort jaloux aujourd'hui.

De toutes les Universités où l'on enseignait la médecine, celle de Montpellier était dès lors la plus accréditée. Les étrangers y allaient faire leurs études ; les souverains tiraient ordinairement leurs médecins de cette ville. Nous avons vu que celui de Charles VI en était. Adam Fumée, premier médecin de Charles VII, et Dieudonné Bassole, son médecin ordinaire, étaient tous les deux docteurs de la Faculté de cette ville. Les papes et les princes étrangers y avaient aussi recours pour avoir des médecins.

On voit, par une ordonnance de Charles VI, qu'on faisait des observations anatomiques dans cette école. Le chancelier de la Faculté, les maîtres et les licenciés s'étaient plaints au roi que le gouverneur et les autres magistrats de la ville faisaient difficulté, contre l'usage, de leur livrer un cadavre tous les ans pour les dissections. Le roi ordonna en 1396 que l'ancien usage fût observé, attendu « que la source et l'origine

« de la science de médecine se trouvait à Montpellier
« par-dessus toutes les autres écoles. Nous et nos pré-
« décesseurs, ajoute-t-il, et tous les princes, avons
« toujours pris des docteurs de cette ville pour nos
« médecins, à cause de leur science et leur grande
« expérience. » Il est heureux que le même esprit s'y
conserve toujours : c'est peut - être le corps d'étude
qui, en France, a le moins dégénéré.

Les ouvrages les plus considérables que nous ayons
à citer ici, sont des productions des docteurs de Montpellier. Nous avons parlé de ceux de Valescus de Tarente ; Jean de Pise, chancelier de la même école, fit
une ample collection d'ordonnances de médecine.
Comme les réguliers s'appliquaient encore à cette
science, Jean, frère mineur, donna un livre sous le
titre de *Collectiones ex Galeno*. Deux autres auteurs inconnus composèrent deux traités, l'un sous
le titre de *Médecine*, dont toute l'utilité qu'on en
peut tirer est de connaître le goût de cette science
dans le temps qu'il a été fait ; l'autre est un traité *de
Regimine sanitatis*, qui va plus à la pratique.

Hermentaire, moine de Lerin, s'amusait aux connaissances de la botanique et à l'histoire naturelle.
On a de lui une Description des herbes, plantes,
fleurs, fruits, arbres, bêtes et autres animaux de toute
espèce, ouvrage qui est du règne de Charles VI. Il ne
fut pas le seul qui s'occupa de ces sortes de connaissances ; il nous reste encore un Traité latin des fruits,
herbes, viandes et oiseaux propres à conserver la
santé : l'ouvrage est anonyme.

Il paraît que l'étude de la chirurgie commença à prendre une forme plus régulière dans ces temps-là. Gui de Chauliac, disciple de Dertrurius, avait réduit en 1363 cet art en système; et quoiqu'il n'eût pas ajouté à ce qu'il avait trouvé de ses prédécesseurs beaucoup de choses nouvelles, on le comparait toutefois à Hippocrate. Cet auteur était professeur à Montpellier. Cet ouvrage encouragea, à ce qu'il paraît, les chirurgiens; ils cherchèrent à faire des études plus profondes sur leur art; et à l'entrée de Charles VII dans Paris, en 1436, ils obtinrent d'être aggrégés à l'Université; mais en leur permettant de jouir des priviléges de ses suppôts, on statua qu'ils seraient obligés, pour exercer, d'apprendre le latin, et de passer par l'examen de la Faculté de médecine. On trouve des statuts sur la chirurgie dans ses archives; mais depuis que la dispute entre les médecins et les chirurgiens s'est rallumée, on a fait voir qu'ils ont été falsifiés et interpolés.

Cette dispute avait commencé sous le règne de Charles VI, entre les barbiers et les chirurgiens: ceux-là ambitionnèrent d'être incorporés au collége des chirurgiens, et de faire des démonstrations anatomiques; ceux-ci obtinrent du prevôt de Paris une défense aux barbiers d'exercer aucune fonction de la chirurgie. Cette défense est du 4 mai 1423. Comme en même temps il régnait une dispute entre les médecins et les chirurgiens, ceux-ci voulant se mêler de donner des médecines aux malades, contre la prétention des médecins, qui soutenaient que cela les regardait, il y a apparence que les barbiers eurent recours à la Faculté de médecine, puisqu'elle leur permit d'acheter un cadavre, moyennant que l'anatomie se fît par un docteur en médecine ; et c'est par-là, dit Pásquier, que les médecins, *pied à pied, prirent à leur tour les marches des chirurgiens.* Ce conflit de juridiction a fait renouveler de temps en temps la dispute entre les médecins et les chirurgiens, sans que les malades s'en soient peut-être trouvés plus mal, les uns et les autres se piquant également d'acquérir les connaissances des deux professions, et de joindre la théorie à la pratique dans leurs études.

ARTICLE VII.

De l'éloquence.

Quoique ces deux règnes ne nous fournissent pas des ouvrages sur les règles de cet art, on les suivait pourtant, autant que le goût du siècle le permettait, dans la pratique, soit qu'on les apprît des anciens auteurs, comme la copie faite alors des déclamations de Quintilien peut le faire croire, soit qu'on les tînt directement de la nature. Ce qui est sûr, c'est qu'il ne parut que long-temps après des ouvrages didactiques sur la rhétorique ; car le Traité de rhétorique et de poésie que les sept fondateurs des Jeux floraux publièrent au commencement de leur association, en 1355, regardait plutôt la poésie que l'éloquence ; et d'ailleurs, comme il était en langue toulousaine, il n'était point connu hors du pays, dans un temps surtout où les ouvrages n'étant qu'en manuscrit, ne se multipliaient pas si aisément.

Quelque historien nous assure que, depuis Philippe de Valois, l'éloquence fut d'un grand usage en France, parce qu'on en avait besoin pour persuader les peuples, et qu'il y avait de fréquentes occasions de l'exercer dans les assemblées tant politiques qu'ecclésiastiques de la nation. Et en effet, ce qui a fait fleurir cet art à Athènes et à Rome, comme ce qui le fait briller de nos jours à Londres, est la manière dont les intérêts publics y sont traités. Les arts sont toujours des productions des besoins.

Nous sommes donc réduits à juger de l'éloquence du quatorzième et du quinzième siècle par les monumens qui nous restent de l'art oratoire. Ces monumens sont en grand nombre; il suffira d'en donner quelque essai pour faire connaître que l'éloquence, tant sacrée que profane, mise en parallèle avec celle des bons siècles, était insipide, pour ne pas dire insupportable.

Il y a cependant quelque différence à faire entre les pièces qui nous restent. Il en est qui méritent quelque attention pour le temps où elles ont été faites; car, pour bien juger, il faut toujours se mettre dans le vrai point de vue. Ici il faut distinguer le goût qui domine, dans un siècle ou dans une nation, avec les talens de l'orateur.

Les discours de Charles, duc d'Orléans, prononcés au conseil en présence de Charles VII, en faveur de Jean, duc d'Alençon, ont bien plus de noblesse et

de majesté qu'on n'en trouve communément dans les
harangues des contemporains. Nicolas Clémengis, professeur de rhétorique de l'Université de Paris, s'était
acquis à juste titre la réputation d'homme très - élo-
quent, et le titre de *vas eloquentiæ* que lui donne,
dans une de ses lettres, Jean de Montreuil, secrétaire de Charles VI. Ce savant professeur ne le cède
presque pas aux anciens, tant pour la noblesse des
pensées que pour la pureté des termes et le tour des
phrases. Son discours est paré d'ornemens naturels et
de riches applications des passages des auteurs sacrés
et profanes; mais il est trop chargé de ces citations.
Il est agréable dans ses descriptions, véhément dans
ses exhortations, sage dans ses avis, mais un peu emporté dans ses déclamations, et trop mordant dans ses
satires. Le discours qu'il fit au roi, au nom des quatre
Facultés, pour l'extinction du schisme, sera toujours
un monument de son éloquence.

Celle de Jacques le Grant, augustin, n'était pas
moins admirée alors; mais elle ne le serait pas tant
aujourd'hui. L'auteur anonyme de l'histoire de Charles VI l'appela *virum litteratum Tulliana pollentem
eloquentia, summa quoque industria ad persua-
dendum quidquid animo gerebat :* aussi crut-on à la
cour que personne ne pourrait mieux persuader celle
d'Angleterre à se prêter aux demandes de la France,
que Jacques le Grant. Il y fut envoyé en qualité
d'ambassadeur, en 1412.

A juger de l'éloquence par les autres pièces que
les circonstances nous fournissent, on ne peut que

s'en former une fort mauvaise idée. Presque tous les discours (1) faits pour ou contre, dans les disputes sur le schisme et sur la réunion, ne sont remplis que de jeux de mots, de comparaisons fades et éloignées du sujet, de preuves vagues et non concluantes. Toutes ces harangues contiennent peu de raisons et beaucoup de mots. En voici une preuve tirée du discours de Pierre aux Bœufs, prononcé dans l'assemblée du clergé de 1406 : « Je vous dirai, mes chers seigneurs, « pourquoi j'ai ceci mis en avant. Par ce cercle nommé « *Halo*, que l'on voit autour le corps du Chiel, j'en- « tends ce scisme ; car pour la grande similitude qu'ils « ont l'un avec l'autre, et en fourme de leur figure, « qui est sphérique et circulaire..... Hélas ! le scisme « présent n'a t il pas bien fourme d'un cercle, ou l'on « ne voit ni fin ni yssuë ? Plusieurs ont été scismes, « mais ce ne furent que demis cercles, ce n'était que « lignes droites, où on trouvait tantôt le bout, et les « mettait on en leur affin ; mais en ce scisme présent, « nous ne trouvons ne fond ne rive..... Si les parties « de la circonférence touchaient au point du milieu, « le cercle serait despecié ; ainsi semble-t-il des deux « seigneurs desquels dépend cette besogne. Trop bien « demeurent en tour le milieu de la raison, en tour le « point de l'union. Qui est le milieu de la raison ? qui « est le point de l'union ? c'est le point de la cession,

---

(1) On les trouve à la fin de l'*Histoire du concile de Cons-tance*, imprimé à Paris, par M. Bourgeois du Chatenet, en 1718. *Voyez* Fleuri, *Discours sur l'histoire ecclésiastique*.

« etc. » Tels furent les raisonnemens vagues et figurés de ce docteur, pour persuader la cession du pontificat.

La harangue de Philastre, doyen de Reims, prononcée dans la même assemblée pour soutenir le parti de la cour de Rome, touchant la puissance ecclésiastique, ne nous donne pas une meilleure idée de l'éloquence de l'orateur et de la justesse de ses raisons. Il distingue deux puissances, l'une spirituelle, l'autre temporelle, et les compare au soleil et à la lune : il suppose que Jésus-Christ les ayant données toutes deux à saint Pierre, les papes ont droit sur le temporel des rois.

Jean Petit, dans son discours apologétique du duc de Bourgogne, entreprend de prouver son innocence par douze raisons à l'honneur des douze apôtres.

Rien de si ennuyeux que les harangues des douze docteurs choisis par l'Université de Paris, pour l'assemblée qui se tint sous Charles VI, composée de soixante-quatre archevêques ou évêques, d'abbés et de plusieurs seigneurs et députés, pour l'extinction du schisme. On peut juger des autres par Gerson, qui portait ordinairement la parole au roi au nom de son corps. Les discours ne sont pas moins singuliers quant au dessein que pour l'exécution. Il y en a un qui commence par ces mots : *Vive le roi!* répétés trois fois. Après le texte et la division des points, il distingue trois sortes de vies nécessaires au roi, la corporelle, la politique et la spirituelle. Tout le discours n'est qu'un tissu de passages de l'Écriture et de citations des auteurs profanes. Gerson, qui faisait beau-

coup de cas de ces auteurs, n'avait point appris d'eux
à écrire. L'habitude du siècle pour les allusions for-
cées, pour le langage scolastique, étouffait dans ce
grand homme les semences admirables d'érudition, et
les essors qu'aurait pu prendre son génie naturel. On
voit du nerf dans les raisons, et point de goût dans la
manière de les exprimer. On trouve autant d'enthousiasme que de zèle dans le discours qu'il prononça
devant le pape, à Avignon, où il rapporte divers signes de la fin prochaine du monde ; et il n'y a que
la grande dévotion qu'il avait pour saint Joseph qui
puisse lui faire passer la longue digression qu'il fait
sur ce saint, dans celui qu'il prononça devant le roi
après la paix.

La harangue de Raimond Bernard, docteur en
droit, que le roi avait envoyé en qualité d'ambassadeur à l'empereur, pour le porter à reconnaître Clément VII, n'est pas exempte des défauts du siècle ;
cependant elle est mieux conduite, et plus naturelle
que la plupart de celles de ses contemporains. Il va
au fait sur le champ, et ne s'écarte pas de son sujet.
Il remonte à l'origine du schisme, il en peint pathé-
tiquement les suites funestes, et insiste sur la nécessité de le faire cesser ; mais il ne peut se passer des
fréquentes citations des lois. Je trouve aussi plus de
bon sens dans le discours du docteur Talvende, fait
en 1413 pour la paix de l'Etat. Il peint avec assez de
force et au naturel les désordres qui s'étaient introduits dans l'administration des finances, de la justice
et de la chancelerie, dans le choix des officiers et

dans la fabrique des monnaies. Il engagea le roi à travailler à la réforme de l'Etat.

Sous Charles VII, on admirait beaucoup l'éloquence du cardinal d'Arles. Les louanges que lui donne Æneas Sylvius, qui était bon connaisseur, sont la meilleure preuve que j'en puisse donner. Il dit qu'il étonnait toute l'assemblée quand il haranguait, qu'il s'attirait l'admiration de tout le monde.

Nous avons aussi une infinité de pièces et de discours de Jean Juvenal des Ursins, sous Charles VII, qui font voir la réputation qu'il s'était faite dans l'art de parler. Partout où il s'agissait de haranguer pour les affaires publiques, il était chargé de porter la parole ; mais dans la collection qu'on a de ses différentes pièces, on y trouve plutôt des monumens d'un bon citoyen, et d'un prélat zélé pour la justice et pour la paix, que ceux d'un bon orateur.

Un homme qui, sous ce règne, surpassait tous les autres dans l'art de parler, était le célèbre Alain Chartier. Marot l'appelle le *bien-disant en rime et en prose*. Tout le monde l'estimait infiniment pour son bien dire, dit Pasquier, à cause de quoi, ajoute-t-il, ses mots et ses sentences furent appelées *dorés*, et il mérita d'être appelé le *Père de l'éloquence française*. Rien de si flatteur pour lui que les tendres hommages que la dauphine rendit à sa bouche dorée, par un baiser sur ses lèvres, pendant qu'il dormait. Les lettres de cet auteur, intitulées *de Detestatione Belli Gallici, et suasione Pacis*, sont des pièces qui regardent l'éloquence.

Je ne saurais fixer la date précise du petit livre que Robert Blondel, carme, adressa à Charles VII, pour l'exhorter à extirper entièrement du royaume *la Peste des Anglais.* C'est le titre : et l'ouvrage n'est qu'une harangue pleine d'invectives contre cette nation, qui est supérieure à bien d'autres, soit pour la latinité, soit pour la force.

Il me reste à parler de l'éloquence de la chaire. L'auteur de la *Nouvelle Bibliothèque française* dit que la plupart des prédicateurs de profession étaient des religieux sans goût, sans éducation, et trop souvent sans instruction. Il est vrai que la principale étude de ces religieux était la scolastique, ordinairement même ce n'était que la scolastique. Cependant comme on n'avait rien de mieux, qu'on n'en connaissait pas davantage, plusieurs prédicateurs se faisaient une réputation dans ce ministère, et parvenaient par-là aux premières dignités de l'Eglise. Tels furent Gui d'Evreux, dominicain, Nicolas Gorham, du même ordre, sous Charles VI, Nicolas de Orbellis de Poitiers, franciscain, Pierre de la Case, Limousin, carme, et depuis évêque de Vaison, et enfin Pierre de Perpignan, aussi carme sous Charles VII.

Ce que l'on peut dire à l'honneur des prédicateurs de ce temps, c'est qu'entre plusieurs dont les sermons sont bas, puériles et indignes de porter le nom de parole de Dieu, il y en a quelques-uns qui ont débité une morale solide, et des instructions utiles, mais sans goût et sans noblesse.

Une des choses qui pouvaient le plus empêcher le

II. 8e LIV. 19

fruit des prédications, c'est que les orateurs évangé-
liques poussaient quelquefois l'indiscrétion jusqu'à
désigner les personnes contre lesquelles ils avaient
dessein d'invectiver. Jacques le Grant, homme d'ailleurs éclairé, prêchant devant la reine, mère de
Charles VI, lui reprocha, s'adressant à elle, tous ses
désordres, et ceux de sa cour. Un autre défaut des
prédicateurs, c'était de prendre part dans les disputes
publiques, de se déclarer pour les partis, et de faire
paraître un zèle fanatique pour le parti en faveur
duquel ils étaient déclarés. Quel fruit la morale pou-
vait-elle espérer de ses faux zélés?

Il nous reste fort peu de sermons entiers de ce
temps-là; et on a lieu de croire qu'il n'en faut pas
regretter la perte. Je trouve dans Echard deux prédicateurs dominicains, tous deux provençaux, et qui
prêchaient en provençal. L'un est frère Griedon,
dont les sermons roulent sur les épîtres dominicales;
l'autre est un anonyme, dont on a à Saint-Victor un
discours dans le même langage sur saint Jean-Baptiste,
divisé en ces trois points: *Lac doctrina de Veritats,
lac flor de Virginitat, lac gran Amor et Caritat.*

Mais les sermons qu'on a de Menot, d'Olivier
Maillard, de Mesuyer, et de plusieurs autres qui les
suivirent de près, nous mettent assez en état de juger
de leur valeur. Les endroits d'un sermon qu'on regardait comme les plus pathétiques, sont les pensées
du monde les plus bizarres; on y traitait ordinairement
deux sujets, l'un théologique, l'autre juridique ou
canonique, citant livres, chapitres et paragraphes. Si

l'on y cite l'Ecriture, c'est presque toujours à contre-
sens, sans aucun discernement. Les descriptions des
vices y sont pour la plupart si grossières, qu'elles sont
plus propres à faire une impression dangereuse sur la
jeunesse, qu'à en donner l'horreur. Partout des pensées philosophiques, des imaginations poétiques, et
des traits d'histoire sacrée et profane souvent dé-
placés.

Au reste, il ne faut pas croire qu'il n'y eût que des
moines inconnus qui se mêlassent de la prédication.
Les docteurs les plus célèbres, tels qu'un Pierre
d'Ailly et Gerson nous ont laissé des sermons de leur
façon, prêchés à la cour du roi et à celle du pape;
mais on voit qu'ils étaient meilleurs théologiens qu'o-
rateurs. Le style de ceux que ce dernier prêcha devant Charles VI contre les flatteurs, sur la justice, et
pour la paix, est dur et négligé; on les trouve cependant plus soutenus par le raisonnement, par la justesse dans les preuves, et par l'application de l'Ecriture, qu'on ne le faisait communément.

ARTICLE VIII.

De l'histoire et de la géographie.

L'histoire est une des parties de la littérature de
laquelle on paraissait le plus épris. On était fort soi-
gneux de recueillir tous les évènemens, d'en marquer
même toutes les circonstances; et si l'on considère
les historiens du temps quant au fond des choses,

c'est-à-dire quant aux faits, on trouvera qu'ils étaient
fort exacts à marquer les époques, à rapporter tout
ce qui tenait au prodige, rarement, à la vérité, avec
le discernement nécessaire, mais toujours avec beaucoup d'attention. La critique si utile à l'histoire n'é-
tant pas connue, on écrivait indifféremment tout ce
qu'on disait, tout ce qu'on faisait. La mauvaise philosophie laissait tout croire. Il n'y avait point d'historien parfait, mais quantité de médiocres, dont le
style est sans fard, naturel jusqu'à la platitude.

L'étude de l'histoire ancienne n'était pas fort cultivée, et on a vu qu'on n'était guère à portée de le
faire; elle n'était connue que de quelques personnes
qui se piquaient d'une littérature plus profonde, et
ces personnes étaient rares. Froissart cite quelquefois
Salluste dans ses œuvres; Monstrelet, qui vivait sous
Charles VII, mais dont l'Histoire ne parut que sous
Louis XI, en fait autant. Christine de Pisan, faisant le
détail de ses études, dit « qu'elle commença par les
« histoires anciennes du commencement du monde,
« *des Hébreux, des Assyriens, et des principes*
« *des seigneuries,* passant de l'une à l'autre, descen-
« dant aux Romains, aux Français, aux Bretons, et
« plusieurs autres historiographes. »

L'étude de l'histoire ecclésiastique était plus rare
encore; elle se réveilla cependant à l'occasion des
disputes dont nous avons parlé, parce que c'est par les
faits que les droits se déduisent et se prouvent.

Pour ce qui regarde cette partie de l'histoire du
temps où nous sommes, on eut assez soin d'en recueillir

les Mémoires; il nous en reste quelques-uns sur le schisme. Pierre Flandria, docteur en décret, a fait une espèce de recueil de tout ce qui regarde son origine et ses progrès, depuis la mort de Grégoire II. Un autre monument de cette nature est le *Journal du schisme*, depuis 1355 jusqu'en 1406, et les *Actes du schisme des papes d'Avignon*, écrits en latin, depuis 1378 jusqu'en 1428, ouvrages fort détaillés, non moins utiles pour l'histoire de l'Eglise que pour la politique.

On ne négligea pas non plus tout ce qui regarde les papes avignonais. Il n'y en a aucun dont la vie n'ait été écrite en latin par plusieurs auteurs contemporains ou peu éloignés; mais ces vies sont fort abrégées, comme on le peut voir dans la collection que Baluze nous en a donnée.

Le Verger de l'ordre des carmes, et le livre des Hommes illustres du même ordre, par Jean le Gros, Toulousain, donnés en 1409, ainsi que la Vie de saint Pierre de Moron ou Célestin pape, par Pierre d'Ailly, enrichirent encore la bibliothèque de l'histoire de l'Eglise. Le Père Montfaucon juge qu'une Histoire ou Vie des saints, qu'il a trouvée manuscrite, peut aussi être une production du règne de Charles VI : elle est sûrement du quatorzième siècle. Celle de S. Vincent Ferrier fut écrite par Pierre Ranitane, dominicain, par ordre de Martial Auribelly, Avignonais, général de l'ordre sous le règne de Charles VI, et elle a mérité d'être insérée dans les Actes des saints, des Bollandistes.

A l'égard de l'histoire civile, rien ne prouve mieux

le soin qu'on avait de ne pas laisser dans l'oubli les évènemens du temps, que l'attention que se donna Robert de Namur, chevalier seigneur de Beaufort, de faire écrire l'histoire des guerres de son temps, et particulièrement celles qui suivirent la bataille de Poitiers, par Jean Froissart, natif de Valenciennes, curé de Lessines, secrétaire de la reine d'Angleterre, et clerc de sa chambre. Comme cette histoire n'embrassait que le temps qui s'était écoulé depuis 1326 jusqu'en 1379, le comte de Blois engagea le même auteur à la reprendre. Il profita de la paix pour voyager en Angleterre, en Italie et en Allemagne; et c'est au retour de ce voyage qu'il fit un *virelay*, qui est un entretien avec le seul florin qui lui restait. Il alla en 1388 à la cour de Gaston Phœbus, comte de Foix et de Béarn, afin de s'instruire à fond de ce qui regardait les provinces du royaume les plus éloignées. Il apprit auprès de ce prince toutes les particularités nécessaires, et ramassa des mémoires historiques. L'histoire de Froissart comprend dans un fort grand détail, non seulement tous les évènemens qui se sont passés en France, mais ce qui est arrivé de considérable en Angleterre, en Ecosse, en Irlande et en Flandre; on y trouve aussi une infinité de particularités touchant les papes de Rome et d'Avignon. Mais cette multitude immense de faits différens les uns des autres ne présente souvent au lecteur qu'un mélange confus d'évènemens passés en divers temps et divers pays, dont il ne peut se faire une idée bien distincte, et qui brouillent la mémoire. La source de ce désordre est le défaut de chronologie, qui en enfante deux autres. Le premier est que lorsque Froissart passe de l'histoire d'un pays à celle d'un autre, il remonte souvent à un temps antérieur à celui dont il vient de parler, sans en avertir le lecteur. Le second défaut est que cet historien ne s'accorde souvent pas avec lui-même sur la manière de compter les années, les faisant commencer tantôt à janvier, tantôt à Pâques, qui étaient de son temps les deux commencemens de l'année, suivant les différens pays. Il y a même bien du romanesque dans sa façon d'écrire. Le détail des soins qu'il a pris, suivant qu'il nous en avertit lui-même, nous fait cependant voir qu'il avait quelque connaissance des règles de la critique et de la véritable méthode qu'on doit suivre en écrivant l'histoire. En général, cet historien vaut seul un grand nombre d'autres par l'importance des matières qu'il a traitées, et par la durée du temps dont il nous a laissé l'histoire détaillée, car il l'a poussé jusqu'en 1400. Il est accusé de partialité en faveur des Anglais et du duc de Bourgogne, ce qui paraît surprenant, vu la protection que lui accorda le comte de Blois, très-dévoué à la France. Il donne même des épithètes odieuses à toutes les nations, excepté à la française. Une anecdote qu'on lit dans le journal manuscrit de l'évêque de Castres, chancelier du duc d'Anjou, pourrait prouver ce soupçon de partialité. Il est dit que ce prince fit arrêter cinquante-six cahiers de la Chronique de Froissart, que l'auteur envoyait en 1381, pour être enluminés et puis portés au roi d'Angleterre. On peut voir un jugement plus détaillé sur cet historien dans la savante Dissertation qui est dans les mémoires de l'Académie des belles-lettres (1).

La vie de Charles V, dit le *Sage*, par Christine de Pisan, parut quelque temps après l'histoire de Froissart. Cette savante femme l'avait entreprise par ordre du duc de Bourgogne, qui mourut avant qu'elle l'eût finie en 1404. Ses visions peuvent aussi être mises au rang des monumens historiques, contenant

---

(1) C'est la pièce intitulée *Mémoire concernant les ouvrages de Froissart,* par de la Curne de Sainte-Palaye.

On y examine :

1° Le plan général de l'*Histoire de Froissart* ;

2° Le plan particulier de cet ouvrage ;

3° La division des quatre volumes dont il se compose, en chapitres, et celle du premier volume en plusieurs parties ;

4° Si ces divisions sont du fait de l'auteur ;

5° Les temps pendant lesquels Froissart travailla à la composition de son Histoire ;

6° Les recherches auxquelles cet historien s'était livré, et les soins qu'il s'était donnés à ce sujet ;

7° Quel but Froissart s'était proposé et quelles règles il avait suivies en écrivant l'histoire ;

8° La chronologie de cet historien ;

9° Et, enfin, les trente premières années dont Froissart a traité au commencement de son Histoire, d'après Jehan-le-Bel, depuis 1326 jusqu'à 1356.

Voyez les *Mémoires de l'académie des belles-lettres,* t. 20, p. 288, in-12. (*Edit.* C. L.)

tout ce qui regarde la vie de son père et la sienne, et encore mieux le livre des faits d'armes et de chevalerie qu'elle nous a laissé (1). La relation d'un voyage

---

(1) La vie et les écrits de Christine de Pisan, l'un des principaux personnages littéraires du quatorzième siècle, aurait pu fournir à l'auteur de ce Mémoire quelques pages intéressantes, et qui auraient été ici à leur place.

L'abbé Lebeuf fait, au sujet de la vie de Charles V, les observations suivantes :

« Christine marque dans les premiers chapitres de cette « *Vie*, qu'elle l'entreprit pour obéir à Philippe, duc de « Bourgogne, frère de Charles V, qui la manda pour cela, « par deux de ses écuyers, après qu'elle lui eut présenté « pour les étrennes de l'an 1403, son livre *de la Mutation de* « *fortune*. Le duc de Bourgogne, charmé apparemment du « style naïf de Christine, et trouvant beaucoup de choses à « apprendre dans ce qu'elle insérait d'histoire ancienne « parmi celle de son temps, la convia de se mettre au plus « tôt à cet ouvrage, avant que les témoins des évènemens « fussent morts.

« Elle entreprit en effet la vie de Charles V, à l'aide de « chroniques écrites sous ce prince, par où l'on voit qu'elle « entend les chroniques composées à l'abbaye de Saint-De- « nis ; et elle ajouta à ce qui s'y trouve, non seulement ce « qu'elle apprit de *plusieurs gens notables encore vivans, jadis* « *ses serviteurs*, mais aussi ce qu'elle lut dans des mémoires « du même temps, que le chroniqueur de Saint-Denis avait « trouvé trop étendus pour les insérer dans sa compilation.

« Elle partagea son ouvrage en trois livres. Dans le pre- « mier, qu'elle intitule de *Noblesse de Courage,* elle rapporte « la naissance et l'éducation de Charles, sa manière de vi- « vre depuis qu'il fut roi, le bon ordre de son palais, sa ma-

fait en Angleterre en 1396, par Nicolas du Bosc, évêque de Bayeux, garde des sceaux, pour négocier

---

« nière de voyager, ses qualités d'esprit et de corps, sa dé-
« pense, l'état de la maison de la reine, la justice et la dou-
« ceur de ce prince, son humilité, sa chasteté et sobriété,
« et autres vertus. Cette partie est presque toute entière de
« Christine.

« Le second livre roule sur la *Noblesse de Chevalerie;* on y
« voit les principales guerres de Charles, et les évènemens
« militaires les plus considérables sous son règne, avec une
« description des qualités de ses frères et plus proches pa-
« rens. Elle a beaucoup pris de Froissart et des chroniques
« de Saint-Denis en cette seconde partie. Elle les cite
« même, chapitres 11, 30, 33, 37 et 38.

« Le troisième livre s'étend sur *la Noblesse de Sagesse.*
« Elle y représente les différens arts et sciences dans les-
« quels Charles V excellait; elle y fait voir la prudence par-
« ticulière qui conduisait ce prince en toutes ses démarches.
« Le plus grand nombre des chapitres de cette partie sont
« l'effet des recherches de Christine; et à la réserve de ce
« qu'elle emprunta ailleurs, sur la réception de l'empereur
« Charles IV, sur l'élection du pape Clément VII, etc., elle
« n'a écrit que des faits qui ne sont nulle part que chez elle.
« C'est aussi de son récit que nous apprenons le détail de la
« mort exemplaire du pieux et sage roi Charles V, qui n'est
« traitée que fort superficiellement dans les chroniques. »

Les autres ouvrages connus de Christine de Pisan sont,
quant à la poésie, cent ballades, des lays, des virelays, des
rondeaux, jeux à vendre, autrement vente d'amours, autres
ballades; l'*Epistre au dieu d'amour*, le *Débat des deux amans*,
le *Livre des trois jugemens*, le *Livre du dit de Poissy*, le *Chemin
de lonc estude*, les *Dits moraux*, ou les enseignemens que

la paix entre les deux couronnes, mérite place dans les monumens historiques du règne de Charles VI.

Mais personne n'a plus contribué à enrichir l'histoire de ces deux règnes, que l'abbaye de Saint-Denis. Les grandes Chroniques de France y furent continuées par ordre de Guy de Monceaux et de Philippe de Vilette, abbés de ce monastère. On les reprit depuis 1380 jusqu'en 1415, et elles furent continuées ensuite par ordre de Charles VII. On trouve dans ce qui a été fait alors, une histoire détaillée des règnes de Charles V, de Charles VI et de Charles VII; on y démêle assez bien les intérêts des princes, les secrets

---

Christine donne à son fils ; le roman d'*Othéa* ou l'*Epistre d'Othéa à Hector*, le *Livre des mutations de fortune*. On cite encore de Christine, outre la *Vie de Charles V*, les ouvrages en prose suivans : *La Vision de Christine*, la *Cité des Dames*, les *Epistres sur le roman de la Rose*, le *Livre des faits d'armes et de chevalerie ; Instruction des princesses, dames de cour et autres ; Lettres à la reine Isabelle en MCCCCV*, *Les proverbes moraux et le Livre de prudence*. Mabillon dit avoir vu à Besançon trois livres de Christine de Pisan, intitulés : *de la Police française*, ouvrage qui, suivant le même auteur, aurait été imprimé anciennement. Enfin , nous connaissons un très-beau manuscrit d'une traduction française des *Métamorphoses d'Ovide*, dont le préambule porterait à croire que cette traduction est de Christine. Ce manuscrit, richement orné, est du quinzième siècle.

Voyez le recueil des *Dissertations sur l'hist. eccl. et civ. de Paris*, t. 3, p. 85, par Lebeuf, la Dissertation de Boivin le Jeune, t. 3, in-12 , des *Mém. de l'acad. des bell.-let.*, et Mabillon , *Voyage en Allemagne*. (*Edit.* C. L.)

des cabinets et les intrigues du schisme avec les caractères des princes contemporains; mais elles sont souvent remplies de fables, effet de la crédulité du siècle
et du défaut de critique, et sont devenues par-là la
source de beaucoup de fautes que les historiens moderne sont faites en écrivant l'histoire de France (1).

Au reste, on avait une grande vénération pour ces
chroniques; on les regardait comme les archives des
fastes de la monarchie, comme le dépôt des faits de
la nation. On y enregistrait, par ordre même du souverain, les affaires importantes. Sous Charles VI, il fut
ordonné qu'on y transcrirait une décision donnée à
l'honneur d'un prince du sang et d'un connétable
de France; aussi y avait-on recours dans les occasions
pour décider les affaires.

C'est avec raison qu'on ne regarde pas Jean Chartier, moine de Saint-Denis, comme le seul qui ait
travaillé à ces chroniques, quoiqu'il s'appelle lui-
même *chroniqueur de France;* elles sont des recueils de deux religieux qui y avaient travaillé par
ordre de leur superieur, et que Chartier, qui vivait
alors, rédigea en un même corps. On conjecture qu'un
de ces religieux était Benoît Gentien, un des moines

---

(1) On trouvera dans les additions placées à la fin de ce
Mémoire, quelques explications utiles sur les Chroniques
de Saint-Denis; ce que l'abbé de Guasco en dit ici paraîtrait
ne pas répondre à l'importance et à l'antique célébrité de ce
monument; mais il a dû se renfermer dans une époque
donnée.   (*Edit.* C. L.)

les plus célèbres de l'abbaye de Saint-Denis, qui avait assisté au concile de Constance. On voit que le compilateur de ces chroniques était fort au fait de toutes les affaires de son temps. Il est juste dans ses récits, aussi bien que dans l'ordre de l'économie de son histoire, ferme dans sa politique et sa morale ; mais sa latinité est rude et irrégulière.

Les grandes Chroniques de France ne sont pas les seules histoires qui soient sorties alors de la plume des Bénédictins. On trouve des Annales de France en latin poussées jusqu'à l'an 1450, ouvrage d'un religieux de cet ordre, ainsi qu'une chronique latine depuis 1380 jusqu'en 1422, et plusieurs autres que je passe sous silence, pour m'arrêter un peu sur *l'Histoire de Charles VII, des choses mémorables durant près de quarante ans,* par Jean Chartier, chantre de l'église de Saint-Denis, et historiographe de France ; car, dans ce temps-là, l'emploi d'historiographe de la cour était d'écrire les évènemens du règne du monarque.

L'ouvrage de Chartier n'est pas proprement une histoire suivie, où les évènemens soient liés les uns aux autres, mais des Annales, où l'auteur ramasse les évènemens grands et petits, sans liaison, mais dans un style fort simple et fort clair, et en un langage qu'on juge n'être pas mauvais pour le temps.

L'historiographe était ordinairement à la suite du roi, ainsi que Chartier le témoigne lui-même, en se disant présent aux entreprises, siéges et batailles. Cette histoire est accompagnée d'un prologue du même auteur, pour servir d'éclaircissement à son dessein. Le but de ce prologue paraîtrait fort singulier de nos jours. Il commence Au nom du Père, du Fils et du Saint-Esprit, de la glorieuse Vierge Marie, de saint Denis, patron de France, et de la Béatitude céleste. Ensuite de quoi suivent ces paroles : *Ici commence la chronique du temps de Très-Chrétien Charles VII.* Chartier ne dément point dans la suite la réputation d'homme religieux qu'il s'est acquisé par le début de son livre ; mais comme la dévotion qui n'est pas éclairée entraîne presque toujours dans la crédulité, l'auteur adopte sans peine des faits fort étranges sans autres preuves que la croyance vulgaire. Telle est la révélation touchant l'épée qui était à Sainte-Catherine de Fierbois, *venue par la grâce de Dieu*. Il n'hésite point de rapporter un conte d'un augustin, qui se donna au diable pour accomplir *ses plaisirs et délices mondaines avec une dame chevalleresse*, c'est-à-dire *chanoinesse*, et que pour cela il montait sur un manche à balai, lorsqu'il était invité par le démon de se trouver en certain lieu. Il se donne aussi la torture pour prouver pieusement l'intégrité et l'innocence de la belle Agnès, maîtresse du roi, quoiqu'il l'appelle sa *concubine*, et il porte une preuve convaincante de cette innocence : *C'est que le roi ne délaissa pas de coucher avec sa femme, dont il eut quantité de beaux et bons enfans*, et que plusieurs personnes de la cour attestaient qu'elles n'avaient jamais vu le roi toucher Agnès au-dessous du menton. Il appelle la *conquête de Rheims miracu-*

leuse, quoiqu'il n'y eût rien de si naturel. L'évêque vint au-devant du roi avec un grand nombre de bourgeois, qui lui firent obéissance : voilà le miracle. Cet auteur n'est pas non plus toujours clair et circonstancié dans ses récits. A l'an 1442, il rapporte confusément et sans distinction de temps ce qui s'est passé pendant cinq ans. Le même auteur donna encore l'histoire des différens entre les rois de France et d'Angleterre, qui n'est qu'en manuscrit.

Des histoires des Bénédictins, passons à celles qui ont été écrites par des auteurs d'un autre état. Pierre Fenin, écuyer et pannetier de Charles VI, ramassa des mémoires touchant la vie de son maître. Ils contiennent une relation historique de ce qui s'est passé depuis 1407 jusqu'en 1422. On y voit les démêlés entre Louis, duc d'Orléans, et ses enfans, et Jean, duc de Bourgogne. L'auteur paraît un honnête homme et bien instruit; et quoiqu'il fût un peu partisan des Bourguignons, il parle sans aigreur et sans passion du parti qu'on appelait des *Armagnacs.*

On ne trouve pas tant de modération dans le journal de Charles VI et de Charles VII, fait par un bourgeois de Paris, qui écrivit les évènemens depuis 1409 jusqu'en 1445, ouvrage dont on croit auteur un curé de Paris d'un esprit fort passionné, et favorisant en toute rencontre et avec excès le parti des ducs de Bourgogne. On pourrait donner à cette histoire le titre de *Chronique scandaleuse,* comme on le fit à un autre dans le temps de Louis XI.

La Chronologie depuis la création du monde jusqu'en 1422, est un ouvrage du règne de Charles VII, sur le calcul duquel il ne faut pas beaucoup compter. Les Annales de France en latin, depuis 1107 jusqu'en 1430, sont à peu près de la même date, et ne sont que des répétitions des chroniques plus considérables, dont on faisait souvent des extraits.

Nous avons cité souvent l'histoire de Charles VI, de Jean Juvenal des Ursins, un des hommes qui eût plus de part aux affaires sous le règne de Charles VI et de Charles VII. Il fut d'abord évêque de Beauvais, et ensuite archevêque de Reims; mais ceux qui l'ont fait chancelier de France, l'ont confondu avec son frère Guillaume. Dans l'histoire qu'il nous a laissée de Charles VI, il ne rapporte rien depuis l'an 1380 jusqu'en 1416, qui n'ait été emprunté de l'original de la Chronique faite par ordre des abbés de Monceaux et de Vilette, dont celle de des Ursins est l'abrégé. L'histoire de ce prélat a un caractère de vérité. Il était à la suite du prince étant maître des requêtes, ainsi il a été témoin de bien des choses qu'il raconte : mais il était du parti des Orléanais ou Armagnacs, et contraire à la faction des ducs de Bourgogne. Il est très-exact à rapporter les moindres faits, mais souvent trop crédule jusqu'à décrire de bonne foi des contes et des prodiges. Son langage est sans fard, le tout est dans le goût du temps, c'est-à-dire qu'il fait plutôt un journal qu'une histoire.

Si la réputation des auteurs donnait indifféremment du crédit à leurs ouvrages, il n'y aurait point d'histoire de ce temps plus estimée que la Vie de

Charles VII, par Alain Chartier, qui était son secrétaire. Cette Vie commence à l'an 1402, temps de la
naissance de ce prince; mais il ne paraît pas vraisemblable qu'elle soit de cet écrivain. Ceux qui ont
lu ces ouvrages verront qu'elle ne peut être d'un écrivain si judicieux en tout ce qu'il a écrit, et si élégant
dans son style. Il est donc plus probable que cette
Vie soit de Gilles Bouvier, dit *Berri* (1), qui fit aussi
la Généalogie des rois de France et le Blason des
princes et seigneuries du royaume. Il dit dans cet ouvrage que les longues guerres étant cause que plusieurs maisons ne savent plus quelles sont leurs armes,
et les titres qui en avaient été faits étant perdus, il a
cru devoir les recueillir, ainsi que les noms des maisons; et il veut que son livre, après son décès, soit
mis à Saint-Antoine, chez les religieux, pour y être
gardé : il l'avait présenté auparavant à Charles VII.

Bouvier était héraut d'armes de ce prince, comme
on le voit par son Histoire du recouvrement de la
Normandie et du reste de la Guienne, par la vail-
lance de Charles VII, en 1448. L'Histoire latine d'E-
tienne de Conty, d'Amiens, moine de Corbie, contient ce qui s'est passé sous Charles V et Charles VI,
et traite des prérogatives des rois de France sur les
autres souverains.

---

(1) Duchesne attribue cette histoire à cet auteur, Moreri
la croit de Bouvier ; Berri et Bouvier sont la même personne, selon Godefroy, dans son Recueil des Hist. de Charles VII.

Mais il faut aussi dire quelque chose des auteurs de l'Histoire de Bourgogne. Il se présente d'abord une Relation de la mort du duc Jean, tué à Montereau en 1419 : vient ensuite un Abrégé chronologique depuis l'an 1422, qui ne fut terminé que sous Philippe-le-Bon; Abrégé qui comprend tout le temps du gouvernement de ce prince, au service duquel il paraît que l'auteur était attaché, ainsi qu'au parti des Anglais, durant leur prospérité. Jean Lefèvre, de Saint-Remi, chancelier du même duc et évêque de Chartres, nous a laissé une Histoire ou plutôt un Journal historique, depuis 1388 jusqu'en 1408, dans lequel il passe légèrement sur les premières années du règne de Charles VI, et ne s'étend que sur les dernières. La profession des armes, dont Lefèvre avait été, l'avait rendu témoin des principaux faits qu'il décrit. Ajoutons le Miroir historial, compilé et ordonné par religieuse personne abbé de Saint-Vincent, de Laon, finissant à l'an 1380, et une Histoire de Flandre, écrite par Jean de Nouëlle, dit vulgairement *de Guise.*

Les exploits merveilleux de la pucelle d'Orléans exercèrent la plume de plusieurs écrivains sous le règne de Charles VII. Nous avons une histoire de cette héroïne sous le titre de *Miroir des femmes vertueuses* ou *la Patience de Griselidis,* d'un auteur anonyme. On a voulu attribuer à Gerson un recueil de Mémoires qui regarde une histoire semblable, sous le titre d'*Opus collativum de quâdam Puellâ, quæ olim in Franciâ equitavit;* mais il paraît par le style, qu'il n'appartient point à ce savant, et ce doit être l'ouvrage de Henri Gorikhem, Flamand, qui vivait en 1428, quoiqu'on l'ait imprimé dans les œuvres de Gerson.

Le duc de Bretagne, Arthus III, connétable de France, a aussi trouvé un historien qui écrivit, sous Charles VII, ses mémorables faits depuis 1393 jusqu'en 1457; mais l'auteur est inconnu, ainsi que celui qui nous a laissé la Chronique des comtes et des ducs d'Alençon, poussée jusqu'en 1431.

Il y avait au parlement de Toulouse un conseiller qui s'occupait à un genre d'histoire qui avait rapport à sa profession; c'est Guillaume Bardin, dont il nous reste une Histoire latine du parlement dont il était membre : elle commence à l'an 1382 et se termine à l'an 1449. Il donna ensuite, en 1460, celle des parlemens d'Occitanie. Quoique cet historien ait fait beaucoup de recherches sur ces sujets, on ne doit pas s'y livrer aveuglément. Il rapporte bien des circonstances touchant la réception du pape Clément V à son passage à Toulouse, lorsqu'il allait se faire couronner à Lyon, lesquelles sont fort suspectes, quand ce ne serait que par le silence de Bernard Guidon, qui était du voyage, et qui nous a donné une vie détaillée de ce pape. On ne peut accorder surtout ce qu'il dit de la réception que le parlement fit au pontife, puisque ce parlement ne subsistait point en l'an 1306, lors de ce passage, comme on peut le voir dans l'Histoire de Languedoc. Je traite ce point plus au long dans mon Histoire de Bertrand de Gout, devenu pape sous le nom de *Clément V*. On trouve dans les Gestes des Toulousains, de Nicolas Bertrand, une description historique de l'entrée du roi Charles VI, en 1389, dans la ville de Toulouse. Au surplus, Bardin s'appliqua aussi à d'autres parties de l'histoire : on connaît de lui une Histoire chronologique, depuis 1031 jusqu'en 1454, dans laquelle il se dit témoin de plusieurs faits arrivés de son temps. Le latin en est assez simple, mais plus pur que celui de la plupart de ses contemporains.

La géographie ne nous fournit pas beaucoup de richesses. Ce que nous avons de plus considérable est la Description de la France, par Alain Chartier. Il ne fut pourtant pas le seul qui travaillât sur la géographie. Gilles Bouvier, dont nous avons fait mention, fit une Description de la géographie de France.

Cette science faisait l'amusement d'un moine de Lerin, qui vivait sous Charles VI; sa Description des îles d'Hières et des villages qui y sont situés, en est une preuve. Il ne paraît pas qu'on s'appliquât beaucoup à la géographie des pays étrangers; le seul livre que je trouve y avoir rapport est l'Histoire de la découverte des Canaries, par Jean de Bethencourt, chambellan de Clément VI, et écrite dans le même temps par Pierre de Pontier et Jean de Verrier. Je puis ajouter le Voyage de la Terre-Sainte, en 1432, par Bertrand de la Broquerie, ouvrage historique et géographique.

L'*Abrégé royal de l'alliance chronologique de l'Histoire sacrée et profane*, fait voir qu'on avait quelque connaissance de la chronologie ancienne ; mais il fallait plus de critique pour que la chronolo- gie fût plus sûre.

De la poésie.

Jusqu'aux poètes de ces deux règnes, le langage poétique avait toujours conservé une certaine barba- rie, qui provenait de la langue romaine corrompue et de l'ancien franc, dont il s'était formé la langue romance : cela est cause qu'il faut commencer à étu- dier le langage, avant que de comprendre la pensée des vieux poètes. La versification n'avait pas encore été assujettie à des règles fixes ; l'idée des beaux vers n'était pas venue dans l'esprit ; ils se ressentaient tou- jours des ténèbres où le goût était enseveli depuis long-temps. Nulle règle pour l'arrangement ou pour le mélange des rimes ; mais ce qu'il y avait de pis était la manière de traiter le sujet : le sérieux est souvent un vrai burlesque.

Quelques poètes de ces deux règnes commencè- rent à faire changer de face à cette barbare poésie : ils introduisirent un langage plus poli, plus appro- chant du nôtre ; ils suivirent une versification plus régulière ; ils ajoutèrent au naïf des pensées, des ex- pressions qui leur étaient propres, et quelque chose de noble, de grand, de sublime. Il y a encore beau- coup à reprendre, il est vrai, dans la versification de ces poètes ; mais l'entier rétablissement du goût était réservé à un siècle plus éclairé. On ne fit que de commencer, et les commencemens sont toujours imparfaits.

Il y a tout lieu de croire que ces principes de bon goût dans la poésie n'étaient pas dépourvus de préceptes sur cet art; mais nous n'en connaissons que les vestiges. Le seul ouvrage qu'on peut mettre au rang d'Art poétique est un petit traité dont l'abbé Massieu fait mention, intitulé : *Art de dictier ballades et rondels,* qui a été composé par un prieur de Sainte-Geneviève de Paris, dont le nom n'est pas venu jusqu'à nous. On le regarde comme le premier ouvrage didactique de la poésie française; et il y a apparence qu'il fut fait sous le règne de Charles VI, ou tout au plus tôt sous celui de Charles V.

Car ce fut sous ce règne que naquit ce nouveau genre de poésie, qui embrassait les chants royaux, les ballades, les rondeaux et les pastourelles. Celui qui donna plus de vogue à ces poésies fut Froissart, et il fut imité et surpassé par Charles, duc d'Orléans, par Alain Chartier, et par tous les autres poètes de ce temps-là.

L'auteur anonyme (1) de l'*Art de rhétorique, de ses couleurs, figures et espèces,* qui est la première pièce de l'ouvrage intitulé : *Jardin de plaisance,*

---

(1) Fabri le cite sous celui d'*Infortuné*, et l'auteur se donne lui-même ce nom au commencement de son livre. Cet ouvrage fait connaître les différens genres de poésies qui étaient alors en usage, et les différentes façons de rimer.

qui parut sous le règne de Charles VIII, regarde les
poètes de ces règnes comme les premiers à qui l'art
des vers devait beaucoup, et nomme entre autres (1)
Alain Chartier, maître Arnould Greban et Christine
de Pisan. Il n'aurait sans doute pas manqué de nommer à la tête Charles d'Orléans, s'il avait connu ses
poésies, car elles surpassent en mérite celles de ses
contemporains. Cet ouvrage fut regardé comme le
premier qui donna des règles pour la poésie; mais il
ne fait que suivre celles que les poètes précédens
avaient suivies dans leurs compositions, et que le
prieur de Ste.-Geneviève, ci-dessus cité, avait indiquées.

On pourrait encore citer, comme l'ouvrage le plus
ancien qu'on ait sur les règles de la poésie, les Règlemens de la science *del gay Saber* (2) ou des Jeux
floraux de Toulouse, puisque la seconde partie de cet

---

(1) Par maistre Alain Chartier, à qui Dieu pardon face
    Cest art ici montre et verifie,
    Et maistre Arnould Greban bien suit sa trace,
    Christine aussi noblement versifie,
    Mesme Castel, qu'elle eut à fils pour sien,
    Que depuis fut grand rhétoricien,
    Maistre Pierre de Hurion, agile
    Imitateur très-soubtil entre mille.
    De George aussi l'Aventurier a creüe,
    Et par forme et nouvelle et subtile,
    Et par vaillant aussi entretenuë
    Entre dictés que cest art entrelasse
    Les Serventois telle forme amplifie, etc.

(2) Ces règlemens sont divisés en cinq parties, et parlent
de toutes les sciences. Ils ne sont qu'en manuscrit dans les
registres des Jeux floraux.

ouvrage est un Art poétique en vers, pour donner
des règles de la versification et des divers genres de
poèmes qui ne sont plus en usage; mais cet ouvrage,
en langue toulousaine, ne parle que de la poésie vulgaire, c'est-à-dire de la poésie en la langue du pays.

C'est donc dans les pièces de Charles, duc d'Orléans, et après lui de Villon, qu'il paraît qu'on pensa
à faire de la poésie française un art, et l'assujettir à des
règles, que l'esprit philosophique commença à conduire
la plume des écrivains; mais par malheur ces poètes
n'exerçaient leur verve qu'aux poésies galantes ou à
des pièces de plaisanterie : c'est ce qui fait dire à Pasquier que, dans ce temps-là, la poésie française ne
consistait qu'en mignardises.

Froissart avait précédé ces poètes; il écrivait au
commencement du règne de Charles VI. C'était un
versificateur très-fécond; il a fait jusqu'à trois mille
vers. Il fit un Recueil de chansons, de rondeaux et de
virelays, composés par Venceslas de Luxembourg,
duc de Brabant, qui l'avait attaché à son service; il
plaça dans ce Recueil quelques-unes de ses pièces,
et forma de tout cela une espèce de roman, sous le
titre de *Meliandor* ou de *Chevalier au soleil d'or* (1).

Ce duc étant mort en 1384, Froissart, devenu
clerc de la chapelle de Gui, comte de Blois, voulut
signaler sa reconnaissance pour son nouveau maître

_____

(1) Il parle ainsi de son Meliandor:

Dedans ce roman sont encloses
Toutes les chansons que jadis.

par une pastourelle sur les fiançailles de Louis, comte de Dunois, fils de Gui. Deux ans après, il fit un autre épithalame assez ingénieux, sous le titre de *Temple d'honneur,* à l'occasion de ce mariage, fait à Bourges en 1387. Etant en Italie, il avait fait un virelay pour le mariage du duc de Clarence, fils du roi d'Angleterre, avec Yolande, fille de Galéas, duc de Milan.

Ses autres poésies sont intitulées *Traités.* Son *Paradis d'amour* est un effort d'imagination. *La Prison amoureuse, le dit de l'Epinette amoureuse, le plaidoyer de la Rose et de la Violette,* sont des ouvrages du même auteur, ainsi que *l'Horloge amoureuse,* pièce remplie de fictions, et fort curieuse pour les lumières qu'elle nous fournit pour l'histoire des arts, et en particulier pour l'horlogerie, faisant une comparaison suivie et circonstanciée des mouvemens et des parties d'une horloge et d'un cœur amoureux. *Le dict de la Marguerite* est une fiction de la fleur connue sous ce nom; elle est écrite avec beaucoup de délicatésse et d'agrément. La tendresse y est exprimée trop vivement pour ne pas juger qu'une dame du nom de la fleur en est l'objet; car Froissart, tout clerc qu'il était, était fort galant, et quelquefois plus que galant.

Dont l'ame soit en paradis,
Que (*sic*) fit le bon duc de Brabant
VVincelaus dont parla tant;
Car un prince fut amoureux,
Gracious et chevaloureux.

Ses pastourelles sont le genre dans lequel il a le mieux réussi; cette grâce naïve et légère, qui fait presque toujours le caractère de son esprit, a passé tout entière dans le cœur de ses bergers et de ses bergères. Un riche berger qui balançait entre la crainte de perdre ou l'amour de sa bergère, qui le menaçait de le quitter s'il ne l'épousait, ou les grandes richesses que lui promettaient ses parens pour l'en détourner, fait confidence de son embarras à un de ses amis, dont les conseils se terminent toujours par ce refrain:

> Si tu peux avoir ta bergère,
> Oserais-tu demander mieux?

La bergère paraît avec deux chapeaux de fleurs; elle en donne un à son ami, qui est transporté de joie, et chacun le prend par la main,

> Et puis prirent à caroler,
> Et la bergerette à chanter
> Une chanson moult nouvelette,
> Et disoit en sa chansonnette:
> Dis moi Ansel, si t'ayt Dieux,
> Si je veuil estre ta miette,
> Oserais-tu demander mieux?

La plupart de ces pastourelles roulent sur les prix proposés, en divers endroits de Picardie et de Flandre, à la plus belle bergère d'un canton ou au berger qui chantait mieux ses amours. On a accusé Froissart d'avoir manqué d'invention pour les sujets, autant que d'invention pour les ornemens; et son style,

moins abondant que diffus, offre souvent la répétition
ennuyeuse des mêmes tours et des mêmes phrases,
pour rendre souvent des idées fort communes. Toutefois la liberté et la simplicité de sa versification ne
sont pas toujours dépourvues de grâces.

Ce fut vers la fin de la vie de Froissart que Charles, duc d'Orléans, père de Louis XII, parut sur le
Parnasse français. Je n'entreprendrai point de discu-
ter ici si la gloire est due à ce prince d'avoir le premier suivi certaines règles fixes dans l'art de la poésie; la question paraît aujourd'hui décidée en sa faveur, par la judicieuse Dissertation de M. l'abbé Sal-
lier. M. Despréaux, qui dans sa Poétique (1) l'avait
adjugée à Villon, n'avait peut-être pas connu les ouvrages du premier, qui ne sont qu'en manuscrit (2).
Supposé que Villon l'eût emporté en perfection, il
serait toujours vrai qu'il aurait été redevable au prince
de beaucoup de choses; celui-ci aurait toujours eu sur
lui le mérite de l'invention, la gloire d'avoir fait sentir
à la langue française le caractère qui lui est propre, et

(1) Durant les premiers temps du Parnasse français,
Le caprice tout seul faisait toutes les lois;
La rime au bout des mots assemblés sans mesure,
Tenait lieu d'ornement, de nombre et de césure.
Villon sut le premier dans ces siècles grossiers
Débrouiller l'art confus de nos vieux romanciers.
(*Art poétique,* vers 117.)

(2) Les poésies (choisies) de Charles, duc d'Orléans, ont
été publiées par P. V. Chalvet, à Grenoble, en 1803, et ont
reparu à Paris, sous la date de 1809, in-12. (*Édit.* C. L.)

cet air de noblesse qui la distingue. D'ailleurs, en
1431, lorsque Villon naquit, les différentes espèces
de poésies avaient déjà été assujetties à certaines règles, au lieu que le langage poétique n'avait fait que
bégayer lorsque le duc d'Orléans vint au monde, en
1494, et que ce fut lui qui commença à donner une
forme un peu plus régulière aux vers français; de
sorte que Villon a pu profiter des poésies de ce prince,
comme Marot a profité de celles de Villon. Un avantage encore, c'est qu'il y a bien plus de finesse dans
les poésies du prince que dans celles de Villon; il
avait le talent de plaisanter fort agréablement. En parlant du duc de Bourgogne, il en fait en deux mots
un portrait très-naïf:

> Hélas! qui ne l'aimeroit,
> De Bourbon le droit héritier,
> Qui a l'estomac de papier,
> Et aura la goute de droit.

Les sujets que Charles d'Orléans manie, sont de
pure galanterie, et par conséquent moins considérables par ce qu'ils ont de grand, que par ce qu'ils ont
d'agréable et d'amusant. Les idées y sont nobles, ins-
pirées par le sentiment, réglées par la bienséance, et
exprimées avec autant de naïveté que d'élégance. Je
ne pourrais rien faire de mieux que de copier ici le
jugement qu'en porte l'auteur de la Dissertation que
j'ai citée ci-dessus, si je ne craignais pas de trop
alonger. Je dirai seulement, après lui, que la galanterie de ces anciens temps n'admettait rien qui pût

offenser les mœurs ou blesser la pudeur ; et qu'en effet, avec la franchise et la sincérité gauloises, elle ne pouvait souffrir ni fausseté ni mensonge.

Les poésies de ce poète illustre sont cent cinquante ballades, sept complaintes ou lettres en complainte, cent trente-une chansons, environ quatre cents rondels : quelques-unes de ces pièces sont entièrement galantes, faites pendant la vie d'une certaine princesse que ce duc aimait ; les autres ont été composées après la mort de cette princesse, et en expriment les regrets. La plupart sont sous le titre de *Départies d'Amour*. Les dernières roulent sur *Divers propos*, pour me servir des termes du manuscrit. Dans une de ces pièces il feint que son enfance étant écoulée, et la jeunesse ayant pris le soin de le gouverner par les ordres de la nature, cette gouvernante entra un jour dans son appartement, l'éveilla pour le conduire au temple de l'Amour, où il trouverait l'abondance de tous les biens ; la crainte du danger et des peines l'empêcha d'abord de suivre les conseils de la jeunesse.

Trop jeune suis pour porter un grand faix,
Il vaut trop mieulx que je me tiengne en paix.

Mais il fallut céder, sur les promesses que son cœur ne serait point forcé. Il part pour le temple, la Jeunesse l'y fait introduire ; il rencontre

. . . . . Bel Accueil et Plaisance,
Qui de l'ostel avoient l'ordonnance.

Lors quant de nous approuchier je les vy,
Couleur changeay et de cœur tresailly.

Plaisance et bel Accueil le présentent à la divinité du temple, et la Jeunesse prenant la parole, dit :

Très-hault et noble prince,
A qui subgiet est chascune province,
Et que je dois servir et honorer
De mon povoir, je vous viens présenter
Ce jeune fils qui en moy a fiance,
Qui est sailli de la maison de France,
Creu au jardin semé de fleurs de lys.

. . . .

Amour respond : Il est le bien-venu,
Au temps passé j'ay son père cogneu,
Plusieurs autres aussi de son lignaige
Ont maintes fois esté en mon servaige ;
Pourquoy tenu suis plus de luy bien faire
S'il veult après son lignaige retraire :
Viens-çà, dit-il, mon fils, que penses-tu ?
Fus-tu oncques de ma darde feru ?
Je crois que non, car ainsi le me semble :
Viens près de moy, si parlerons ensemble, etc.

Le prince s'approchant tout tremblant, se voit présenter la Beauté par l'Amour, qui cherche à l'apprivoiser : mais cela ne fait qu'exciter sa colère ; la vie lui devient à charge, il appelle la détresse et la mort à son secours ; mais abattu aux pieds de l'Amour, l'Amour le raille et la Beauté demande grâce. Il est forcé de se rendre : il rend hommage à l'Amour, celui-ci exauce les prières de la Beauté, et le lui soumet en entier.

Tout le soubmet à vostre voulonté,
Sauve sans plus ma souveraineté.

Le poète reçoit ensuite les lois que doivent observer
ceux qui deviennent sujets à l'empire de l'Amour.
Bonnefoy, secrétaire en chef, fait la lettre de retenue
du prince par ordre de l'Amour :

Ainsi Amour me mist en son servaige,
Mais pour seurté retint mon cœur en gaige.

Les ballades (1) et les chansons de Charles d'Or-

_____

(1) Voici la ballade septième, qu'on lit dans le manuscrit
de ses œuvres :

De jamais n'amer par amours,
J'ay aucunes fois le vouloir.
Pour les ennuyeuses doulours
Qu'il me fault souvent recevoir :
Mais en la fin pour dire voir,
Quelque mal que doive porter,
Je vous asseure par ma foy,
Que je n'en sauroye garder
Mon cueur qui est maistre de moy.

Combien qu'ay eu d'estranges tours !
Mais j'ay tout mis à mon chaloir,
Pensant de recouvrer secours
De confort ou d'un doulx espoir.
Hélas ! se j'eusse le povoir
D'aucunement hors m'en bouter,
Par le serment qu'à Amour dois,
Jamais n'y lairay rentrer
Mon cueur qui est maistre de moy.

Car je sçay bien que par doulçours
Amour le scet si bien avoir,
Qu'il vouldroit ainsi tous les jours
Demourer sans ja s'en mouvoir

léans, ne sont pas ni moins nobles, ni moins naïves, ni moins agréables que ces pièces d'un autre genre(1).

L'amour de ce prince pour les lettres, et en particulier pour la poésie, mérita que Jacques le Grant, aussi poète que politique et philosophe, lui dédiât son livre de l'*Archiloge-Sophie*, dont j'ai parlé dans l'article de la philosophie.

A en juger par ce que dit ce prince en différens endroits de ses œuvres, les poètes étaient en grand nombre dans son temps; il en nomme jusqu'à trente-

---

> Nil ne veult oïr ne savoir
> Le mal qu'il me fait endurer :
> Plaisance l'a mis en ce ploy,
> Elle fait mal de le m'oster
> Mon cueur qui est maistre de moy.
>
> Il me desplaist d'en tant parler;
> Mais par le Dieu en qui je croy,
> Ce fait desir de recouvrer
> Mon cueur qui est maistre de moy.

(1) Voici un essai de ses chansons :

> Tiegne soy d'amer qui poura,
> Plus ne m'en pouroye tenir,
> Amoureux me fault devenir.
> Je ne sçay qu'il m'en avendra.
>
> Combien que j'ay oy de pieça
> Qu'en amours fault maints maux souffrir :
> Tiegne soy d'amer qui poura,
> Plus ne m'en pouroye tenir.
>
> Mon cueur devantier accointa
> Beaulté qui tant le sceut chérir,
> Que d'elle ne veult departir,
> C'est fait, il est sien, et sera.
> Tiegne soy, etc.

deux ; il met sans doute dans ce nombre les amateurs qui se plaisaient à faire quelques vers.

Il faut pourtant en tirer quelques-uns de cette
foule. Commençons par Christine de Pisan, qui vivait
en même temps. Si elle cède au prince quant à la
supériorité de la poésie, elle l'égale dans le nombre
des pièces, et peut-être qu'elle le surpasse quant à la
fertilité de l'imagination. Son langage est moins pur,
sa versification moins régulière et moins noble. Elle
nous apprend qu'elle s'attacha à la poésie après des
études fort étendues. Elle assure que le style et les
fictions poétiques lui plaisaient extrêmement. Ce fut
l'an 1399 qu'elle s'adonna à la poésie, à l'âge de
trente-cinq ans.

Ses premiers ouvrages furent ce qu'elle appelle de
petits dictiés, c'est-à-dire des petites pièces de poésies, cent ballades, des lays, des virelays, des rondeaux. La ballade où elle se plaint que les princes ne
daignaient pas l'entendre, est une des premières
qu'elle fit. On voit que la poésie était sa consolation
dans ses infortunes. *Elles ne m'avaient,* dit-elle, *encore tant grévé fortement, que ne fussent accompa-
gnées des musettes des poètes.* Ses *Dits amoureux*
sont remplis d'une telle tendresse, qu'ils donnèrent prise
à la médisance. Ses compositions lui acquirent cependant une grande réputation, même dans les cours
étrangères ; il ne tint qu'à elle de profiter des offres
qu'elles lui faisaient ; mais la philosophie et la poésie
lui tenaient lieu de tout. Elle continua à enrichir le
Parnasse de sa *Vente d'amour,* de quelques ballades,

de l'*Epître au dieu d'amour*, du *Débat des deux amans*, du livre des *Trois jugemens*, de celui du *Dit de Poissy*, du *Chemin de Longue-Etude*, des *Enseignemens* qu'elle donne à son fils, et enfin du *Romans d'Othea* (1) et du livre de *la Mutation de fortune*. On peut encore mettre au rang de ses œuvres poétiques, ses *Visions*, dialogue qu'elle fait avec dame Philosophie.

Le secrétaire de Charles VI, de Montreuil, se délassait quelquefois dans la société des Muses, de ses occupations sérieuses. On en voit des preuves dans les romans de la *Violette* ou de *Gérard de Nevers*, ainsi que dans les *Jeux des échecs amoureux*, qu'on croit de lui.

Villon, poète célèbre et Parisien, suivant l'épitaphe qu'il se fit lui-même (2), commença à se faire connaître sous le règne de Charles VII. Ce poète était né avec un génie propre pour la poésie enjouée et badine. Son style est net pour le langage de son temps, et sa rime est riche. Personne n'a peut-être jamais eu tant d'obligation à la poésie que Villon. C'était par elle qu'il avait acquis la protection du duc

---

(1) Autrement cent histoires de Troye. Othea est la déesse de prudence envoyée à l'esprit chevaloureux Hector de Troye, avec cent histoires. On peut voir la Dissertation de M. Boivin, t. 2 des *Mém. de l'Acad.*; la *Vie de Charles V*, publiée par M. l'abbé Lebeuf, et Goujet, *Bibl. franc.*, t. 9, p. 422.

(2) Je suis Français, dont ce me poise,
   Né de Paris, emprès Pontoise.

de Bourbon, qui le tira de prison, et fit changer la peine de mort à laquelle il avait été condamné, en celle de bannissement. Ce fut dans son exil qu'il fit les deux pièces en vers sous le titre de *Testament*, où il marque du repentir de ses égaremens. Ses requêtes en vers étaient apparemment des pièces qu'il avait faites dans sa prison, ainsi que ses *Repues franches*, par où l'on juge qu'il n'y avait rien de bien odieux dans les friponneries; mais il était beaucoup plus étourdi et plus fou qu'on ne permet aux poètes de l'être. Comme la plupart des autres poésies de ce poète sont des productions du règne de Louis XI, je différerai d'en parler.

Alain Chartier avait la réputation d'être un bon poète à la cour de Charles VII. On dit de lui qu'il était le plus bel esprit, et le plus laid homme de son siècle; cependant aujourd'hui, en lui pardonnant son extrême laideur, on ne serait pas si indulgent sur les qualités de son esprit. Ses compositions seraient trouvées fades et languissantes; le *Quadrilogue* entre quatre dames passe pour le plus supportable de ses ouvrages poétiques, mais il n'a pas la précision de son *Bréviaire des nobles*. On y trouve toutefois quelque chose de fleuri, des descriptions et des peintures assez vives. Les quatre dames se plaignent d'avoir perdu chacune leur amant en la journée d'Azincourt. La fin de ce poëme est une contestation entre ces quatre dames, dont chacune prétend que son sentiment doit prévaloir, et veut qu'on la plaigne comme la plus infortunée. Le poète, pour les accorder, propose de s'en rapporter au jugement de la dame qu'il aimait lui-même, dont il fait l'éloge; elles y consentent, et il lui envoyait son poëme, la priant de le lire et décider. On peut voir la qualité des vers de ce poète dans l'extrait qu'en donne M. l'abbé Goujet.

Ce Quadrilogue, comme on le sent bien, est une allégorie qui peignait les prétentions des princes, et c'était proprement une satyre contre les prétentions du roi d'Angleterre. La France y est représentée comme une reine faisant la correction aux trois Etats (1). On prétend qu'Alain composa cette pièce en 1422. Le *Débat du réveil-matin*, dialogue assez ennuyeux, roule entre deux amans qui languissent

---

(1) Sans doute l'abbé de Guasco avait lu l'ouvrage d'Alain Chartier, qu'il juge dans cette page; mais, s'il l'avait lu, il est évident qu'il l'avait complètement oublié quand il écrivait que le QUADRILOGUE de Chartier passe pour le plus supportable de ses ouvrages *poétiques*. L'auteur confond ici dans une même idée deux pièces bien distinctes; l'une en prose, qui est le QUADRILOGUE, celle où *la France est représentée comme une reine faisant la correction aux trois Etats;* l'autre, en vers, qui a pour sujet l'entretien des quatre dames sur leurs amans, mais dont le titre est LE LIVRE DES QUATRE DAMES, et non le QUADRILOGUE. On n'a que trop d'exemples de pareilles méprises. Mais les noms propres, les titres de livres et les citations sont tellement défigurés dans l'édition dont nous nous servons, et nous n'en connaissons pas d'autre, qu'on peut bien laisser au compte du prote les neuf-dixièmes des fautes qui pullulent dans cet imprimé. Nous en corrigeons beaucoup, sans oser nous flatter de les corriger toutes. (*Edit.* C. L.)

froidement pour quelqu'Iris imaginaire. La *Belle dame sans merci* est un long entretien dans le même goût, où les mêmes pensées sont souvent répétées; il est cependant regardé comme la meilleure pièce en vers de cet auteur, qui mourut l'année après la mort de Charles VII. Je croirais assez avec l'abbé Massieu, que ce n'est pas par la poésie, mais par la prose, qu'Alain se fit une si grande réputation.

Quelques écrivains ont confondu, avec les œuvres de ce poète, quelqu'une de celles de ses contemporains; mais Duchesne, en les faisant imprimer dans le même recueil, avertit dans ses notes, qu'on ne doit point les lui attribuer. De ce nombre est le poème intitulé *la Loi de la guerre*, ouvrage de Pierre de Nesson, officier en la comté de Montpensier, attaché à Jean premier du nom, comte de Montpensier. Ce prince.ayant été retenu prisonnier en Angleterre, ensuite de la bataille d'Azincourt, y mourut en 1433. Le poème exprime les regrets du poète sur cette mort, et, par ce qu'il dit (1), il fait voir que la duchesse sa femme le continua dans son office. On a aussi quelques pièces de poésies sacrées adressées à la Sainte-Vierge, sous le titre d'*Hommage de notre Dame*. Et du Verdier cite de lui les neuf leçons de Job en rime.

L'*Altercation des trois dames, la Volupté, l'Uti-*

---

(1) L'honneur que fait m'a la noble princesse,
  Lui étant pris, madame la duchesse
  De moi avoit tenu son officier
  En la bonne comté de Montpensier.

lité et *l'Elégance*, est un poëme contemporain de ceux dont je viens de parler ; mais l'auteur nous est inconnu.

La poésie était fort en honneur à la cour des ducs de Bourgogne. Ce fut par-là que Christine de Pisan y avait trouvé de la protection dans le temps que tout le monde l'abandonna. Plusieurs autres poètes y possédaient des charges honorables. Martin Franc ou le Franc, natif d'Arras, y obtint la prévôté, et un canonicat à Leuze en Haynaut. Son mérite le fit rechercher par Amédée VIII, duc de Savoie, qui, devenu pape sous le nom de *Félix V*, le fit son secrétaire, et lui donna un canonicat à Lausanne.

Nous avons parlé plusieurs fois de son *Champion des Dames* : cet ouvrage, fort utile pour connaître les poètes de son temps, est une censure du roman de la Rose, en ce qu'il est peu favorable au beau sexe. Le Franc a pour but d'en faire l'apologie, et surtout de plaire aux dames de la maison de Savoie ; c'est à leur éloge qu'il consacre une partie de son quatrième livre. Cette galanterie, selon la façon de ce temps-là, ne messéait point à un ecclésiastique. Il dédia son *Champion* à Philippe-le-Bon, amateur et protecteur de la poésie ; ce poëme fit grand bruit dans le monde, et donna une grande réputation à l'auteur ; mais elle était fondée sur une admiration que la naissance du bon goût a bien un peu dissipée, mais non entièrement détruite, commme le fait entendre l'abbé Massieu.

Les vers de ce poëme sont en huit syllabes ; il est partagé en cinq livres. Un mortel ennemi du beau sexe débute par les attaques les plus violentes; ce vilain s'appelle *Malebouche*. Le Franc prend le titre de *Franc-vouloir*, et s'efforce de répondre aux médisances de *Malebouche*, et en entrant en scène, il commence par donner l'alarme (1). Le hérault *Bouche d'or* sort du château de l'Amour, attaqué par *Malebouche*, pour parler aux ennemis, dont il a peine à tirer quelque raison; le poète décrit ce château, l'Amour et ses courtisans. Le château est un temple qui a ses autels, ses ornemens et ses ministres, même son cimetière. La Charité est la grande prêtresse, *Seris Aberti* est le curé; Espérance, Foi et Charité sont les échansons qui servent au réfectoire. On converse, on joue dans le jardin ou vergier. *Brief conseil*, l'étourdi, est l'avocat de *Malebouche*. Après avoir bien contesté, on s'accorde à prendre pour juge *Vérité*, qui était reléguée dans un coin enfumé. *Malebouche* se fortifie d'un second conseiller, qui est *Vilain penser*, qui fait mains basses sur toutes les femmes (2), en

---

(1) A l'assault, dames, à l'assault!
    A l'assault dessus la muraille:
    Cy pres est venu en sursault
    Malebouche en grosse bataille;
    A l'assault, dames, chascune aille
    A sa deffense, et tant s'efforce
    Que l'envieuse villenaille
    Ne nous ait d'emblée ou de force.

(2) Telle la mère fut, et telles
    Les filles furent et seront
    De l'homme ennemies mortelles,
    Et jamais ne s'amenderont.

commençant par Eve. Il prétend qu'il n'y en a pas
une qui pleure sincèrement la mort de son mari, si
elle est encore jeune (1). Franc-vouloir, pour répondre, fait une énumération des avantages que l'on tire
des femmes, et il s'en tire comme il peut. Il fait l'a-
pologie du mariage par l'Ecriture, les pères et les
philosophes ; il cherche à rendre sa cause meilleure
par une récrimination contre les hommes, et fait une
élite de ceux qui se sont distingués par la méchanceté.
La Vérité juge enfin, et prononce en faveur de Franc-
vouloir, en lui mettant une couronne de lauriers sur la
tête. Malebouche en crève de dépit en présence des
témoins. Franc-vouloir, pour avoir plaidé avec tant de
succès la cause des dames, demande une récompense
digne d'un ecclésiastique. Il prie,

> Que vous veuillez moi secourir,
> Dames, et en faits et en dits ;
> Veuillez pour Martin requérir
> Le royaulme de Paradis.

L'autre poème de Le Franc est l'*Estrif de fortune
et de vertu*, ouvrage poétique et philosophique. J'en
ai parlé dans l'article de la philosophie.

Jean Régnier, bailli d'Auxerre, seigneur de Guer-

_____

(1) *Dies illa, dies iræ.*
> Encor n'est-il pas accompli,
> Quand vefve à son cœur adiré,
> Et mis son mary en oubli.
> . . . .
> Et devant tous m'ose vanter,
> Que pour un mort deux vifs desirent.

chy (ou *Garchi*), était aussi un poète de la cour de Bourgogne, à laquelle il était attaché en qualité de conseiller
de Philippe-le-Bon. Nous apprenons par ses poésies qu'il
avait beaucoup voyagé dans sa jeunesse, désirant de
voir le monde. Il avait vu l'Italie, la Grèce, la Turquie, l'Arménie, etc.; il savait plusieurs langues.
Pendant les guerres entre la France et la Bourgogne,
il fut fait prisonnier et conduit à Beauvais. Ce fut
dans cette captivité de dix-huit mois qu'il s'occupa à
mettre en vers l'histoire de ses infortunes, sous le
titre *des Infortunes et adversités,* où, en débutant
par une prière fort dévote, il en commence le récit
par son emprisonnement, qu'il date à l'an 1431, 14
de janvier (1), et se plaint ainsi des traitemens qu'on
lui faisait essuyer :

> En prison fut tenu et traicté durement,
> Très-bien y fus battu, et très-vilainement.

On trouve dans le recueil de ses œuvres des lays,
des virelays, des chansons, des triolets et des complaintes; il faisait quelquefois des ballades, à l'instance
des compagnons de sa prison. Il écrivait de fréquentes

---

(1) L'an trente et ung et quatre cens
Ce quatorzième de janvier,
Perdis partie de mon sens
A l'heure que fus prisonnier :
Des compagnons de la feuillye
Fus rencontré en male estraine
Ung dimanche, dont chiere lye
Ne puis faire si tant me peine,
Et fus mené en leur demaine.

lettres de tendresse à sa femme ; on en voit d'autres qui contiennent d'excellentes maximes sur l'éducation de ses enfans : tout y respire la vertu. Dans les peintures qu'il fait des troubles de la France, il remonte jusqu'à la source des maux, qui est l'extinction de la piété, dont la cupidité a pris la place (1).

Jean Cailleau et Fredet, poètes qui étaient en relation avec le duc d'Orléans, lequel en parle dans ses poésies, étaient tous deux Bourguignons ; et les vers qu'on trouve du dernier, dans le manuscrit des œuvres de ce prince, l'emportent, pour le tour et pour l'expression, sur ceux de plusieurs de ses contemporains.

Le roi René, comte de Provence, et Gaston Phœbus, comte de Foix, étaient eux-mêmes des nourrissons des muses ; nous avons de l'un et de l'autre des pièces de vers. Je ne parlerai ici que d'un ouvrage, considérable par son étendue, du dernier de ces deux princes, qui s'était rendu aussi recommandable par

(1) Savez-vous point à quoy il tient
Que France a tant d'adversité ?
Certes toute la faute vient
Qu'on n'ose dire vérité.
Il ne cour foy ne charité,
Faux d'amour principalement
Nous oste tout amendement,
Nous chantant trop bien *placebo*,
Mais de *dilexi* n'avons cure,
Trestout si vient de *flatebo*,
Ainsi chacun se desnature,
Mais par *béquere* et par *bémo*,
Où est cil qui le bien procure ?
Qui me répond certes *Nemo*.

son amour pour les lettres que par sa valeur et ses libéralités. Cet ouvrage roule sur la chasse, qu'il aimait beaucoup ; il est en deux parties : la première est en prose, et il n'y est parlé que des différentes manières de chasser des bêtes, de la nature des animaux, et des diverses espèces des chiens de chasse. Il commence par recommander cet exercice, comme un moyen sûr de ne point pécher et de parvenir au salut éternel, parce qu'il fait éviter l'oisiveté, mère de tous les vices. La seconde partie est en vers, et plus étendue. On y trouve une partie de l'histoire de l'auteur, et une partie de celle de son temps, mais si enveloppée dans des allégories, que tout y devient énigmatique. Cette allégorie roule sur la place que le roi donnera dans son conseil à *Pitié, Grace* et *Miséricorde. Loyauté* fait l'éloge des trois ; *Droit* ne veut pas qu'elles soient seules conseillères du roi ; *Raison* appuie *Loyauté; Justice* contredit *Raison,* et donne des exemples des maux que *Pitié* et ses compagnes peuvent causer ; *Vérité* cherche à les accorder, et le roi se rend à ses avis. L'auteur fait un saut, sans savoir pourquoi, à déclamer assez long-temps contre la luxure et la gourmandise, et fait suivre cette censure d'une contestation en forme entre plusieurs personnages, dont les uns plaident en faveur des oiseaux, les autres en faveur des chiens ; et ces avocats citent pêle-mêle l'Ecriture, les Pères, les philosophes, Hippocrate, Gallien, Cicéron, Sénèque, et même des scolastiques. Ils terminent leurs disputes par un détail des différentes espèces d'oiseaux de proie et de leur propriété, qu'on s'attendait de trouver d'abord dans cet ouvrage. *Raison* conclut qu'on doit également élever les chiens de chasse et les oiseaux de proie, et prononce un arrêt en forme, en récapitulant les raisons des parties.

Des muses qui habitaient les palais des souverains, passons à celles qui vivaient en province. Un marchand de Lyon, plein de droiture et de franchise, à ce qu'il nous dit en parlant de lui-même, d'abord riche et honoré, et ensuite ruiné et abandonné de ses amis, voulut laisser à son fils, pour le temps où il pourrait faire usage de sa raison, un plan de conduite pour former ses mœurs et le préserver contre les piéges qu'il rencontrerait. Il fit en conséquence, sur la fin de la vie de Charles VII (1), un ouvrage en vers, divisé en deux parties, dont le contenu est fort sage et judicieux, mais qu'on voit bien être la production d'un homme médiocrement versé dans les lettres, et qui suppléait par l'expérience et la réflexion,

---

(1) L'an mil quatre cens et soissante,
Fut par voulenté impuissante
Romancié ce présent livre;
Alors m'estoye à délivre
Repensas oncques faire telle œuvre,
C'est à moi honte du désœuvre;
Or ainsi fais pour temps passer,
Sans douleur ne malheurté;
Gemir fait grande bicheurté.
. . . .
. . . .
Je vis encore en bon espoir,
Ne veuille vivre en bon esprit.

comme il le dit, à ce qui lui manquait du côté de
l'étude. Ce poète-marchand s'appelait *François Gué-
rin*, et il faut pardonner au méchant poète en faveur
de l'honnête homme et de la droiture.

En Normandie, un poète inconnu se donna la
peine de rédiger en vers une Chronique de France,
qui commence à la fin du treizième siècle, et ne renferme que des faits choisis par l'auteur dans l'Histoire de France. Cette histoire poétique se trouve manuscrite dans l'abbaye de Fécamp : le langage poétique en est plus barbare que dans la plupart des
poètes de son temps, qui était l'an 1423.

Mais il n'y avait peut-être pas de province où l'on
rimât tant qu'en Languedoc. Il est apparent que les
confrères en la gaye science avaient succédé aux troubadours, au commencement du règne de Charles VI,
et dont (*sic*) les premiers confrères étaient du nombre,
puisque Nostradamus finit son Histoire des Troubadours à l'an 1382; mais ces confrères ne cédaient en
rien à leurs devanciers dans l'abondance des poésies,
et ils ne les surpassaient pas infiniment dans le mérite des vers. Il est surprenant que, malgré l'encouragement que la poésie avait reçu par l'établissement
de l'académie des Jeux floraux, et malgré l'exercice
successif et continuel de faire des vers, on trouve si
peu de monumens qui soient sortis de cette société
avec une certaine réputation. Je soupçonnerais assez
que cela vient de la contrainte dans laquelle les règlemens prescrits ont dû tenir les esprits obligés de travailler sur des sujets petits, communs, et souvent

traités; ce qui vérifierait assez que ce qui resserre quelquefois les talens est ce qui semblerait devoir les étendre; qu'un certain goût académique, auquel on s'assujétit trop, étouffe le génie; et par-là les ouvrages qu'on appelle *académiques* font souvent entrevoir un esprit retenu dans des entraves dont un esprit libre, plein de la nature qu'il copie, sait se dégager pour s'élever.

Quoi qu'il en soit, l'académie des Jeux floraux non seulement ne nous fournit que bien tard des pièces de poésie en langue française, mais celles même qu'on trouve, en fouillant dans ses fastes, en langage du pays, sont plates et sans invention. Les sujets des prix étaient toujours pieux, et roulaient sur la Sainte-Vierge ou sur quelque saint. J'ai copié les pièces qui remportèrent le prix, en 1425 (1), sur un recueil qui

---

(1) *Dansa di nostra doua, par la qual hat lo gang Mestre Rai-mon Dellam, l'an 1425.*

Regina de lo cœlo hondrada
A bos yeux buelli presentar
Una dansa qu'en buellifar
En la qual bos siats laudada.
Vos nos ets tant gratiosa,
Per bostras grandas bontats,
Que si delayssham peccats,
Mais nos bos mostrats joyosa
Per queus prec Bergers sagrada
Nulhats nos done amparar,
Que no poden perilhar
Mais que siast nostra vocada.
Vos abets de nos gran cura
Dahant co bostre car filli

contient celles qui l'ont obtenu depuis cette année
jusqu'en 1455. On peut les choisir les yeux clos, elles
sont toutes du même calibre.

Les muses avaient pris un si grand ascendant dans
ce siècle, qu'elles ne se taisaient pas même au milieu
du tonnerre de la guerre ; elles prêtaient également
leur voix aux disputes littéraires, aux politiques et
aux théologiques.

Après la bataille d'Azincourt, quelques clercs, dit
Monstrelet, moult émerveillés du désastre, firent les
vers suivans, qui sont une satire sur l'état des choses :

Chief ensommé par piteuse adventure,
Prince régnant plain de sa voulenté,
Sang si divis qui de l'autre n'a eure,
Conseil suspect de partialité,

Per que nos gast de perilli
Ens dos joy que tes temps dura,
Quar tot jorn agenolhada
Dabant luy bos play estar
Per quel nos buelha montar
En la gloria desirada.
O Bergers humil benigna,
Mayre del Rey glorios,
Yeu soy de bos amoros,
Quar ets de trarsots tant digna,
Done totobra delaysseda
Caseus bos deu reclamar,
Quar Dieus no bol denegar
Causa per bos demandada.
Laure sur Tornada tetas may presada
Vos deur buelli supplicar,
Que pats nos fussats donar
Que pertot sin fermada.

Peuple destruict par prodigalité ,
Feront encores tant de gens mendier,
Qu'à un chacun faudra faire mestier.

Noblesse fait encontre sa nature ,
Le clergié craint et cele vérité ,
Humble commun obéist et endure ,
Faulx protecteurs lui font adversité ;
Mais trop souffrir induit nécessité :
Dont adviendra, que ja veoir je ne quier,
Qu'à un chacun faudra faire mestier.

Faible ennemy en grand desconfiture ,
Victorien et pour debilité ,
Provision verbal qui petit dure ,
Dont nulle rien n'en est executé ,
Regne des siens mesme persécuté ,
Ta fin sera , et ton estat dernier,
Qu'à un chacun faudra faire mestier.

On lit dans le même historien (1) une complainte
faite en 1422, et intitulée *du Poure commun et des*

---

(1) Hélas , hélas , hélas !
    Prélats , princes et bons seigneurs ,
    Bourgeois , marchands et advocats ,
    Gens de mestier grans et mineurs ,
    Gens d'armes et les trois Estats ,
    Qui vivez sur nous laboureurs ,
    Confortez-nous d'aucun bon ayde ;
    Vivre nous fault , c'est le remède.

    Vivre ne povons plus ensemble
    Longuement se Dieu n'y pourvoye ;
    Mal fait qui l'autruy tolt ou emble
    Par barad ou par faulse voye
    Perdu avons soulas et joye ,

Poures Laboureurs de France, au sujet des malheurs que la guerre avec les Anglais y causait, et on
y trouve la satire de chaque état.

En 1441, les Anglais étant assiégés dans Pontoise
par les Français, ils envoyèrent à ceux-ci une ballade
pour les avertir qu'ils ne réussiraient pas dans leur
entreprise, n'épargnant pas les épithètes de *babillards,*

> L'en nous a presque mis à fin,
> Car plus n'avons ne blé ne vin.

Et après quelques strophes sur la misère que l'on souf-
fre, on ajoute :

> Regardez-nous, et si pensez
> Que sans labour ne povez vivre,
> Et que tous sur nous vous courez,
> (Longtemps a que chacun nous pille)
> Ne nous laissez ne croix ne pille,
> Ne rien vaillant que vous puissiez,
> De quelqu'estat que vous soyez.
>
> . . . .
>
> Hélas ducs, marquis et comtes,
> Barons, chevaliers et vicomtes,
> Et nobles qui chasteaux avez,
> Vos ayglantiers et vos ronces,
> Vos officiers avec leurs pompes
> Nous ont souvent fait espoucer,
> A vos murs nous faire garder,
> La nuict à la pluye et au vent
> Trestout le corps de nous tremblant :
> Puis nous mettoient vos gens asseur
> Qu'avions dormi dessus les murs,
> Et nos robbes nous despouilloient
> Par violence durement,
> Et nous mettant à grand rançons,
> Frappant sur nous de gros bastons,
> Puisque leur disions tous bas
> Mercy pour Dieu, hélas, hélas!

de *fanfarons,* etc.; à quoi les Français firent réponse
par une autre ballade, et leur rendirent la pareille,
en les appelant *sanglans, messeaux* ou *lespreux,
puants,* etc. On voit par tout ceci que de tout temps,
en France, on a su adoucir le sort que causent les
malheurs publics par des satires ou des pièces badines.

J'ai dit que dans les combats littéraires et les disputes même sur des matières théologiques, on appelait les muses au secours. Presque toute la dispute,
tantôt sérieuse, tantôt badine, sur le roman de la Rose,
s'est passée en rimes; Christine de Pisan, Martin
le Franc et autres poètes contemporains entrèrent en
lice. Nous trouvons ici un ouvrage composé en 1459,
sous le titre singulier de *l'Amant errant dans la fo-
rest de tristesse.* Cet amant est blessé par Mélancolie,
dont il décrit la triste figure et conte les forfaits. Il
s'enfonce dans les forêts, poursuivi par l'Ennui et la
Douleur; il y trouve le *Chief des Dames,* retenue
captive et enchaînée par Mélancolie. Il prête l'oreille
pour écouter les complaintes de la belle infortunée,
qui attribue une grande partie de ses malheurs (1) à
deux livres, le roman de la Rose et l'ouvrage de Mathéolus le Bigame. Elle prétend, en qualité d'avocate
de toutes les dames du monde, qu'on instruise le procès de Jean de Mehun et de Mathéolus, que Loyaulté

(1) Las ma pouvrette jouvencelle
    Qui me tiens servante et ancelle
    Au sainct trosne de Paradis,
    Je me complains, doulce pucelle,
    Sur la douleur que mon cœur celle,

tient enfermés dans le château d'Amours, et contre qui toutes les dames ont déjà formé plainte et requis dame Justice de faire droit. Le tribunal s'assemble, les deux prisonniers comparaissent garrottés ensemble, et Noble-Vouloir plaide en leur présence la cause des dames contre les deux accusés, qui ne sont nullement épargnés. Raison parle ensuite pour l'auteur du roman de la Rose, et dit, pour l'excuser, qu'il n'a voulu aucunement décrier les dames vertueuses, et qu'il en veut plus à la jalousie ennemie du sexe qu'au sexe lui-même, dont il fait les éloges. La Justice prononce ensuite contre Jean de Mehun une sentence de bannissement (1), et Mathéolus est encore traité avec plus de rigueur.

Il n'y avait guère de fêtes où la poésie n'entrât pour quelque chose, comme on le voit encore pratiquer de nos jours en Italie, où une fête n'est pas bien

---

Ne que jamais à nul ne dis,
De deux livres faulx et mauldits
Qui sont escripts contre mon bien,
Plains de meschans et villains dits :
Dieu le scet, et vous aussi bien,
L'un a nom *Roman de la Rose*,
Où toute valeur est enclose, etc.

(1) Au regard de Jean Clopinel
Qui fist le Roumant de la Rose,
Le roy veut que de son chastel
Soit banny sans faire aultre chose :
Et pourtant il faut qu'il dispose
De s'en aller en aultre terre ;
Car la cour, ainsi que suppose,
Entreprent de lui mener guerre.

solennisée si elle n'est accompagnée de sonnets. Dans
ces siècles-là, au lieu de sonnets on les solennisait
par des ballades, des lays et des virelays. On trouve
plusieurs de ces pièces de Regnier, qu'il envoyait
comme en offrande de sa prison. La poésie trouvait
aussi place dans les tournois et dans les carrousels. On
trouve une description en vers de celui qui fut donné
en 1446 ; mais c'est assez parler de la poésie française,
disons quelque chose de la latine.

Elle n'était pas, à beaucoup près, si cultivée que la
première. L'étude des poètes latins ne paraissait pas
fort commune, et point du tout celle des poètes grecs.
On voit bien deux manuscrits de Virgile, copiés environ du temps de Charles VI ou sous Charles V, son
père ; mais on n'en rencontre pas souvent.

Les Barbares qui envahirent l'empire romain ne
pouvant donner à leurs poésies une beauté dont leurs
langues n'étaient pas susceptibles, et désespérant de
les manier suivant les règles du maître, avaient cru
qu'il y aurait de la grâce à terminer par le même son
deux parties du discours égales et consécutives : ce
fut là l'origine de la rime qui a été adoptée par les
peuples qui ont succédé à la puissance des Romains.
A peine ce goût avait été introduit, qu'on voulut faire
entrer la rime dans la poésie latine ; et ce goût en-
fanta ce qu'on appelle les *vers léonins,* et infecta le
Parnasse pendant long-temps : mais comme ce qui
fait la beauté dans une langue est souvent insipide
dans l'autre, ces vers léonins tombèrent à peu près
sous le règne de Charles VI. On en trouve cependant

encore des exemples par-ci par-là, et même dans les œuvres de Charles d'Orléans.

Les poésies latines que nous avons de lui sont intitulées *Caroles*, ce qui revient au titre de *Ballades;* elles ont peut-être été faites pour quelque procession. On les chantait comme des cantiques, la procession faisant le tour de l'église. Il y en a quelques-unes qui ont pour objet l'Incarnation. Ce prince s'adonnait à toute espèce de poésie, même à la poésie anglaise ; car étant prisonnier en Angleterre, il y apprit la langue et fit des pièces de poésie en anglais. Cette poésie venait de recevoir, ainsi que la française, un encouragement de la part de Geoffroy Chaucer, qui en est regardé comme le restaurateur en Angleterre.

Gerson, le grand Gerson trouvait de quoi nourrir sa piété dans le commerce des muses latines. Il nous a laissé un poème intitulé *Josephina* (1), parce qu'il décrit la vie de saint Joseph, pour qui il avait beaucoup de dévotion, et cette dévotion n'étouffait point en lui la verve poétique. Les vers en sont harmonieux ; on y voit de l'invention : s'il y a quelque chose à reprendre, c'est qu'une grande littérature et des études solides ralentissent presque toujours un

---

(1) Il commence ainsi :

Fontem sueverunt veteres celebrare poetæ
Sacratum musis Parnassi monte subortum,
Quem pes fodit equi ; sed habet sapientia montem
Nostra alium fontem et musas quibus altera non est :
Fons vitæ, verbum Domini sublimius exit
A cælis jugi, puro, salubrique meatu, etc.

peu le feu poétique, et altèrent la délicatesse de l'expression. En décrivant la fuite de saint Joseph en
Egypte, il l'égaie d'une fiction poétique empruntée
de ce que dit la Genèse d'Abraham arrivant en Egypte
avec son épouse Sara (1). Joseph prie en conséquence
Marie, à l'exemple de ce patriarche, de dire qu'elle
est sa fille, et il abandonne tout le reste à la Providence. Ce poème a fait que Vossius a rangé Gerson
parmi les poètes latins, dans son Histoire de la poésie
latine. Ce qu'il y a de singulier, c'est que le *Josephina*, au lieu d'être divisé en chants ou en livres,
est divisé en douze distinctions, suivant la forme théologique ; et ce poète théologien finit par une oraison
très-dévote de cent cinquante vers. Tout cela paraîtrait annoncer un poème de fort mauvais goût ; cependant il est beaucoup mieux écrit que ne le com-
portait la barbarie de la latinité, surtout celle des
théologiens de ce temps-là.

On trouve aussi des vers latins de Pierre d'Ailly ;
mais il paraît que ce sont des traductions faites en

(1) Distinct., 2 a.

Post iter emensum duri multique laboris
De procul inspicitur quæsiti terra Canopi ;
Hinc horror subitus amborum corda pavorque
Concurrit ; ipsa licet mens inconcussa resistat :
Vir prior alloquitur sponsam : cognosco decora
Quam sis, ô domina. Mens ista libidine fervens
Tædis urgetur stimulis ; si sciverit uxor
Quod mea sis, mihi nisi mors, ô virgo, paratur
Atque pudicitiæ tibi discrimen. Pharaonis
Ducet ad aspectum mox te manus improba servi ;
Sors indigna nimis.

cette langue de quelques poésies françaises auxquelles il s'était amusé dans son loisir : le mérite du poète déterminait peut-être plus à donner les traductions que celui de ses poésies.

Le poème de l'Etat corrompu de l'Eglise, de Clémengis, est plus poétique et plus connu. Il possédait bien le latin, et assez bien la phrase poétique. Il est vif dans les portraits qu'il fait des désordres et de la corruption des ecclésiastiques de son temps, ainsi que des gens du monde.

La captivité dans laquelle le roi Charles VI fut retenu par les Anglais, fit le sujet d'un poème élégiaque de Robert Blondel, carme, intitulé *Désolation de la France*. On y voit une muse inspirée par l'amour de son roi et celui de la patrie, qui peint avec assez de vivacité les maux dont elle est accablée.

On ne connaît pas l'auteur d'un autre poème rapporté (indiqué) par le Père Lelong, dont le sujet est à peu près le même que celui du premier. Il est intitulé *Carolidos de miseriis Belli Gallici*. Les exploits de la pucelle d'Orléans furent chantés par Valerand Varan, docteur en théologie de la Faculté de Paris, de l'ordre de Saint-Dominique. Ce poème comprend quatre livres, et est en vers héroïques.

La Bible mise en vers latins, avec les noms et la vie des soixante-douze disciples, que l'on voit dans le monastère de Verdun, est peut-être aussi de notre temps ; du moins est-il certain que Didier Vicstorf, licencié en droit canon à Paris, la copia en 1457, comme il le dit lui-même dans ce manuscrit.

ARTICLE X.

Des spectacles et fêtes publiques.

Chez nos dévots aïeux le théâtre abhorré,
Fut long-temps dans la France un plaisir ignoré;
De pélerins, dit-on, une troupe grossière,
En public à Paris y monta la première;
Et sottement zélée en sa simplicité,
Joua les saints, la Vierge et Dieu par piété.

(BOILEAU.)

L'histoire littéraire ne fournit pas autant d'éclair-cissemens qu'on en pourrait souhaiter sur cette matière. On peut dater l'époque des pièces comiques au règne de Philippe-le-Bel; celle des scènes tragiques ne s'éveilla que sous Charles VI.

C'est aux confrères de la basoche que la comédie doit sa première origine dans le royaume : cette confrérie était composée de clercs de procureurs; Philippe-le-Bel lui avait accordé de grands priviléges. Je ne m'arrêterai point sur cet établissement, parce qu'il regarde un temps antérieur au nôtre.

Je dirai seulement que les basochiens furent les premiers comédiens français; ils jouaient des pièces intitulées *Moralités,* et puis des farces à l'occasion des fêtes que célébrait la confrérie. Ces représentations se donnaient ordinairement trois fois par an, le jeudi avant ou après la fête des Rois, le jour de la cérémonie de la plantation de l'arbre appelé *mai,* jour solennel pour eux, et quelque temps après la montre générale des confrères. Les basochiens régalaient encore le public à l'occasion des réjouissances publiques, telles que les entrées de roi, de reine, etc.; et à cette occasion, les vertus que ces personnages avaient ou devaient avoir faisaient le sujet de la pièce.

Mais les moralités de ce spectacle n'étaient pas toujours des panégyriques : on se faisait aussi un devoir de censurer aussi les vices; les moralités mêmes toutes pures commençant à dégoûter, on y substitua des farces, et il y a de ces farces qui ne sont pas sans mérite; on y exposait les ridicules de l'avarice, de la fourberie, de la débauche, etc., mais bientôt la sale équivoque, la satyre grossière et personnelle, la médisance les dépravèrent. Les guerres civiles et ecclésiastiques sous Charles VI et VII, enhardirent encore la licence du théâtre; elles ne fournissaient que trop aux auteurs, qui quelquefois étaient eux-mêmes gens de parti. Le Parlement fut obligé d'interposer son autorité pour mettre un frein à cette licence; en permettant aux basochiens leurs spectacles, il ordonna qu'ils en retrancheraient les termes qui blessaient les mœurs et la société. On obéit mal à cet ordre, ce qui fut cause qu'en 1442 il fut arrêté qu'on ne jouerait plus qu'avec une permission spéciale du Parlement. Les transgresseurs furent punis de prison. Depuis ce temps-là jusqu'au règne suivant, il n'est plus question de ce spectacle.

Le règne de Charles VI fut le berceau d'un autre spectacle comique; il portait le nom de *la Société des enfans sans souci*, dont le chef prenait le titre de *Prince des Sots.* Les pièces qu'on jouait s'appelaient *Sottises* (ou *Sotties*), et tendaient à tourner en ridicule les défauts du genre humain. Les confrères *sots* avaient leur théâtre à la halle, et eurent l'honneur de jouer à la cour, ce qui leur procura des lettres-patentes du roi. Les farces que les basochiens avaient introduites sur leur théâtre leur donnaient trop d'affinité avec les sottises des enfans sans souci, pour ne pas s'allier avec eux. Ils s'associèrent en effet, et se donnèrent réciproquement la permission de jouer les pièces les uns des autres; par-là ces deux compagnies se confondirent, tombèrent dans le même abus, essuyèrent le même sort, furent sujettes aux mêmes révolutions; ce qui fait que du Verdier confond ces deux compagnies.

On ne connaît guère les pièces de ces comédiens. On en trouve une manuscrite à huit personnages, qui sont le Monde, Abus, Sot, Dissolu, Sot glorieux, Sot corrompu, Sot trompeur, Sot ignorant, Sotte folle. Le Monde ouvre la scène, et se plaignant que sa puissance diminue tous les jours, il s'écrie :

C'est grand' pitié de ce pauvre monde !

Abus lui dit que s'il veut rétablir son pouvoir, il faut qu'il suive Puissance mondaine; quelque répugnance qu'il ait d'abord, séduit par les discours d'Abus, il s'endort, et Abus, profitant de cette occasion, va frapper l'arbre le plus proche, qui est celui de la dissolution, d'où sort le premier Sot. Il serait trop long de continuer l'extrait de cette pièce; on le peut voir dans l'histoire du théâtre. Elle finit en priant l'assemblée (1) de ne se pas offenser des traits satiriques qu'on y a trouvés, n'étant que généraux, et n'ayant, y dit-on, pour but que la correction des hommes.

Les pièces de ceux qui chaussèrent le cothurne sont beaucoup plus connues que celles du théâtre comique. Cette troisième espèce de spectacles surpassait les deux autres, tant par la magnificence dont ils étaient accompagnés, que par les personnages qui en étaient les acteurs, et par le grand nombre de villes qui les avaient adoptés. On sent que je veux parler des *Mystères de la Passion*.

Il se forma à Paris, sous le règne de Charles VI, une Société pour représenter une espèce de poëme en dialogue, sous le titre de *Passion*. Les premiers confrères dressèrent leur théâtre dans l'hôpital de la Trinité, dont ils firent l'acquisition; et pendant un certain temps ils donnèrent en spectacle divers mystères que le roi honora de sa présence. Pour obéir ensuite aux ordres du Parlement, qui défendit de jouer aucun sujet tiré de l'Ecriture sainte, ils louèrent l'hôtel à la troupe des comédiens dont nous venons de parler il

----

(1) Seigneurs et dames de la ronde,
Si un rien vous avons forfaict,
Pardonnez-nous, car nul meffaict
Ne prétendons, ne faiz ne diz,
A Dieu qui nous doint paradis.
Deo gratias.

y a un moment; mais il y a apparence que cette sou-
mission aux ordres du Parlement ne fut pas de longue durée, puisqu'on trouve des pièces avec la date
de l'année où elles furent représentées, après même
cette défense. Le succès que ce spectacle avait eu à
Paris, piqua d'émulation les villes des provinces, et
on joua les mystères à Angers, à Saumur, à Metz, etc.

Sous le règne de Charles VII, les confrères de la
Passion s'associèrent avec les Enfans sans souci pour
relever le goût sérieux de leurs spectacles; mais ils ne
partagèrent point leur vicissitude. On les voit représenter, dans les temps les plus turbulens, des guerres
civiles.

Les premières pièces qui furent jouées, furent celles du *Mystère de la Conception, Passion et Résurrection de Jésus-Christ*, dont la représentation se
faisait en six jours, pendant lesquels on rendait en
jeux de théâtre toute la vie de Notre-Seigneur. On
représentait aussi l'histoire des saints, qu'on appelait
également *Mystère*, de la dénomination des premières pièces, qui roulaient en effet sur les mystères. On
trouve le *Mystère de sainte Barbe*, divisé en cinq
journées, pièce préférable à bien d'autres par la singularité de la versification, la simplicité des caractères et le jeu du théâtre.

La règle du temps ne fut pas toujours fixée ni à six
ni à cinq jours. Il y avait des pièces qui n'en duraient
qu'un, d'autres deux, d'autres trois. Le *Mystère de
la Passion* commence au sermon de saint Jean, et finit à la décollation et enterrement du saint; première

journée. La seconde journée contient le miracle de la Chananéenne jusqu'à ce que Jésus-Christ entre dans Jérusalem. A la troisième journée, Jésus-Christ paraît devant Pilate. La quatrième commence par les remords de Judas, et finit à la sépulture du Sauveur, gardée par des soldats. Le *Mystère de la Résurrection* commence par la représentation de ce triomphe de Jésus-Christ, et se termine par la descente du Saint Esprit sur les apôtres. Le *Mystère de sainte Catherine,* joué en 1434, est distribué en trois journées.

Les personnes les plus qualifiées jouaient un rôle. Le doyen de Saint-Martin fit celui de Jésus-Christ dans le mystère qu'on joua à Angers. Sire Nicole de Neufchatel, curé de Saint-Victor, fit celui de Jésus-Christ en croix, à la représentation du *Mystère de la Passion,* que Conrad Bager, évêque de Metz, fit jouer en 1437 dans cette ville, avec une magnificence étonnante, et pour lequel il avait invité la noblesse de Lorraine et du Palatinat. Apparemment que le rôle de Notre-Seigneur devait toujours être joué par un prêtre, puisque le curé s'étant trouvé fort mal sur la croix, il fallut le remplacer par un autre, qui était aussi prêtre. Un autre prêtre qui faisait le rôle de Judas, et qui le joua jusqu'à la pendaison de ce traître inclusivement, se trouva aussi presque mort, *car le cœur lui faillit, et fut bien vite dépendu.*

Ces spectacles se donnaient de jour, puisqu'à cette occasion on avança l'office de la cathédrale le matin, et on retarda les vêpres. Les villes contribuaient aux frais du théâtre, et peut-être même la province, car on voit dans le compte rendu à la nation d'Anjou, par Jean Binel, alors procureur de cette nation, qu'il est question d'une somme *pro mysterio Passionis*.

Le nombre des personnages était infini. Dans le *Mystère de la Conception de la Sainte-Vierge,* on en compte jusqu'à quatre-vingt-dix-sept, non compris ce qui composait le paradis, où l'on voyait *Dieu en une chaire parée,* dit l'éditeur d'un de ces Mystères, *et à côté dextre de lui, et sous elle, Miséricorde, au senestre Justice, et sous elle Vérité, et tout autour d'elle neuf ordres d'anges les uns sur les autres.* Il faut croire cependant qu'une partie de ces figures de décoration étaient peintes. On n'admettait point les femmes à jouer des rôles; ces rôles étaient représentés par des hommes travestis en femmes. Dans le *Mystère de sainte Catherine,* joué en 1434, Jean Didier, notaire, fit celui de la sainte.

Le devant des théâtres était de la même forme que les nôtres, mais le fond en était différent. Plusieurs échafauds qu'on nommait *établies,* les remplissaient. Les plus élevées de ces établies étaient destinées pour le paradis; les scènes étaient au-dessous, le palais d'Hérode, la maison de Pilate étaient au troisième rang. Aux deux côtés du théâtre étaient des gradins où s'asseyaient les acteurs, après avoir débité leur rôle, car ils ne disparaissaient jamais à la vue des spectateurs, tant qu'ils avaient quelque chose à dire, pratique dont Jules Scaliger se moque dans sa *Poétique.* A l'endroit où est la trappe était l'enfer, figuré par une gueule de dragon, qui s'ouvrait et se fermait à

l'entrée et à l'issue des diables. Comme il y avait certaines actions qui ne devaient point se passer sous les
yeux des spectateurs, telles que l'accouchement de la
Sainte-Vierge, etc., il y avait une niche couverte d'un
rideau destinée à cela.

Lorsqu'on n'avait pas des habits faits exprès, l'on
se servait d'ornemens d'église. Villon, retiré chez
l'abbé de Saint-Maixent, en Poitou, pour donner du
passe-temps au peuple, dit Rabelais, entreprit de faire
jouer en langue poitevine la passion et gestes de Notre-Seigneur. Les rôles distribués, les acteurs reco-
lés, le théâtre prêt, Villon dit aux maires et aux éche-
vins que le Mystère devant être prêt à l'issue de la
foire de Niort, il fallait chercher des habillemens.
Comme l'on n'en trouvait pas un assez beau pour celui qui devait représenter le Père-Éternel, Villon demanda au sacristain des cordeliers une chape magnifique de l'église. Sur le refus que fit le sacristain,
fondé sur la défense des statuts provinciaux de prêter
les ornemens d'église pour le théâtre, Villon allégua
l'usage de Bruxelles et d'autres lieux. En effet, il n'é-
tait pas plus indécent de se servir des ornemens sacrés, que d'y voir un doyen du chapitre jouer un
rôle.

La représentation des pièces commençait ordinairement par le *Veni Creator*, cela est marqué sur le
Mystère de la Résurrection, qui fut joué à Angers,
en présence de René, roi de Sicile; suivait un prologue, introduit à cause du tumulte que l'on faisait en
prenant place, qui empêchait d'entendre le commen-

cement de la pièce. Ce prologue n'était par conséquent récité que par manière d'acquit par les acteurs.

Les Mystères qui ont été composés et joués sous
nos deux règnes, sont celui de *la Passion*, daté de
1380 (*sic*), qui a servi de modèle à ceux qui ont été
composés dans la suite; celui *de Griselidis* en 1395,
celui *de la Résurrection* en 1404, *du Vieux Testament* en 1406, *de sainte Catherine* en 1434, *de la
Vengeance* en 1437, *de la sainte Hostie* en 1444,
des Actes des Apôtres en 1450, *de la Destruction
de Troye* en 1459.

Les sujets de ceux *de Griselidis* et *de la Destruction de Troye,* nous font voir qu'on donnait le nom
de *Mystère* même aux pièces dont le sujet était tiré
de l'histoire profane.

Griselidis, marquise de Saluce, appelée *le Miroir
des femmes,* fournit une tragédie d'environ deux
mille vers. C'est une servile imitation, en vers barbares et dans un goût romanesque, de l'action du roman
qui porte le même titre. Le marquis de Saluce, qui
fait son goût dominant de la chasse, est pressé par
ses sujets de se marier; il épouse une paysanne, la
répudie avec dispense du pape; elle reprend ses hail-
lons, mais la pudeur l'oblige à prier son mari de lui
laisser la chemise qu'elle porte; le marquis y consent;
on lui amène une fille âgée de 12 ans, qu'il a eue de
Griselidis; il veut l'épouser et lui donner pour femme
de chambre la marquise répudiée; celle-ci se soumet;
le marquis, charmé de cette rare patience, déclare à
Griselidis que c'est sa fille, qu'il va la reprendre, et

déclare qu'il n'a fait tout cela que pour l'éprouver, et la pièce finit par des réjouissances des bergers de la contrée.

Le *Mystère de la Destruction de Troye* contient environ quatre mille vers; il fut composé par Jacques Mirlet, étudiant ès-lois à l'université d'Orléans : à la réserve de quelques traits, le poète a tiré tout le fond de sa pièce d'un livre intitulé *Histoire de Troye*, dont il a souvent corrompu les noms propres.

Le *Mystère de la sainte Hostie* fut composé pour perpétuer un miracle arrivé le siècle précédent, et qui avait donné occasion de fonder les Carmes-Billettes. Une femme avait vendu une hostie à un Juif, qui, l'ayant percée d'un coup de couteau, en vit sortir du sang (1). La pièce est d'environ quinze cents vers; la poésie en est très-faible et l'auteur inconnu, ainsi que celui du *Mystère du Vieux-Testament*, qui est d'environ soixante-deux mille vers.

Le mystère le mieux versifié de tous, est celui des *Actes des Apôtres*, de 1450. On y trouve des endroits assez bien écrits. Il est d'Arnould Greban et de son frère Simon.

En général, la versification de toutes ces pièces est fort mauvaise; les endroits les plus sacrés de l'Ecriture y sont rendus d'une manière bouffonne, les mys-

_____

(1) La relation en prose de ce miracle, d'après des titres anciens, forme le sujet principal d'un livre publié à Paris en 1634, sous le titre de *le Sacrifice de la Croix représenté en l'Eucharistie par l'Hostie miraculeuse*. In-8°, fig.

tères les plus saints y sont profanés par le poète, et doivent l'être par l'auteur (l'acteur). Un amas confus de traits d'histoire sacrée et profane faisait la plupart du temps le sujet du poème; dans celui *du Vieux-Testament,* on fait entrer la création du ciel et de la terre, la sortie d'Egypte, le passage de la mer Rouge, la conquête de la Terre-Sainte, et cela fait le sujet de la première partie. Les histoires de Job, de Tobie, de Daniel, de Suzanne, d'Esther, d'Octavien, empereur, de la sibylle Tiburtine et les prophéties des sibylles composent la seconde.

Ce mélange grotesque de sacré et de profane, de sérieux, de solant (*sic*), de comique et de poétique, entrait dans presque toutes les réjouissances publiques. Je regrette fort que trop de longueur m'empêche de décrire ici celle qui fut donnée avec une magnificence très-grande par le duc de Bourgogne, et que de Coucy, témoin oculaire, décrit dans son histoire. Lorsque ce prince fit son entrée publique dans Gand, en 1458, on plaça sur une espèce de théâtre, à la porte de la ville, des personnages qui tenaient des rolets entre leurs mains, sur lesquels étaient écrits des passages de l'Ancien et du Nouveau-Testament, appliqués en dépit du bon sens. Les uns de ces personnages représentaient les prophètes et les apôtres, d'autres l'enfant prodigue. David y était représenté, fléchi par Abigaïl; ensuite paraissait le berger de l'Evangile portant la brebis égarée, le tout avec le texte de l'Ecriture relatif aux circonstances. On y voit Jules César au milieu de douze sénateurs, et Cicéron récitant l'oraison *Diuturni silentii*, sur un château postiche. On voyait, d'un autre côté, quatre enfans et deux hommes qui chantaient, dit l'historien, une nouvelle et joyeuse chanson, dont le refrain était :

Vive Bourgogne est nostre cri.

Cette pièce, en trois couplets, est plus digne des cris populaires que d'être débitée au nom d'une ville.

Lors de l'institution de l'ordre de la Toison-d'Or, le même duc voulant mêler la joie avec la piété de cet établissement, il introduisit une dame masquée qui représentait l'Eglise affligée, et qui débita les vers suivans :

Vous chevaliers qui portez la Toison,
N'oubliez pas le très-divin service ;
Et vous aussi nez de bonne maison,
Gentilshommes, voicy belle ochoison
Pour acquerir de los le benefice :
Mon secours est pour jeunes gens propice,
Les noms croistront et l'ame encherira,
Du service que un chascun fera.

Il ne faut pas croire que ce ne fût là qu'un goût flamand ; les fêtes qui se donnaient à Paris et dans les provinces de France n'étaient pas dans un goût moins bizarre. A l'entrée d'Henri VI, roi d'Angleterre, à Paris, on avait élevé un échafaud à la porte de Saint-Denis, sur lequel se voyaient trois hommes sauvages comme dans un bois, et une femme, qui combattaient les uns contre les autres ; pas loin de là, dans une fontaine jetant de l'hypocras, étaient trois sirennes; en avançant plus avant, se présentaient des personnages sans parler, qui représentaient la nativité de la Vierge, son mariage, l'adoration des trois Rois, les Innocens, et le bonhomme qui sème son blé. La légende de saint Denis était dans un lieu élevé, et fut vue des Anglais avec plaisir, dit Monstrelet.

Alain Chartier décrit l'entrée de Charles VII dans Paris, et dit que le long de la rue de Saint-Denis, des personnages jouaient l'annonciation de Notre-Dame, la nativité du Seigneur, sa résurrection, pentecôte, le jugement, ce qui *séeoit très-bien*, dit-il, *car il se jouoit devant le Chastelet, qui est la justice du roy* (1).

La reine Isabeau de Bavière, femme de Charles VI, n'avait pas été reçue moins solennellement en 1389. Voici comme Froissart la décrit : « Il y avoit un écha- « faut et sur l'échafaut un chastel, et là au long de « l'échafaut estoit ordonné le pas du roy Salhadin,.... « les chrestiens d'une part, et les Sarrazins de l'autre; « et là estoient par personnages tous les seigneurs de

----

(1) Guasco aurait pu citer comme une des circonstances les plus singulières de cette entrée, la marche des sept vertus personnifiées et des sept péchés mortels, chevauchant sur *diverses bêtes*, spectacle qu'égayaient encore des tableaux du purgatoire et de l'enfer, et la représentation de saint Michel pesant dans sa balance les âmes des trépassés. (*Chron. de Berry.*)   (*Edit.* C. L.)

« nom, qui jadis au pas de Salhadin furent et ar-
« moyés de leurs armes...... Et quand la royne de
« France fut amenée si avant en sa litière, que devant
« l'échafaut,.... le roy Richard se départit de ses com-
« paignons, et s'en vint au roy de France, et luy de-
« manda congé pour aller assaillir les Sarrazins, et le
« roy luy donna. » Le congé pris il se fit un combat;
Dieu parut sous un ciel étoilé, accompagné de sa
Mère, de son Fils, du Saint-Esprit, de petits enfans
de chœurs habillés en anges, *laquelle chose,* dit
Froissart, *on voyoit moult volontiers;* ces enfans en
tenant en main une couronne d'or garnie de pierres
précieuses, qu'ils mirent sur la tête de la reine, chantaient mélodieusement ces vers :

Dame enclose entre fleurs de lys,
Royne estes vous de paradis,
De France et de tout le pays,
Nous en r'allons en paradis.

Vit-on jamais des mélanges moins assortis, plus
comiques de sacré et de profane? On soutenait cependant alors que cela était parfait, délicieux, ravissant,
comme on fait de nos jours à l'égard de bien des
choses qui ne sont peut-être pas moins bizarres, et
qui feront rire nos neveux (1).

---

(1) Oui, on vit beaucoup et presque toujours de ces mélanges grossiers, monstrueux, dans ces siècles d'ignorance
et de simplicité. C'était la conséquence naturelle de l'état
social des hommes qui les inventaient et s'en amusaient. Il

ARTICLE XI.

De la musique.

Il faut que je dise quelque chose de cet art, parce que ceux qui ont couru la carrière dans laquelle j'entre, à l'égard des règnes précédens, en ont parlé.

A en juger par ce que nous dit M. l'abbé Lebeuf dans son Traité du chant ecclésiastique, la musique

---

est juste de convenir, d'ailleurs, que les spectacles de cette nature n'étaient pas tous également bizarres et de mauvais goût. On est surtout choqué de l'ensemble.

L'esprit d'ordre ne peut se familiariser avec cette association de tableaux disparates; mais si l'on sépare chaque partie de son cadre, on trouve dans quelques épisodes des détails spirituels, gracieux, et dont l'effet devait être plus ou moins agréable. Par exemple, on avait disposé pour l'entrée d'Henri II, devant la principale porte de Reims, un théâtre orné de superbes colonnes et surmonté d'une pomme suspendue au milieu d'une auréole resplendissante, en forme de soleil. A l'arrivée du roi, la pomme s'ouvrit et laissa à découvert un cœur d'où sortit une jeune fille de neuf ans, qui présenta les clefs de la ville à Sa Majesté, en lui adressant un compliment en vers. Les clefs remises, la jeune fille reprit sa place dans le cœur. Le cœur se referma, rentra dans la pomme, et rejoignit le soleil, qui s'épanouit aussitôt en fleurs de lys. Cette invention est assurément des plus ingénieuses; mais on est fâché de voir succéder à la nymphe solaire une vilaine troupe de satyres et de monstres marins qui n'avaient que faire au sacre du roi très-chrétien.

d'église ne gagna rien dans le temps que nous parcourons; elle continua dans le même état où elle
était auparavant. Cependant Martin le Franc parle de
la musique (1) de son temps, comme si elle avait acquis bien de la perfection en comparaison de ce qu'elle
était dans les siècles passés. Il nomme même des musiciens qui avaient fait il n'y a guère l'admiration de
Paris.

En effet, le siècle précédent avait produit des règles de musique en français. Ces règles étaient appelées en langage vulgaire, *déchant*, et *discantus* en
latin, c'est-à-dire chant à deux voix. Regnier, dans son
testament, demande qu'on emploie cette musique.

> Il me suffira d'une messe
> De requiem haute chantée,
> Au cueur me feroit grande liesse
> Se estre pouvoit deschantée.

---

(1) Pour le temps de maulvais Caïn,
Quant jubal trouva la pratique
En escortant Tubalcaïn
Accorder les sons de musique,
L'art ne fut pas si authentique
Où elle est au temps de présent, etc.

Tapissier, Carmen, Cesaris,
N'a pas longtems, si bien chantèrent,
Qu'ils ébaïrent tout Paris
Et tous ceux qui les frequentèrent;
Mais oncques jours ne deschantèrent
En mélodie de tel chois,
Ce m'ont dit qui les escoutèrent,
Que Guillaume Fay et Binchois.

Mais c'était demander l'impossible, car on ne se servait point de cette musique aux messes de *requiem*, selon M. l'abbé Lebeuf.

C'est sans doute à ce déchant nouvellement introduit dans la musique, que se rapporte ce que nous dit encore le Franc :

> . . . . ; Ils ont nouvelle pratique
> De faire frisque concordance
> En haulte et en basse musique,
> En fainte, en pause et en nuance,
> Et ont pris de la contenance
> Angloise, et ensuivis dans table ;
> Pourquoy merveilleuse plaisance
> Dans leurs chants joyeulx et notables.
> De bas et de haults instrumens
> On a joué le temps passé,
> Doubter n'en faut, très-doulcemens
> Chascun selon son pourpensè;
> Mais jamais on n'a compassè
> N'en doulcine, n'en flajolet,
> Ce qu'ung, n'a gueres trepassé,
> Fesoit, appellé Verdelet.

Il paraît, par ce que le Franc dit ici, qu'on avait pris quelque chose des Anglais, qui aimaient fort la musique, et qui la cultivaient bien plus que les Français; de sorte que les plus habiles musiciens français étaient honteux de chanter devant les Anglais, tant ceux-ci les surpassaient.

Une chronique, en parlant de Jean II, duc d'Alençon et de l'état de sa maison, vante beaucoup ce prince d'avoir eu d'excellens musiciens à sa cour. Dans une fête donnée à la cour de Bourgogne, décrite par de Coucy, durant le repas, il y avait des chantres et des orgues dans une grande salle. C'est peut-être à cette fête que se rapporte ce que dit encore Martin le Franc de l'excellence des musiciens anglais.

> Tu as bien les Anglois ouï
> Jouer à la court de Bourgogne,
> N'a pas certainement ouï
> Faire jamais telle besogne.
> J'ai vu Binchois avoir vergogne
> Et soy faire emprés leurs rebelles,
> Et Fay despité et frongné
> Qu'il n'a mélodie si belle.

On apprend encore des historiens du temps, que Gaston Phœbus et d'autres princes aimaient fort la musique, et c'était un usage assez commun que les princes et les grands seigneurs eussent des bandes de musiciens qui leur étaient attachés, et surtout des joueurs d'instrumens; car la musique instrumentale était plus en usage que la vocale. Si cela est, il paraît bien singulier que les rois jusqu'à François Ier aient continué à avoir des lecteurs, qui pendant leur repas lisaient des faits historiques, au lieu d'avoir des musiciens, comme nous l'apprend encore M. l'abbé Lebeuf; mais on sait que dans les cours l'étiquette fait durer plus long-temps les anciens usages, et est souvent une barrière contre les nouveaux. Apparemment qu'à la cour de Bourgogne, où tous les arts avaient un accès facile, on n'était pas si fort sur l'étiquette, car la musique y accompagnait les repas. Regnier, bailli d'Auxerre, poète distingué de cette cour, nous dit, dans une de ses complaintes, qu'il aimait fort la musique, et qu'il savait toucher divers instrumens, plaisir auquel il s'exerçait souvent avec les autres amateurs de cette cour.

Les spectacles, les tournois, la fête des fous ne se faisaient pas sans musique. A cette dernière fête on voyait une troupe de joueurs de cornets et d'autres instrumens semblables, et il y avait un chef des ménestriers, qu'on appelait l'*abbé des cornards* (ou Conards), *abbas cornardorum ;* il était comme le maître de chapelle. On en voit une trace par un quatrain de Regnier dans son testament :

> Encor vouldroi-je bien avoir
> Des menestriers trois ou quatre ,
> Qui de corner fissent devoir
> Devant le corps pour gens esbattre.

L'histoire du théâtre nous apprend qu'aux représentations des mystères, les trompettes, les tambours, les orgues et autres instrumens retentissaient dans le théâtre; mais il y avait outre cela des personnages qui chantaient leur rôle. Celui qui jouait le rôle de David dans la représentation de la Nativité et de la Passion de Notre-Seigneur à Rouen, devait accompagner du son de la harpe une partie des vers qu'il chantait; mais quand on ne pouvait point trouver des acteurs qui sussent chanter et jouer d'instrumens, on

supprimait le chant : c'est ce que dit une note marginale qui se trouve sur le mystère que je viens d'indiquer, et elle nous fait connaître aussi qu'il y avait
des chœurs, car il y est dit : *Adonc chantent le pre-*
mier vers de la chanson qui suit, et puis les joueurs
d'instrumens derrière les anges répétent icelui vers,
tandis que les anges qui tiennent les instrumens
font manière de jouer; après les anges chantent le
second vers, et puis les instrumens répètent trois
lignes; après les anges chantent le tiers vers, et
puis les instrumens tout le premier, et puis la fin.
Si cela est, la représentation des mystères ne fut pas
seulement le berceau de la tragédie, mais aussi de
l'opéra français.

Cette musique, au reste, n'était guère que du plain-
chant; on ne connaissait point encore l'impression
des caractères de musique; on les ajoutait à la main
dans les interlignes. On voit cela par un rondeau que
l'on trouve dans le mystère dont je viens de parler ;
voici comme il est disposé :

Au nouveau sceu de la conception
  Du fils de Dieu, pour la rédemption
   Qui veult faire d'humaine créatu . . . . . re,
   Qui estoit cheuë en pe . . . chié et ordu . . . . . re,
Chascun au Chiel maine exultation ;
Faisons grands bruits, chansons multiplions,
Toutes nos voix ensemble despléons,
Nul ne feigne et chascun y ait cure
        Au nouveau sceu,
Tenor.   Au nouveau sceu,

Contrenor.   Au nouveau sceu,

Concordans.   Au nouveau sceu,

Des instrumens prenons ung million,

Et encor plus, bref tout y employons;

Car aujourd'huy a uni sa facture

Avec soy (*sic*) le hault Dieu de nature,

Et a toujours sans séparation.

Au nouveau sceu,

Au, etc.

Ceux qui chantaient à ces spectacles étaient pour l'ordinaire les musiciens des églises, car ils n'étaient pas communs hors de là; il n'y avait même guère de maîtres de musique que ceux qui présidaient à celle des églises, où elle était d'un usage assez général, dans les cathédrales et collégiales.

ARTICLE XII.

De la peinture, sculpture et architecture.

Il y avait un peu moins d'un siècle que le goût de la peinture s'était renouvelé en Italie; ce goût avait produit le Spinello, le Girardo, le Sternino, qui alla travailler en Espagne; le Lappo, Lorenzo, Camaldolo, Tadeo, Bartolo, Paolo, Vuello, Mazzolino, Mazzacei, Pietro Volto son disciple, et surtout le Ghiotto (ou Giotto), qui porta les prémices du bon goût en France, comme il avait le plus contribué à le faire renaître dans son pays. Ce peintre avait été attiré à Avignon par le pape Clément V, et il s'était arrêté long-temps dans ce pays-là, travaillant dans cette ville et dans d'autres de Provence.

Sous le règne de Charles V, un autre peintre italien était aussi venu à la cour d'Avignon, envoyé par Pandolfe Malatesta, seigneur de Rimini, qui souhaitait passionnément d'avoir les portraits de Pétrarque et de la belle Laure. Ce peintre s'appelait *Simon Mummi,* de Sienne, à la louange duquel Pétrarque fit deux sonnets pendant qu'il le peignait.

Ces transmigrations de peintres italiens portèrent le goût de la peinture dans cette partie méridionale de la France; elle y fut encore encouragée par les comtes de Provence, qui, ayant des Etats en Italie, frayaient avec les peintres de cette nation; et c'est par cette raison que la peinture paraît avoir été plus cultivée en Provence que dans les autres parties du royaume. Le roi René lui-même en était professeur, et il nous reste quelques tableaux de son pinceau.

Cependant cet art s'était répandu dans plusieurs autres pays de l'Europe, et les Flamands furent ceux qui s'y adonnèrent avec plus d'ardeur. Il devint un titre de distinction auprès de Philippe, duc de Bourgogne, chez lequel tous les talens devenaient recommandables, et qui fit bien voir que l'apanage des bons princes est de protéger et de faire fleurir les beaux-arts, dont l'amour adoucit et humanise l'esprit, que l'autorité ne peut, à moins que de raidir (*sic*). C'est par cet amour surtout que Philippe mérita le surnom de *Bon,* nom plus flatteur et plus utile que ces titres fastueux que la flatterie a consacrés à l'ambition de ces souverains qui ont fait le malheur de l'humanité dans leur vie, et qui continuent de faire celui de la postérité par les leçons pernicieuses qu'une fausse illusion fait aux princes qui leur succèdent.

Le règne de Charles VII, ou plutôt celui de Philippe-le-Bon, est une époque glorieuse pour la peinture, par la découverte importante que fit Jean Van-Eyck, Flamand, de la manière de peindre à l'huile. Jusqu'à lui, tant en Italie qu'en Flandre, on ne peignait qu'en détrempe et sur le bois : par-là les tableaux étaient fort sujets à se gâter, surtout lorsqu'on voulait les transporter. Jean Van-Eyck, qui était en même temps peintre et bon chimiste, cherchant le moyen de purifier ses couleurs pour les rendre plus durables, avait trouvé un vernis qu'il appliquait sur les tableaux, et qui les rendait luisans et pleins de force. La recherche de ce vernis avait occupé tous les peintres d'Italie pendant bien du temps; mais comme pour se sécher il devait être exposé aux ardeurs du soleil, le hasard procura à la peinture la découverte avantageuse dont nous parlons. Van-Eyck ayant exposé au soleil un tableau qui lui avait coûté beaucoup de soins, ce tableau se sépara en deux : la douleur d'avoir ainsi perdu le fruit de son travail le fit recourir à la chimie pour tenter si, par le moyen des huiles cuites, il ne pourrait pas trouver celui de faire sécher le vernis sans soleil et sans feu. Il mit en usage l'huile de noix et de lin, comme plus propres à dessécher; et en les faisant cuire avec d'autres drogues, il composa un vernis qui surpassait le premier en beauté. Il

vit en même temps que le mélange des couleurs se
faisait mieux avec l'huile que par la colle ou l'eau
d'œuf, et cela lui fit prendre le parti de pratiquer
cette nouvelle méthode. Les couleurs, sans s'emboire,
conservaient leurs mêmes tons, sans avoir besoin de
vernis, et se séchaient plus aisément. Le secret de la
découverte fut gardé entre lui et son frère Hubert,
son aîné, et qui avait aussi été son maître.

Ces deux peintres travaillèrent dans différentes
villes de Flandre, sans manifester leur secret. Bruges
était dans ce temps-là une des plus brillantes villes
de l'Europe, par le grand commerce qui s'y faisait,
et les deux frères y faisaient leur séjour ordinaire. Ils
avaient de la peine à fournir tous les tableaux qu'on
leur demandait de toutes parts. Quelques marchands
italiens en portèrent un à Frédéric, duc d'Urbin,
qui représentait un bain. Ils en firent faire un autre
de saint Jérôme pour Laurent de Médicis. Cette manière de peindre fit si grand bruit en Italie, qu'Alphonse, roi de Naples, voulut aussi avoir des tableaux
de Van-Eyck ; et en ayant reçu un en présent de quelques marchands florentins, il le fit voir avec une
grande admiration à Antonello, de Messine, peintre
de profession. Celui-ci quitta aussitôt l'Italie et se
rendit à Bruges, où il se mit à faire sa cour à Van-
Eyck et à travailler sous lui : il gagna par-là l'amitié
et la confiance du Flamand ; et par bien des présens
de dessins d'Italie, il obtint qu'il lui enseignât sa préparation des couleurs à l'huile. Dès qu'Antonello eut
appris le secret, il vola en Italie, et il l'apprit à Do-

minique, Vénitien ; et depuis lors la peinture fit des progrès rapides et éclatans, et les tableaux devinrent un objet de commerce, par la facilité d'être transportés sans danger.

Les deux frères Van-Eyck étaient nés d'un père qui était lui - même peintre de profession, et toute sa famille semblait née pour faire prospérer cet art. Marguerite leur sœur s'y distingua, et préféra le célibat au mariage, pour s'y livrer plus librement. A quel degré de perfection ne porterait - on point les arts, si les enfans cherchaient ainsi à surpasser leur père dans la même profession !

Ces deux peintres avaient trop de titres pour ne pas mériter singulièrement la protection et les bienfaits de Philippe, leur souverain : il les attira à sa cour, et il donna à Hubert, qui était l'aîné, une place de conseiller.

Il reste encore en Flandre un grand nombre de tableaux de ces deux professeurs : les deux principaux sont ceux qu'ils firent à Gand. On admire celui de Saint-Jean, qu'ils peignirent pour Philippe - le - Bon ; on y voit son portrait sur un des volets qui, suivant l'usage de ce temps-là, fermaient le tableau en guise d'armoire. C'est un prodige par la quantité d'ouvrages et par le fini dont il est ; on y compte jusqu'à trois cent trente têtes, sans en trouver deux qui se ressemblent. On y voit Adam et Eve représentés avec beaucoup de noblesse et de décence. Outre les autres figures, les deux frères s'y sont aussi peints d'un côté d'un des volets. Les attitudes sont belles et bien dessinées, les têtes pleines d'expression ; le paysage en est agréable, les arbres et les plantes d'une grande vérité ; la composition du tout sans embarras et pleine d'esprit ; les figures sont drapées dans le goût d'Albert Durer ; les couleurs principales, les rouges, les pourpres et les bleues sont aussi belles et aussi fraîches que si l'on venait de les appliquer.

Bruges et Ypres possèdent deux tableaux de Jean Van-Eyck ; celui d'Ypres est dans le chœur de Saint-Martin ; on y voit le portrait de l'abbé Priamo : les volets, qui ne sont pas achevés, sont remplis d'emblêmes suivant le goût du temps. J'ai vu un des portraits fait par un de ces deux frères, à Bruges, chez M. Overloop, directeur de la Monnaie, amateur de la peinture et de la gravure. J'en ai vu un autre, qui est le portrait de Philippe-le-Bon, chez M. le comte de Lanoy, gouverneur de Bruxelles : on y voit le nom du prince écrit au pied, usage ordinaire des peintres de ce temps-là. Le cordon de la Toison-d'Or, dont Philippe est décoré, fait voir que ce tableau ne peut être que de Jean, son frère Hubert étant mort en 1426, dix ans avant l'institution de cet ordre. Jean survécut fort long-temps.

Je passerai les différens (1) autres ouvrages qu'on

---

(1) Deux dans le cabinet du duc d'Orléans ; l'un est le portrait des deux frères, l'autre l'adoration des mages : un portrait de Philippe-le-Hardi, duc de Bourgogne, chez M. Moreau de Mautour, dont l'inscription marque qu'il fut peint

indique de ces peintres, et je ne ferai que rapporter le jugement que les artistes en portent en général. On dit que le beau fini des tableaux de ces peintres, et leur soin à conserver leurs couleurs pures jusque dans les ombres, auraient augmenté leur prix, s'ils avaient osé sacrifier quelques tons de couleurs souvent trop aigus, et presque jamais assez dégradés, ainsi qu'un goût de dessin peu élégant. Un voile épais leur avait dérobé les grâces que l'antique seul peut enseigner, et que l'école flamande n'a connues que long-temps après celles des autres nations.

Jean Van-Eyck laissa après lui des disciples qui ne lui ont pas fait du tort. Je ne parlerai de ceux-ci qu'en raccourci. Le premier est Roger, de Bruges, un des premiers peintres flamands qui ait imité la méthode de peindre à l'huile ; il peignait en grand et dessinait bien les figures : Carle Van-Mander dit avoir de lui plusieurs grands morceaux à la colle et à l'eau d'œuf, qui, selon l'usage du temps, servaient de tapisseries dans les appartemens. Les églises de Bruges étaient ornées de ses ouvrages. Sa manière de peindre passe pour gracieuse, son dessin est assez correct, et ses compositions ont de l'esprit.

Hugues Van-Goës, autre disciple de Jean Van-Eyck, avait un génie élevé qui brille dans ses ouvrages. Il y a de lui un tableau à Saint-Jacques, à Gand,

---

au temps de sa mort : *Audaces mors cœca necat.* Un, encore, qui est un portrait de Philippe-le-Bon, chez M. de Gagnieres.

qui représente la Sainte - Vierge, un autre de David
et d'Abigaïl qui vient au-devant de ce roi-prophète,
dans lesquels on admire le fini, la noblesse et la modestie des femmes qui y paraissent. Toute la composition est ingénieuse. La ville de Bruges possède aussi
un tableau de ce peintre, qui fut épargné dans les révolutions des Pays-Bas, et a été gâté par un barbouil-
leur.

Un autre peintre, contemporain de ceux - ci, fut
Albert Van - Ouwater, d'Harlem. Il peignit aussi à
l'huile. Dans le tableau qu'il fit dans sa ville, pour
la chapelle des pélerins, on admirait surtout un paysage très-bien traité, tant pour le dessin que pour
les couleurs; les extrémités sont finies, les draperies
des figures, qui sont en grand, très-bien rendues. On
prétend que les paysages de ce peintre sont les meilleurs de ce temps-là; et que c'est à Harlem qu'on a
le plus excellé dans les peintures de ce genre. Albert
laissa un disciple qui lui a fait honneur, qui même le
surpassa : c'est Guérard, d'Harlem. On voyait de lui
un tableau de Notre-Seigneur crucifié, d'une grande
beauté, dans l'église de Saint-Jean, que la fureur des
soldats a détruit. Ce peintre excellait dans la perspec-
tive. Albert Durer alla exprès à Harlem pour voir ses
ouvrages, et s'écria qu'il fallait être favorisé de la
nature pour en venir à ce point de perfection ; mais
malheureusement ce peintre ne passa pas les vingt-
huit ans.

En France, la peinture ne se présente pas avec
des traits aussi brillans ; à peine y voit-on le nom d'un

peintre. Nicolas Flamel, natif de Pontoise et bourgeois de Paris, s'occupait quelquefois de cet art sous
le règne de Charles VI. De maître d'écriture il devint peintre, de peintre financier, et finit par se croire
un grand adepte. Il a voulu laisser à la postérité des
monumens de son goût pour la peinture, car il ordonna par son testament que l'on mît sur son tombeau un tableau dont il donna lui-même le dessin,
chargé d'emblêmes et de symboles, comme cela se
pratiquait assez communément.

Un tableau assez singulier par ces sortes d'anagrames, est celui que fit faire Etienne Chevalier, exécuteur testamentaire d'Agnès de Sorel, maîtresse de
Charles VII. Pour laisser un monument de l'amitié
qu'il conservait pour elle, et honorer sa mémoire,
Chevalier la fit peindre avec un rouleau qui, sortant
de sa bouche, et contenant des *rebus de Picardie,*
qui exprimaient ces mots : *Tant elle vaut celle*
pour qui je meurs d'amour, mots qui étaient expri-
més par une aile d'oiseau après le mot *tant* en caractères; suivait une selle de cheval, et après *pour qui*
je, un mors de cheval; de sorte qu'on ne voyait écrit
sur ce rouleau que six mots, *tant, vaut, pour qui*
je, d'amour. On voyait à Paris un autre monument
de ce goût pour les anagrames, qui étaient d'usage sur
les portraits, tant en peinture qu'en gravure, qui
regarde aussi Agnès Sorel, et il était dans une maison
de la rue de la Verrerie, appartenant autrefois à la
famille des *Chevalier;* autour du ceintre de la porte
d'une petite cour qui mène au jardin, se voyait un

anagrame de cette dame, qui est appelée *Surel*, et non *Sorel;* les lettres étaient entrelassées de feuilles d'or; et disaient *rien sur L n'a regar*, et était un sureau d'or, armes d'Agnès Sorel; un *E* exprimait le nom d'Etienne au-dessus des lacs d'amour.

Quoique l'on ne trouve point de portraits de Charles VI, il ne faut pas croire que ce ne fût pas alors l'usage en France de se faire tirer, puisqu'on en voit des princes contemporains. On connaît celui de Jean, duc de Berri, troisième fils du roi Jean, mort en 1416. Ce portrait est en buste avec des habits et un bonnet fort singulier. L'église cathédrale de Chartres conserve aussi un tableau de famille de Jeanne d'Armagnac, femme de ce duc, avec ses deux fils, et derrière trois saints en attitude de les protéger, en mettant la main sur l'épaule de la princesse.

Derrière le chœur de Notre-Dame de Melun sont deux tableaux en bois, de moyenne grandeur, ouvrage de quelque peintre de ce temps-là, dont rien n'indique le nom. Sur l'un est peint la Sainte-Vierge, portant un voile blanc sur la tête et une couronne perlée à hauts fleurons, avec le petit Jésus debout à ses pieds. Quelques-uns ont prétendu que cette Vierge était le portrait d'Agnès Sorel, que le même Chevalier, trésorier de France et maître des comptes, avait fait faire. L'autre tableau nous représente Etienne lui-même à genoux, dont le nom est écrit en abrégé en grandes lettres d'or et caractères gothiques, ayant debout devant lui saint Etienne son patron, qui semble le présenter à la Sainte-Vierge. Ce tableau est orné de grands lacs d'amour, suivant l'usage du temps, et tissu d'une petite broderie d'or et d'argent, et entre les lacs sont des médailles d'argent doré, qui représentent quelques histoires, dont les personnages sont très-bien peints, dit Godefroy, mais il faut entendre cela relativement à la manière de peindre du temps où cela a été fait.

Dans toutes ces peintures on trouve quelque chose de sec, et peu de ce qu'on appelle *morbidezza* en Italie ; on s'attachait à copier la nature, mais on n'était guère parvenu à l'anoblir : souvent on la dégradait ; vous la diriez souvent en masque. Jean de Bruges lui-même n'a pas été mis au rang des grands peintres à cause de la perfection de ses ouvrages, mais à cause de sa grande découverte, qui contribua tant à perfectionner son art.

Au reste, il est à présumer que les peintres français n'avaient pas alors la réputation d'exceller : puisque lorsque Nicolas V, pour marquer sa reconnaissance à Charles VII, qui avait fait tenir à Lyon un concile en 1449, afin de faire abdiquer Félix IV, voulut avoir le portrait du roi son bienfaiteur, ainsi que de plusieurs seigneurs qui avaient négocié pour lui, il crut devoir envoyer en France Pietro della Francesca, Florentin, qui peignit tous ces personnages, et les porta à Rome, où ils furent placés dans le Vatican.

Les monumens du goût qu'on avait pour la miniature et pour le pastel sont infinis. Une quantité d'anciens manuscrits, et surtout les livres d'Eglise, nous en fournissent d'admirables. On peignait sur ces livres des faits intéressans, et les portraits des grands personnages, et la plupart de ces sortes de peintures sont aussi des monumens utiles pour l'histoire de leur temps. Le duc d'Anjou, second fils du roi Jean, et son fils Louis II, mort en 1417, furent peints en pastel. On en voit encore la copie dans le cabinet de M. de Gaignières. Les manuscrits de l'hisoire de Froissart, de des Ursins et des autres historiens contemporains, nous fournissent de ces sortes de peintures, qui représentaient, au commencement de chaque livre, les faits les plus remarquables de l'histoire, et les personnages principaux qui y jouaient des rôles. *Les douze périls de l'enfer,* ouvrage fait par un chapelain de la reine Marie d'Anjou, femme de Charles VII, est orné de très-belles miniatures. La reine y est représentée assise, la couronne sur la tête, le sceptre à la main, et les dames debout à ses côtés, ayant toutes des coiffes noires, et les hommes des bonnets. Ce manuscrit est chez M. le président d'Aigrefeuil, à Montpellier. De pareilles miniatures ornent un manuscrit de Virgile, copié dans ce temps-là; et sur celui de *la Cité des Dames* de Christine de Pisan, on voit le portrait de cette femme, qui paraît avoir été fait sous ses yeux : rien de si magnifique en fait de ces sortes d'ornemens faits avec le pinceau, que les manuscrits qui composaient la bibliothèque des ducs de Bourgogne. J'en ai vu à Bruxelles plusieurs peints en camaïeu, qui était une manière moins commune. Un usage, ou un privilége dont jouissaient et dont continuent de jouir les capitouls de Toulouse, devait faire particulièrement fleurir dans cette ville les peintres de cette espèce, qu'on appelait *enlumineurs*. Chaque capitoul élu était en droit d'être peint dans un livre que l'on conserve encore à l'hôtel-de-ville ; j'y ai vu les portraits de ces magistrats depuis l'an 1295, avec leur nom d'année en année. C'est presque le droit d'image des Romains ; mais on voit que plusieurs se sont trop pressés de se faire peindre, car ayant fait depuis banqueroute, ils ont été effacés, comme le veulent les statuts de cette magistrature.

Ce qui fournissait beaucoup d'exercice aux peintres, étaient encore les vitrages des églises. Le secret de peindre les vitres était né en France ; du moins les historiens nous disent que le premier qui le porta en Italie, était un Marseillais, mais les noms de ces peintres ne se sont pas conservés, et la découverte était plus ancienne. Il n'est pas nécessaire de s'étendre beaucoup sur ce sujet. Rien de si commun que les vitrages sur lesquels sont peints les mystères de la religion, des cérémonies profanes, des personnages de distinction, surtout des princes et des princesses. Charles III, roi de Navarre, appelé le *Noble,* et mort en 1452, est représenté sur les vitres de Notre-Dame d'Evreux.

La sculpture et la gravure, qui avaient suivi de près la renaissance de la peinture en Italie, ne firent pas de grands progrès en France sous nos règnes. Les monumens de cet art que j'ai vus en différentes provinces du royaume, qui ont quelque mérite, sont postérieurs à ce temps. Cependant, dans celui que je parcours, les ouvrages de sculpture et de gravure sont assez communs; mais ce ne sont pour la plupart que des productions d'un art grossier, fait en dépit de la nature. Charles VI est représenté en bas-relief de marbre blanc sur un tombeau en marbre noir, dans la chapelle de Notre-Dame de l'église de Saint-Denis, et la reine sa femme est à son côté. Le tombeau de Flamel fut orné de son buste en bas-relief, et non de sa statue, comme quelqu'un l'a avancé, ayant un écritoire à côté de lui, pour indiquer sa première profession de maître à écrire. Le tombeau des des Ursins, qui est à Notre-Dame de Paris, est un monument des plus supportables et des plus magnifiques que j'aie vus en fait de sculpture de ce temps-là. Ceux de la *Monarchie française* nous parlent avec quelque admiration du tombeau de marbre qu'on éleva à Philippe-le-Hardi, duc de Bourgogne et de Flandre, et encore plus de celui de Louis de Male, qu'on voit à Lille, dans l'église collégiale de cette ville, sur lequel sont représentés ce comte et sa femme Marguerite. Mais la plupart des ouvrages que nous trouvons en fait de gravure, sont assez plats; Louis, dauphin, premier fils de Charles VI, est gravé sur une tombe de cuivre dans la chapelle où est le tombeau de son père; quoiqu'il n'eût que quelques mois lorsqu'il mourut, on en a fait un grand jeune homme, défaut d'exactitude assez commun dans ce siècle. Louis d'Orléans, assassiné par le duc de Bourgogne, est gravé un peu en relief sur une pierre sépulcrale au milieu de la chapelle d'Orléans, dans l'église des Célestins; Valentine de Milan sa femme, morte l'année après lui, est à côté de lui. On voit auprès de Noyon, dans l'église de la chartreuse de Montregrault, gravée sur une table de cuivre, Isabelle de Portugal, femme de Charles, roi de Navarre, qui avait fait une fondation dans cette église en 1448; mais la plupart de ces gravures sont plutôt tracées que sculptées; souvent on ne voit que les gros traits des figures.

L'architecture n'était pas négligée, si les bâtimens prouvent qu'on en a le goût. Charles V aimait à bâtir, c'est un témoignage que lui rend Christine de Pisan, et l'on voit dans les chroniques de France, que la Bastille, le Châtelet, le Petit-Pont, Vincennes, qu'on appelait *château de Beauté,* les châteaux du Louvre, de Saint-Ouen et de Melun, étaient des ouvrages de ce prince, ainsi que le pont Saint-Michel, une partie du château Saint-Germain, ceux de Montargis et de Creil.

Charles VI bâtit l'Hôtel neuf que son père avait acheté dans la rue Bétisy. Bicêtre fut aussi (1) rebâti par ce prince, et c'était la plus célèbre de ses maisons de campagne. Jean des Ursins dit qu'il la fit magnifiquement rebâtir, et y mit des châssis de verre, qui ne faisaient que de commencer à orner l'architecture.

Un prince qui était renommé par le goût de ses

---

(1) Le nom de Bicêtre est une corruption de celui Wincestre, parce que cette maison avait appartenu à Jean de Wincester, Anglais, en 1204.

bâtimens, était le magnifique Gaston Phœbus. Il était grand en tout ; cependant les édifices que j'ai vus dans le Béarn, ne donnent pas une meilleure idée de ce grand goût que ceux des autres parties de la France. On pensait en grand pour l'objet, mais ce grand se fondait dans l'exécution du détail.

Charles VII fit plutôt des réparations que des édifices ; ses finances étaient trop épuisées par les guerres, et la restauration de ce nerf de l'Etat était l'objet le plus digne et le plus important de ses soins. Il répara les châteaux de Lésignan, de Montargis, bâtit les forteresses de Bordeaux, de Dax, de Saint-Sever, le clocher de la Sainte-Chapelle de Paris.

Cependant, sous son règne, l'architecture acquit quelques degrés de perfection. Jacques Cœur, ce richard incompréhensible, fit élever des bâtimens qui sont encore admirés aujourd'hui. La superbe maison qu'il se fit bâtir à Bourges, et qu'on dit que personne n'a jamais pu occuper, tant elle est grande, nous fait voir l'élévation de son goût autant que la puissance de ses richesses. La Bourse, nommée *la Loge*, qu'il construisit à Montpellier, en faveur du grand commerce qu'il faisait par cette ville en Asie, n'a rien de gothique : l'architecture en est simple et noble ; les médailles qui en ornent la façade sont bien sculptées. Jacques Cœur fit aussi construire dans la même ville une fontaine, sur laquelle on voit encore ses armes ; et il décora en même temps la ville de Marseille, autre dépôt de son commerce, d'un édifice destiné aux pourparlers des négocians. Je ne doute pas que,

pour ces ouvrages, Jacques Cœur n'eût fait venir quelque architecte d'Italie ; car ceux de France étaient
encore dans le goût gothique, et on l'avait déjà se-
coué en Italie.

Bien des villes de France qui furent dans ce temps-
là sous la domination des Anglais, doivent au goût
que cette nation avait pour les belles églises, celles
dont elles sont ornées. Toutes ces églises sont, à la
vérité, d'architecture gothique, car il n'y en avait
point d'autre alors en Angleterre non plus qu'en
France, mais elles sont d'un beau gothique, et dans
le grand ; on y voit de la hardiesse et de l'élégance.
On peut vérifier cela par les églises cathédrales de
Bordeaux et de Saintes, qui sont celles que j'ai vues :
les bâtimens dans le même goût, qu'on voit en Angleterre, me font juger qu'on faisait venir des architectes anglais. L'église de Strasbourg fut aussi l'ouvrage d'un architecte étranger : Ervin, Allemand, la
commença, et un architecte de Souabe la finit, sous
Charles VII, en 1449.

Je terminerai cet article par le témoignage avanta-
geux que Martin le Franc rend à plusieurs arts dans
son siècle, par où l'on peut juger qu'ils étaient dans
un état plus parfait que dans les temps précédens ;
mais souvenons-nous de juger toujours des éloges des
auteurs, pour les choses de leur temps, comme on
juge de ceux qui n'ont vu que ce qu'il y a dans leur
contrée. Voici ce qu'on lit dans le *Champion des
dames,* tant de fois cité :

> Si tu parles d'art de peinterie

> D'historiens, d'enlumineurs,
> D'entailleurs, par leur grant mestrie,
> En fut-il oncques de meilleurs?
> Va veoir à Arras ou ailleurs
> L'ouvrage de tapisserie,
> Puis laisse parler les railleurs
> De l'ancienne peleterie.

ARTICLE XIII.

Des médailles.

Je veux dire quelque chose des médailles, parce qu'elles font partie des monumens historiques de chaque règne.

Il ne faut pas cependant s'attendre que l'étude des médailles antiques, de laquelle, dans les derniers temps, on a tiré tant d'avantage pour déchiffrer l'histoire ancienne, fît l'occupation des gens de lettres en France dans le quatorzième et le quinzième siècle.

Cette étude, au temps dont nous parlons, ne faisait presque que de naître en Italie, par les soins du grand Pétrarque, qui a tant contribué à la renaissance des bonnes études et du bon goût dans son pays. Ce savant, aussi grand homme dans tout genre d'érudition que grand poète, ne se contenta pas seulement de recueillir autant d'ouvrages qu'il put des bons auteurs de l'antiquité, il chercha encore, avec tout le zèle qu'il avait pour les lettres, les monumens antiques si utiles pour l'histoire, et crut ne pouvoir offrir à l'empereur Charles IV un présent plus digne d'un grand

prince, que quelques médailles impériales qu'il avait
recueillies; mais il ne paraît point que Pétrarque, en
quittant la France, y eût laissé des imitateurs ou des
disciples. Ce ne fut donc qu'à l'occasion des différentes expéditions des Français en Italie, depuis la
fin du quinzième siècle, que ce goût fut porté en
France, ainsi que celui des inscriptions.

Je serai donc réduit à parler des médailles modernes : j'entends par-là tant les médailles proprement
dites, qui n'ont été frappées que pour conserver la
mémoire de quelque fait particulier, que les monnaies
qui, sous ces deux règnes, avaient cours dans le
commerce. En parlant de celles-ci, je ne crois pas
m'éloigner de mon sujet, s'il est vrai, comme l'on
n'en doute plus après tout ce qu'en ont dit les savans,
que la plupart des médailles grecques et romaines
n'étaient que les pièces de monnaie qui avaient cours.

A l'égard des médailles de la première espèce, il
est vrai que depuis la troisième race on commence à
en trouver quelques-unes. Il n'est pas de mon sujet
d'examiner ici si celle que la ville de Lyon fit frapper en l'honneur de Charles VIII et d'Anne de Bretagne, est la première qu'on en connaisse; je dirai
seulement que plusieurs de celles que Jacques de Bie
et Duval son associé ont recueillies, ne sont que de
leur invention; et il faut dire la même chose des
deux médailles de Charles VI et de Charles VII, que
Guillaume Roville a placées dans son recueil dédié
à Henri II. Il convient, dans sa préface, qu'il savait
en inventer au besoin.

Mais il y en a une qu'on pourrait peut-être attribuer à Charles VII. Elle représente d'un côté une tête
couronnée de lauriers, et a pour légende : *Karolus
Imp. Ags.*, et au revers : *Renovatio Regni Fran-
ciæ*, inscription entourée de lauriers. M. Patin a fait
graver cette pièce dans son introduction à la Science
des médailles. Quelques-uns l'attribuent à Charlemagne, et la légende, qui nous parle d'un empereur,
paraît la lui adjuger. Cependant, 1° suivant M. Bou-
terou, il n'y eut que des monnaies sous les deux premières races, et on n'y connaît point de médailles;
2° M. Bizot prétend qu'aucune médaille n'a été frappée avec l'effigie du prince avant Charles III; 3° le
monograme du nom de Charlemagne sur toutes les
monnaies de cet empereur, rapportées par le Blanc,
n'est jamais écrit comme sur celle-ci; 4° on peut observer que le nom de ce même prince est toujours
écrit avec un *C*, et non avec un *K*, ce qui s'accorde
avec ce qu'assure le Père Mabillon, que Charlemagne
écrivait toujours son nom avec la première de ces
deux lettres dans tous les titres qu'il a vus signés de
lui, au lieu que les autres rois de la troisième race
qui portaient le nom de Charles, l'écrivaient toujours avec un *K*, comme il est écrit sur la médaille
en question. Il suit de là qu'elle regarde quelque autre
Charles postérieur, pour qui elle a dû être frappée
sur un plomb qui devait servir de sceau; et rien n'empêche de la croire de Charles VII, sous qui l'on peut
dire que le royaume fut véritablement renouvelé,
après qu'il eut vaincu les Anglais et reconquis ses

provinces. Le titre d'*empereur* que porte cette médaille est la seule chose qui peut affaiblir cette conjecture; mais dans l'enthousiasme qu'inspirait la joie
publique à la vue de ses conquêtes importantes, on a
fort bien pu donner un titre flatteur à ce monarque
glorieux, et l'auteur aura apparemment voulu suivre
le goût de quelque médaille ancienne qui sera venue
à sa connaissance.

Je passe à ce qu'il y a de plus sûr, je veux dire
aux monnaies de ces deux règnes; et à cet égard les
curieux qui ne voudront rien négliger de ce qui peut
servir à l'histoire des derniers temps, trouveront de
quoi se satisfaire : mais il ne faut pas chercher ni le
dessin dans les images des princes, ni la délicatesse
du burin, ni le relief de la gravure, qu'on admire
dans les médailles grecques et romaines. Ceux qui
sont curieux de connaître en détail cette matière,
n'ont qu'à voir le savant ouvrage de le Blanc sur les
Monnaies de France. Il est à souhaiter que M. l'abbé
Venuti, prévôt de Livourne, communique un jour
au public les recherches qu'il a faites sur les monnaies bordelaises frappées dans le temps que les Anglais étaient maîtres de la Guienne. Je fais le même
souhait à l'égard de celles des Pays-Bas sous leurs différens souverains, sur lesquelles M. Overloop, maître
de la Monnaie de Bruges, m'a dit qu'il préparait un
Traité. Les ouvrages de cette espèce sont également
utiles à l'histoire politique et à celles des finances et
du commerce.

ADDITIONS DE L'ÉDITEUR.

RELATION

DE LA DÉCOUVERTE DU LIVRE D'OR ET DU VOYAGE
DE GALLICE,

PAR NICOLAS FLAMEL (1).

ENCORE que moy, Nicolas Flamel, escriuain et ha-
bitant de Paris, en ceste année mil trois cens quatre-
vingts et dix-neuf, et demeurant en ma maison en
la rüe des Escriuains, près la chappelle Sainct-Jac-
ques de la Boucherie, encor dis ie, que ie n'aye appris qu'vn peu de latin, pour le peu de moyens de
mes parens, qui néantmoins estoient par mes enuieux
mesmes estimez gens de bien : si est-ce que (par la
grande grace de Dieu, et intercession des benoists
saincts et sainctes de paradis, principalement de mon-

_____

(1) Extrait du livre des FIGURES HIÉROGLIPHIQUES DE NI-
COLAS FLAMEL, escriuain, ainsi qu'elles sont en la quatriesme
arche du cymetière des Innocens à Paris, auec l'explication d'i-
celles par ledit Flamel, traictant de la transmutation métallique,
non iamais imprimé.

Tradvit de latin en françois par P. Arnauld, sieur de la Che-
ualerie, gentil-homme poiteuin.

Paris, 1612, in-4°, fig.

Voyez notre Note sur les faits rapportés par Guasco, p. 195.

sieur S. Jacques de Gallice), ie n'ay pas laissé d'entendre au long les liures des philosophes, et d'apprendre en iceux leurs tant occultes secrets. C'est
pourquoy il ne sera iamais moment en ma vie, me
souuenant de ce haut bien, qu'à genoux (si le lieu
le permet) ou bien dans mon cœur de toute mon af-
fection, ie n'en rende graces à ce Dieu très-bening.
Donc moy, Nicolas Flamel escriuain, ainsi qu'apres le
deceds de mes parens, ie gaignois ma vie en nostre
art d'escriture, faisant des inuentaires, dressant des
comptes, et arrestant les despenses des tuteurs et mineurs, il me tomba entre mains pour la somme de
deux florins, un liure dorè, fort vieux, et beaucoup
large, il n'estoit point en papier ou parchemin, comme
sont les autres, mais seulement il estoit faict de de-
liées escorce (comme il me sembloit) de tendres ar-
brisseaux. Sa couuerture estoit de cuyure bien délié,
toute grauée de lettres ou figures estranges, et quant
à moy, ie croy qu'elles pouuoient bien estre des ca-
racteres grecs, ou d'autre semblable langue ancienne.
Tant y a que je ne les sçauois pas lire, et que ie sçay
bien qu'elles n'estoient point notes, ny lettres latines ou gauloises; car nous y entendons vn peu.
Quant au dedans, ses feuilles d'escorse estoient gra-
uées, et d'vne tres grande industrie, escriptes auec
vne poincte de fer, en belles et tres nettes lettres latines colorées. Il contenoit trois fois sept fueillets,
car iceux estoient ainsi cotez en haut du fueillet, le
septiesme desquels estoit tousiours sans escriture, au
lieu de laquelle il y auoit peint vne verge, et des

serpens s'engloutissans; au second septiesme, vne croix, où vn serpent estoit crucifié; au dernier septiesme, estoient peints des deserts, au milieu desquels couloient plusieurs belles fontaines, dont sortoient plusieurs serpens qui couroient par cy et par là. Au premier des fueillets y auoit escrit en lettres grosses capitales dorées : ABRAHAM LE IUIF, PRINCE, PRESTRE, LÉVITE, ASTROLOGVE, ET PHILOSOPHE, A LA GENT DES IVIFS, PAR L'IRE DE DIEV, DISPERSÉE AUX GAVLES, SALVT. D. I. Apres cela, il estoit remply de grandes exécrations et maledictions (auec ce mot, MARANATHA, qui y estoit souuent répété) contre toute personne qui ietteroit les yeux sur iceluy, s'il n'estoit sacrificateur ou scribe.

Celuy qui m'auoit vendu ce liure ne sçauoit pas ce qu'il valloit, aussi peu que moy, quand ie l'acheptay. Je croy qu'il auoit esté desrobé aux miserables Juifs, ou trouué quelque part caché dans l'ancien lieu de leur demeure. Dans ce liuure au second fueillet, il consoloit sa nation, la conseillant de fuyr les vices, et sur tout l'idolatrie, attendant le Messie aduenir auec douce patience, lequel vaincroit tous les rois de la terre, et régneroit avec sa gent en gloire éternellement. Sans doute, ç'auoit esté vn homme fort sçayant. Au troisiesme, et en tous les autres suyuans escrits, pour ayder sa captiue nation à payer les tributs aux empereurs romains, et pour faire autre chose, que ie ne diray pas, il leur enseignoit la transmutation metallique en parolles communes, peignoit

les vaisseaux au costé, et aduertissoit des couleurs et
de tout le reste, sauf du premier agent duquel il n'en
disoit mot, mais bien (comme il disoit au quatriesme
et cinquiesme fueillets entiers) il le peignoit, et figu-
roit par tres grand artifice. Car encor qu'il fust bien
intelligiblement figuré et peint, toutesfois aucun ne
l'eust sçeu comprendre sans estre fort auancé en leur
cabale traditiue, et sans auoir bien estudié les liures.
Donc le quatriesme et cinquiesme fueillet estoit sans
escriture, tout remply de belles figures enluminèes,
ou comme cela, car cest ouurage estoit fort exquis.
Premierement, il peignoit vn ieune homme auec aisles
aux talons, ayant vne verge caducèe en main, entor-
tillée de deux serpens, de laquelle il frappoit vne sa-
lade qui luy couuroit la teste; il sembloit, à mon
petit aduis, le dieu Mercure des payens; contre iceluy venoit courant et volant à aisles ouuertes, un
grand vieillard, lequel sur sa teste auoit vn horologe
attaché, et en ses mains vne faux comme la mort,
de laquelle, terrible et furieux, il vouloit trancher les
pieds à Mercure.

A l'autre face du fueillet quatriesme, il peignoit
vne belle fleur en la sommitè d'vne montagne tres
haute, que l'aquilon esbranloit fort rudement; elle
auoit le pied bleu, les fleurs blanches et rouges, les
fueilles reluisantes comme l'or fin, à l'entour de laquelle les dragons et griffons aquiloniens faisoient
leur nid et demeurance. Au cinquiesme feuillet, y
auoit vn beau rosier fleury au milieu d'un beau jardin, eschelant contre vn chesne creux, au pied des-

quels bouillonnoit vne fontaine d'eau tres blanche,
qui s'alloit précipiter dans des abysmes, passant neantmoins premierement entre les mains d'infinis peü-
ples qui fouilloient en terre, la cherchant; mais par
ce qu'ils estoient aueugles, nul ne la cognoissoit, fors
quelqu'vn, considérant le poids.

Au dernier reuers du cinquiesme, il y auoit vn
roy auec vn grand coutelas, qui faisoit tuer en sa
presence, par des soldats, grande multitude de petits
enfans, les meres desquels pleuroient aux pieds des
impitoyables gendarmes, le sang desquels petits enfans, estoit puis apres recueilly par d'autres soldats,
et mis dans vn grand vaisseau, dans lequel le soleil
et la lune du ciel se venoient baigner. Et parce que
cette histoire representoit la plus part de celle des
innocens occis par Herode, et qu'en ce liure cy i'ay
apris la plus part de l'art, ça esté vne des causes que
i'ay mis en leur cymetiere ces symboles hierogliñ-
ques de ceste secrette science. Voila ce qu'il y auoit
en ces cinq premiers fueillets. Je ne representeray
point ce qui estoit escript en beau et tres intelligible
latin en tous les autres fueillets escripts; car Dieu
me puniroit, d'autant que ie commettrois plus de me-
chanceté que celuy (comme on dit) qui desiroit que
tous les hommes du monde n'eussent qu'vne teste,
et qu'il la peut coupper d'vn seul coup. Donc ayant
chez moy ce beau liure, ie ne faisois nuict et iour
qu'y estudier, entendant tres bien toutes les operations qu'il demonstroit, mais ne sçachant point auec
qu'elle matiere il falloit commencer, ce qui me cau-

soit vne grande tristesse, me tenoit solitaire et faisoit
souspirer à tout moment. Ma femme Perrenelle, que
i'aymois autant que moy-mesme, laquelle i'auois es-
pousée depuis peu, estoit toute estonnée de cela, me
consolant et demandant de tout son courage, si elle
me pourroit deliurer de fascherie. Je ne peus iamais
tenir ma langue que ne luy disse tout, et ne luy
monstrasse ce beau liure, duquel, à mesme instant
qu'elle l'eust veu, elle feust autant amoureuse que
moy-mesme, prenant vn extresme plaisir de contempler ces belles couuertures, graueures, images et pourtraicts, ausquelles figures elle entendoit aussi peu que
moy. Toutesfois ce m'estoit vne grande consolation
d'en parler auec elle, et de m'entretenir, qu'est ce
qu'il faudroit faire pour' auoir l'interpretation d'i-
celles; enfin ie fis peindre le plus au naturel que ie
peus, dans mon logis, toutes ces figures et pourtraicts
du quatriesme et cinquiesme fueillet, que ie monstray
à Paris à plusieurs grands clercs qui n'y entendirent
iamais plus que moy. Je les aduertissois mesme que
cela auoit esté trouué dans vn liure qui enseignoit la
pierre philosophale; mais la plus part d'iceux se mo-
querent de moy, et de la benite pierre, fors vn appelé *maistre Anseaulme,* qui estoit licentié en me-
decine, lequel estudioit fort ceste science. Iceluy
auoit grande enuie de voir mon liure, et n'y eust
chose qu'il ne fist pour le voir, mais tousiours ie l'as-
seuray que ie ne l'auois point, bien lui fis-je une grande
description de sa méthode. Il disoit que veritablement
le premier agent y estoit peint, qui estoit l'eau blan-

che et pesante, qui sans doute estoit le vif argent,
que l'on ne pouuoit fixer, ny à iceluy couper les pieds,
c'est à dire oster sa volatilitè, que par ceste longue decoction dans vn sang tres pur de ieunes enfans; que dans iceluy, ce vif argent se conioignant
auec l'or et l'argent, se conuertissoit premierement
auec eux en vne herbe semblable à celle qui estoit
peinte, puis après par corruption en serpens, lesquels
estans apres entierement assechez et cuiz par le feu,
se reduiroient en poudre d'or, qui seroit la pierre.
Cela fust cause que durant le long espace de vingt
vng an, ie fis mille brouilleries, non toutesfois auec le
sang, ce qui est mechant et vilain. Car ie trouuois
dans mon liure que les philosophes appeloient *sang*,
l'esprit mineral qui est dans les metaux, principalement dans le soleil, la lune, et mercure, à l'assem-
blage desquels ie tendois tousiours; aussi ces inter-
pretations, pour la plus part, estoient plus subtiles
que veritables. Ne voyant donc iamais en mon opera-
tion les signes au temps escript dans mon liure, i'es-
tois tousiours à recommencer. Enfin ayant perdu esperance de iamais comprendre ces figures, pour le
dernier, ie fis vn vœu à Dieu et à monsieur S. Jacques de Gallice, pour demander l'interpretation d'i-
celles à quelque sacerdot juif, en quelque synagogue
d'Hespaigne. Donc avec le consentement de Perrenelle, portant sur moy l'extraict d'icelles, ayant pris
l'habit et le bourdon, en la mesme façon qu'on me
peut voir au dehors de ceste mesme arche, en laquelle
ie mets ces figures hieroglifiques, par dedans le cyme-

tiere, où i'ay aussi mis contre la muraille d'vn et
d'autre costé, une procession en laquelle sont repre-
sentees par ordre toutes les couleurs de la pierre,
ainsi quelles viennent et finissent, auec ceste escrip-
ture française :

Moult plaist à Dieu procession
S'elle est faicte en deuotion.

Donc en ceste mesme façon, ie me mis en chemin,
et tant fis que i'arriuay à Montjoye, et puis a Sainct-
Jacques, où auec grande deuotion i'accomplis mon
vœu. Cela fait dans Leon, au retour, ie rencontray
vn marchand de Boulogne qui me fit cognoistre à vn
medecin juif de nation, et lors chrestien, demeurant
audit Leon, lequel estoit fort sçauant en sciences su-
blimes, appelé *maistre Canches*. Quand ie luy eus
monstré les figures de mon extraict, raui de grand
estonnement et ioye, il me demanda incontinent si
ie sçauois nouuelles du liure, duquel elles estoient
tirées. Je luy respondis en latin, comme il m'auoit
interrogé, que iauois esperance d'en auoir de bonnes
nouuelles, si quelqu'vn me deschiffroit ces enigmes.
Tout à l'instant emporté de grande ardeur et ioye, il
commença de m'en deschiffrer le commencement. Or
pour n'estre long, luy tres content d'apprendre des
nouuelles où estoit ce liure, et moy de l'en ouyr parler (et certes il en auoit ouy discourir bien au long,
mais comme d'vne chose qu'on croyoit entierement
perdue, comme il disoit), nous resolusmes nostre

voyage, et de Leon passames à Ouiedo, et de là à
Sanson où nous nous mismes sur mer pour venir en
France. Nostre voyage auoit esté assez heureux; et desia depuis que nous estions entrés en ce royaume, il
m'auoit tres veritablement interpreté la plus part de
mes figures, où iusques mesme aux points, il trou-
uoit de grands mistères (ce que ie trouvois fort mer-
ueilleux), quand arrivans à Orleans, ce docte homme
tomba extremement malade, affligé de tres grands
vomissemens qui luy estoient restez de ceux qu'il auoit
soufferts sur la mer; il craignoit tellement que ie le
quittasse, qu'il ne se peut imaginer rien de semblable. Et bien que ie feusse tousiours à ses costez, si
m'appelloit il incessament; enfin il mourut sur la fin
du septiesme iour de sa maladie, dont ie feus fort affligé; au mieux que ie peus ie le fis enterrer en l'E-
glise Saincte Croix à Orleans, où il repose encore :
Dieu aye son ame; car il mourut bon chrestien. Et
certes si ie ne suis empeschè par la mort, ie donneray
à ceste église quelques rentes pour faire dire pour son
ame tous les iours quelques messes. Qui voudra voir
l'estat de mon arriuée et la ioye de Perrenelle, qu'il
nous contemple tous deux en ceste ville de Paris, sur
la porte de la chapelle Sainct Jaques de la Boucherie,
du costé et tout aupres de ma maison, où nous sommes peints, moy rendant graces aux pieds de monsieur sainct Jaques de Gallice, et Perrenelle à ceux de
monsieur sainct Jean, qu'elle auoit si souuent inuo-
qué. Tant y a que par la grace de Dieu et intercession de le bienheureuse et saincte Vierge, et benoists

saincts Jaques et Jean, ie sçeus ce que ie desirois,
c'est à dire les premiers principes, non toutesfois
leur premiere preparation, qui est vne chose tres difficile, sur toutes celles du monde. Mais ie l'eus encore
à la fin apres les longues erreurs de trois ans ou enuiron, durant lequel temps ie ne fis qu'estudier et
trauailler, ainsi qu'on me peut voir, hors de ceste
arche, où i'ay mis des processions contre les deux
pilliers d'icelle, sous les pieds de sainct Jaques et
sainct Jean, priant tousiours Dieu, le chapellet en
main, lisant tres attentiuement dans un liure, et pesant les mots des philosophes, et essayant puis apres
les diuerses operations que ie m'imaginois par leurs
seuls mots. Finalement ie trouuay ce que ie desirois,
ce que ie recognus aussi tost par la senteur forte.
Ayant cela i'accomplis aisement le magistere : aussi
sçachant la preparation des premiers agens, suyuant
en apres à la lettre mon liure, ie n'eusse peu faillir
encore que ie l'eusse voulu. Donc la premiere fois
que ie fis la proiection, ce fust sur du mercure, dont
i'en conuertis demi liure ou enuiron, en pur argent,
meilleur que celuy de la miniere, comme i'ay essayé
et faict essayer par plusieurs fois. Ce fust le 17 de
janvier, vn lundy enuiron midy, en ma maison, pre-
sente Perrenelle seule, l'an de la restitution de l'humain lignage mil trois cens quatre vingts deux; et
puis apres, ensuyuant tousiours de mot a mot mon
liure, ie la fis auec la pierre rouge, sur semblable
qualité de mercure, en presence encor de Perrenelle,
seule en la mesme maison, le vingt cinquiesme iour

d'auril suiuant de la mesme année, sur les cinq heures
du soir, que ie transmuay veritablement en quasi autant de pur or, meilleur tres certainement que l'or
commun, plus doux, et plus ployable. Je le peux
dire auec verité, je l'ay parfayct trois fois auec l'ayde
de Perrenelle, qui l'entendoit aussi bien que moy,
pour m'auoir aydé aux operations; et sans doubte, si
elle eust voulu entreprendre de la parfaire seule, elle
en seroit venüe à bout. J'en auois bien assez la par-
faisant vne seule fois, mais i'auois tres grande delec-
tation de voir et contempler dans les vaisseaux les
œuures admirables de la nature. Pour te signifier
comme ie l'ay parfaicte trois fois, tu verras en ceste
arche, si tu le sçais cognoistre, trois fourneaux semblables a ceux qui seruent à nos operations. J'eus
crainte vn long temps que Perrenelle ne peut cacher
la ioie de sa felicité extreme, que ie mesurois par la
mienne, et qu'elle ne laschast quelque parolle à ses
parens des grands tresors que nous possedions; car
l'extresme ioye oste le sens aussi bien que la grande
tristesse; mais la bonté du tres grand Dieu ne m'a-
uoit pas comblé de ceste seule benediction, que de
me donner vne femme chaste et sage, elle estoit d'a-
bondant non seulement capable de raison, mais aussi
de parfaire ce qui estoit raisonnable, et plus discrette
et secrette que le commun des autres femmes. Sur
tout elle estoit fort deuotieuse, voila pourquoy se
voyant sans esperance d'enfans, et desia bien auant
sur l'aage, elle commençea tout de mesme que moy
à penser en Dieu, et à vaquer aux œuures de miseri-

corde. Lorsque i'escriuois ce commentaire en l'an mille quatre cens treize sur la fin de l'an, apres le trespas de ma fidelle compagne, que ie regreteray tous les iours de ma vie, elle et̀ moy auions desia fondé et renté quatorze hospitaux en ceste ville de Paris, basti tout de neuf trois chapelles, decoré de grands dons et bonnes rentes sept eglises, auec plusieurs réparations en leurs cymetieres, outre ce que nous auions faict à Boloigne, qui n'est guieres moins que ce que nous auons fait icy. Ie ne parleray point du bien que nous auons ensemble fait aux pauures particuliers, principalement aux veufues et pauures orphelins; si ie disois leur nom, et comment ie faisois cela, outre que le salaire m'en seroit donné en ce monde, ie pourrois faire desplaisir à ces bonnes personnes (que Dieu veuille bénir), ce que ie ne voudrois faire pour rien du monde. Bastissant donc ces eglises, cimetieres, et hospitaux en ceste ville, ie me resolus de faire peindre en la quatriesme arche du cymetiere des Innocens, entrant par la grande porte de la ruë S. Denys, les plus vrayes et essentielles marques de l'art, souz neantmoins des voiles et couuertures hieroglifiques, à l'imitation de celles du liure doré du juif Abraham, etc......

DE L'ASTROLOGIE

QUI AVAIT COURS SOUS CHARLES V,

et des plus fameux astrologues de ce temps (1).

———— ✦

Il n'est que trop vrai que, sous le règne de Charles V, l'astrologie était une science fort cultivée. Philippe de Mézières fit ce qu'il put pour détourner le
jeune roi Charles VI d'ajouter foi aux astrologues.
Dans le second livre de son *Songe* (c. 62 et 63), il
représente l'astrologie judiciaire comme une vieille
qui a des lunettes de cristal presque incorporées à
ses yeux, et après l'avoir qualifiée de *première cham-
brière du roi d'Egypte Tolomeus,* il la fait parler
ainsi : «Les grants clercs, les grants chappes et chap-
perons fourrez et les grants princes séculiers n'oseroient rien faire de novuel sans mon commendement
et ma sainte élection. Ils n'oseroient chasteaux fonder, ne église édifier, ne guerre commencer, ne entrer en bataille, ne vestir robe novuelle, ne donner
un joyau, ne emprendre un grand voyagé, ne partir

(1) Extrait des dissertations sur l'*Histoire ecclésiastique et
civile de Paris*, par Lebeuf, t. 3.

de l'ostel sans mon commendement. » Mais le même Philippe, quelques chapitres plus bas, prouve que Thomas de Boulogne, père de Christine de Pisan, avait souvent été trompé dans les prédictions qu'il avait voulu faire de la pluie et du beau temps.

Il ajoute que certains princes, après y avoir eu confiance, s'en étaient dégoûtés, entr'autres Pierre, roi d'Espagne, *qui avoit dépensé cinq-cens mille doubles d'or en astrologiens et arts magiques,* qui enfin reconnut *que pour une vérité, ils avoient dit vingt bourdes.* Philippe renvoie aussi là-dessus au Traité fait contre cette science par Nicolas Oresme.

Comme donc Oresme fut l'un des conseillers du roi Charles V, il faut croire que ce n'est pas dans l'astrologie judiciaire que Christine de Pisan dit que ce prince se plaisait, mais dans l'astronomie, qui considère le cours des astres sans en rien conclure par rapport aux évènemens de la vie. On voit au chapitre XLVI de la troisième partie, qu'il fit présent à l'empereur d'une belle sphère. Au reste, il sera toujours vrai de dire que Charles fit traduire bien autant de livres d'astrologie que d'autres sciences; c'est ce qu'on verra ci-après, dans l'extrait du livre de Simon de Phares, célèbre astrologue sous Charles VIII.

L'auteur du *Songe du vergier* ne paraît pas avoir été d'un sentiment bien assuré contre l'astrologie judiciaire, puisqu'en faisant parler son chevalier, qui est le personnage dans lequel on peut reconnaître son véritable sentiment, tantôt il lui fait dire que les diables connaissent les pluies, et par la conjonction des planètes, ce qui doit arriver à l'homme, et tantôt il lui met cette sentence en bouche : *qu'un bon marinier et un bon laboureur peuvent mieux juger du temps qu'il fera demain, que les astrologiens.* Cependant il est évident que ce savant homme réprouvait les pratiques superstitieuses, et qu'il eût voulu que Charles V en eût défendu de certaines touchant l'observation des jours. « On ne doit pas estre, « dit-il, de la considération des Anglais, qui tiennent « que qui leur fait *fiseau* au lundi, ils ont mal estraine « tout au long de la semaine, car certes ce sont cho- « ses toutes réprouvées; et si le roi de France me vou- « loit croire, il feroit défense en sa cour que nul, « pour cause d'esbattement ou autrement, ne fist fi- « seau à l'autre; et devroient les François laisser tel « esbattement ainsi damnable aux Anglois, qui l'ont « premièrement trouvé et introduit. »

C'est ainsi qu'on lit dans la première édition de ce livre *du Songe,* laquelle est de 1491. Cependant, dans une autre gothique un peu postérieure, il y a *siseau* au lieu de *fiseau.* La première leçon sera préférée par quiconque aura lu ce qui est marqué dans la nouvelle édition de du Cange, au mot *fissiculare,* et il pensera que faire fiseau signifiait *dire la bonne aventure.* Voici une troisième leçon que je tire du catalogue des astrologues de Simon de Phares, ramassé sous Charles VIII. Cet historien, parlant de Philippe-le-Bel, dit ces mots : « Et depuis trouva le roi Edouard « moyen faire *suxeaux* au roi Philippe-le-Bel pour « ce temps. »

Comme ci-dessus, j'ai renvoyé au manuscrit du même Simon de Phares, qui est dans la bibliothèque du roi; je crois devoir joindre ici les extraits que j'ai faits du catalogue dont je viens de parler. Je me borne aux principaux de la France dont il fait mention; je mettrai d'abord tous ceux qui lui furent plus connus et qui paraissent en gros caractères dans son livre, ensuite ceux qu'il ne connut que par de secondes recherches, et qu'il ajouta dans son manuscrit en plus petites lettres. Ce compilateur est d'autant plus mémorable qu'il compte Jean de Meun parmi ses ancêtres. Aussi paraît-il être né aux environs de cette petite ville de l'Orléanais. Du Verdier ni La Croix du Maine ne paraissent l'avoir connu.

Catalogue des principaux astrologues qui ont eu de la réputation en France, sous le gouvernement et sous le règne de Charles V, dans les propres termes de Simon de Phares, qui en fit, dans le siècle suivant, une recherche particulière.

Thomas Florentinus fut en ce temps moult aprecié en Italie. Cestui fut filz d'un souverain astrologien et aussi médecin, duquel ne scai le nom. Cestui escripvit sur les nativitez et sur les ellections de la iij maison : aucuns dient qu'il prédict d'un tremblement de terre et de la peste et de la famine qui fut environ l'an mil ccc. lxiiij, comme avoient fait autres, et concorda avec iceulx moult précisément. Et il est facille : car tous les astrologiens ont livres et introductions semblables. Ainsi fault qu'ils voysent un che-

min en quelque région qu'ils soyent s'ilz ne veulent
user de leur propre oppinion et laisser l'oppinion de
leurs docteurs. »

Ce premier me paraît être le même que Thomas,
père de Christine, que Simon de Phares n'aurait connu
que fort imparfaitement.

« Maistre Gervais Chrestien souverain médecin et
astrologien stipendié et moult aprecié du roy Charles le Quint, fut en ce temps en si grande véneration
que le roy voulut que son dit college eust son propre
nom, parce qu'il avoit été l'inventeur et promoteur
d'icelle fondation.

. « Maistre Michel de Jalongnes fut en ce temps
moult expert en la science des estoiles. Cestui prédit
à Lion les innundations que fist le Rosne qui fut sans
comparaison moult grant, et l'eslevation des Anglois
et Bretons qui se misdrent sus pour expeller les barbares qui furent desconfis devant l'an mil ccclxxiiij.
Cestui escripvit sur Bernes les grandes conjonctions.

« En ce temps hommes et femmes désiroient sça-
voir des choses advenir : Si eut une demoiselle de
Dinan, en l'escole d'Yves Darian à Dinan, nommée
Epiphanie Raguenel, qui puis fut femme à maistre
Bertrand Duguesclin au moyen d'une prédiction qu'elle
lui fit de la victoire.

« Maistre Gilbert de Chasteaudun fut moult aprecié
en la maison d'Orléans pour la science des estoilles.
Cestui assiduement pronostica sur la révolution des
ans, dont il acquist bon bruit au royaume de France.
Cestui prédit aussi plusieurs calamitez qui furent en

France, puis vint résider à Paris moult dévot et spé-
culatif le résidu de sa vie. Gist aux cordeliers.

« Charles le Quint dit *le Sage*, vertueux, débonnaire, bien amé de tout son peuple et craint des es-
trangers : cestui aima tant la science de astrologie qu'il
fit translater tous les livres qu'il put finer et trouver
de la science des estoilles, et entre autres fit translater
de latin en français, le *Quadripartitum Ptolomei,*
le *Centillogue, Abraham, Avenerze, Guido Bonati,*
Hali Abenragel et plusieurs autres. Il eut en mer-
veilleuse recommandation les astrologiens et se gou-
vernat par eulx, et par espécial, par un nommé *mais-*
tre Gervais Chrestien, qui fut grand et profond astrologien, comme dist est, à la requeste duquel et autres
de son sang aimant ladite science, et par grande délibération de son grant conseil et de toute l'Université de Paris, il voulut construire et édifier et après
fonder au meilleur lieu de l'Université de Paris, un
collége de astrologie et médecine, où il mit livres, plusieurs livres singuliers desdites sciences en grant et merveilleux nombre, et semblables livres que la cour de Parlement me a rendus et de semblables de ceulx qui sont
en différent, et que l'on maintient superstitieux contre
vérité; y mit aussi plusieurs astrolabes, équatoires,
sphères et autres instruments comme saphées, desriees
et semblables; laquelle fondation il fit confirmer par le
pape Urbain V, ensemble la disme du village de Can-
gie, qu'il ordonna pour le vivre des deux bourciers
qu'il y mit, et qui furent appelés *escoliers du roy.*
Fist en oultre anatematiser tous ceux qui présume-

roient oster ou diminuer iceulx livres et instrumens estans oudit colliege. Cestui roy fut si très-bon et si très-bon et si vertueux qu'il expulsa plusieurs fois les ennemis de son royaume, fist plusieurs belles fondations, et lui fut trouvé devers soi dix-huit millions.

« En ce temps vint en fleur, F. Nicolas de Pagnica, Italien, grant astrologien et médecin. Cestui fut compagnon de Jehan Laurens, qui aima moult la science de astrologie. Cestui prédit sur la nativité du duc de Bourgoigne, qui se trouva partout véritable, dont il fut moult loé et en acquist moult de l'honneur. Et fut la nativité à Dijon, l'an mil ccc l xx j, xxvj mai, après midy. Cestui de Pagnica estait à mervueilles expers ès jugements particuliers; car de son temps il n'estoit ne méurtrier, ne larron, ne malfaitteur qui se peut abscondre; ne larcin, ne traicté qui se peust devant ses jugements ne deffendre. Cestui descouvrit et dévoila plusieurs grans empoisonneurs en France, qui avoient intoxigués plusieurs grands personnages, et calculla de nouvel les estoilles fixes où il print moult grand labeur.

« Maistre Marc de Gennes, grant astrologien et médecin, résidant à Paris, autrefois à Anvers. Cestui prédit aux Flagements sur interrogation qu'il lui fut faite sur la bataille de Rosbecq, par le roy de France, Charles Débonnaire, où furent occis environ xxvi mille hommes de leurs gens; aucuns dient xxx mille. Cestui aussi prédit la mort du noble Edoard, prince de Galles, qui puis fust roy d'Angleterre et d'Hybernie, qui trespassa l'an 1376.

« Martin le Normant résidant à Pavie, fut en ce temps moult apreciéet mandé du roy de France auquel il prédit aussi la victoire qu'il eut à Rosebecq contre les Flamens, où en fut occis xxvi mil. Et si mist à l'encontre de ceux qui conseilloient au roy oster et faire lever les chesnes des rues de Paris après ladite victoire ; ce que toutefois le roy ne fist, et mit si grande taille sur le commun, que à plusieurs fut force de vendre leurs lits sur quoy ils gesoient et leurs meubles, pour la payer, qui fut très-mal fait.

« Maistre Guillaume de Loury résident à Bourges, fut envoyé querir, pour son grant sçu et singulieres expériences de sa science des estoilles, par les Anglois, et y ala voulentiers, pour que cestoit pour desennuyer le bon roy Jehan, qui fut prins à Poitiers, le lundy xix de septembre mil iij lv j, comme il avoit prédit. En son temps pronostica ou mois d'avril mil ccc lj, et derechief, encore une autre fois, l'an ensuivant fut encore desconfit li Anglois et Gascons. Il advertit aussi messire Charles d'Espaigne, connestable de France, qui ne le voulut croire, et fut tué en une hostellerie, en la ville de Laigle en Normandie, par les gens et du consentement du roy de Navarre; prédist aussi la desconfiture de Messire Robert de Clermont, lieutenant du duc de Normandie, et la mort de messire Geffroy de Harecourt.

« Messire Pierre de la Bruyerre fut en ce temps à Orléans moult estimé des nobles et du clergié, fist en son temps plusieurs instrumens servant à la théorie, et plusieurs beaux jugements sur la révolution des ans.

« Maistre Pierre de Valois, président à Coucy, homme de singuliere estude et moult aprecié des Anglois, et depuis du roy Charles le Quint pour la science des estoilles. Cestui ala souvent en Angleterre pour plusieurs différants, et prédist plusieurs choses comme est assis par ses pronostications sur les révolutions de l'an 1360. Cestui sur la révolution de l'an lviij, pronostica de la Jacquerie, qui commença en Beauvoisin, par les communes sur les gentilshommes, le xxviij jour de may, ou dit an, ce qui advint, car ils tuèrent tous les nobles et les femmes et les enfans.

« Maistre Michel de Saint-Mesmin, chirurgien, moult estimé à Montpellier, vint au service de messire Charles de Blois. Et comme prévoyant les choses advenir, desconseilla à son maistre de non soy combattre contre messire Jean de Montfort, dont il ne fut pas creu, pource que le jour Saint-Michel il se combattit, et pour ce fut desconfits lui et ses gens devant le chastel d'Aulroy à iiij lieues de Vennes. Cestui de Saint-Mesmin fut bien souffisant astrologien, et composa de beaux traictiez ; mais en les viels jours laissa la félicité mondaine et se rendit reclus à Orléans.

« Maistre Jacques de Saint-André, chanoine de Tournay, homme très-dévot, vertueux, et grant aumosnier, fut envoyay par ceulx de Paris pour la délivrance du roy Jehan, qui fut délivré tout à plain le xxv d'octobre mil ccclx. Cestui fut souverain médecin et grant astrologien, et prédist sur la révolution d'icelui an, comme le roy d'Angleterre descendrait

encor en bref jours en France, ce que toutefois peu
y prouffiteroit. Si advint que ou mois de novembre
ensuivant il vint et mist le siége devant Raims, et y
fut xl jours, et s'en alla s'en rien faire. Cestui prédist aussi la bataille de Cocherel qui fut le xj avril,
l'an mil ccclxiij, que messire Bertrand du Guesclin
gagna contre les Anglois.

« Maistre Yves de Saint-Brandin fut en ce tems à
Montpellier, moult aprecié et tant qu'il fut attiré au
service de messire Bertrand du Guesclin, connestable
de France, environ l'an 1369. Et pour que il étoit
homme à la main vaillant et hardy, icelui Bertrand
le mena avec lui en plusieurs entreprises, et par espe-
cial à la deffete des Anglois.

« Maistre André de Suilly fut en ce temps moult
aprecié pour son expérience tant de médecine que
de la science de astrologie, dont moult bien se sçavoit
entremettre. Cestui prédit au roy Charles la grande
bataille d'Espaigne, qui fut au mois d'avril mil ccclxvi
où la chevalerie de France ot moult affaire; et y fut
présent messire Bertrand du Guesclin. Cestui fit la
nativité de Charles VI, qui fut le iij jour de décembre l'an 1368, en moult beau style. Cestui fut baillé
audit messire Bertrand, le ij jour d'octobre mil
ccclxix, quant l'épée de France lui fut donnée, et
qu'il fut fait connestable de France; pour ce qu'il
fut saige et bien entendu astrologien, il fut présent
l'an devant à veoir combattre en Espaigne, au mois
de mars, le roy Henry contre le roy Pietre; où fut
le roy Pietre desconfit comme il avoit prédit. A ces-

lui fut envoyé la nativité du duc d'Orléans, qui fut nommé *Loys*, le xiij jour de mars, et celle de Jehan, duc de Bourgogne, qui fut né à Dijon, le xxviij de may, l'an 1370; et icelui propre jour, faisoit le jugement de la bataille du duc de Brabant et du duc de Juilliers, qui.... le xxij d'aoust ensuivant, et fut ledit duc de Brabant desconfit et le duc de Guerles tué. Cestui jugea moult profondément et précisément de celles nativités, lesquelles j'ay encores, et ne descordent en rien ad ce qu'ils ont promis ne fait en leurs vies.

« Maistre Denis de Vincennes, médecin à Montpellier et excellent astrologien, appellé au service du duc Loys d'Anjou, fut moult véritable en ses jugemens particuliers, très-practicien et expers. Entre lesquels en fist ung à icelui duc, qui avoit l'administration du royaume pour la minorité du petit roy Charles VI, au moyen duquel il trouva le trésor du roy Charles V, que seul sçavoit ung nommé *Errart de Saveugi*, vertueux, secret et sage chevalier, où il avoit l'estime de 18 millions d'or, qui estoit belle chose. Aucuns dient que maistre Jehan de Mehun mon consanguin le lui assembla par la puissance et vertu de la pierre des philosophes.

« Maistre Michel Trubert, natif d'Angers, homme de moult grande spéculation et bien praticien ès corps celestes, fut envoyé par le duc d'Ajou devers le pape Clément VI pour le royaume de Sicile, etc. . . . . . . se mist à chemin en jour de bonne élection et passa par les Italles par puissance, vint et entra à force en

Naples, et fut couronné roy de Sicille par le pape
Clément VI. Cestui duc d'Anjou se aida à ce qu'aucun dient du trésors du roy, et fut régent en France. »

Simon de Phares n'avait pas connu apparemment
tous les physiciens astronomes de France, puisqu'il
n'a pas inséré dans son catalogue Erard ou Evrard de
Conty, médecin de Charles V, dont il y a des ouvrages à Saint-Victor de Paris.

~~~~~~

OBSERVATIONS DE L'ÉDITEUR

SUR LES

CHRONIQUES DE SAINT-DENIS,

OU GRANDES CHRONIQUES DE FRANCE.

——

LES monumens de notre histoire désignés sous le nom de *Chroniques de Saint-Denis*, ont formé l'objet d'un établissement royal qui paraît remonter au commencement du douzième siècle, et dont l'idée-mère et la préparation sont attribuées au sage Suger, ministre de Louis-le-Gros.

Ce fut lui du moins qui en rassembla les premiers matériaux. Ils se composaient de chroniques, de mémoires écrits en latin, et des autres monumens de notre plus ancienne histoire, dont le principal dépôt était soigneusement conservé à l'abbaye de Saint-Denis, sous la haute protection du souverain. On a même été porté à regarder Suger comme l'auteur de la première compilation latine de ces documens historiques, depuis l'origine de la monarchie jusqu'au règne de Louis VI; mais on ne connaît certainement de lui que l'histoire de son temps et de son administration; et il paraîtrait que le premier corps d'ouvrage latin dont la traduction française a reçu depuis le nom de *Chroniques de Saint-Denis,* ne remonte pas au-delà du commencement du treizième siècle, ou du règne de Philippe Auguste. A cette époque, elles ne portaient point encore le titre qui les a distinguées dans la suite; elles n'étaient que l'œuvre individuelle de divers chroniqueurs choisis par le prince, ou qui travaillaient d'eux-mêmes, avec le secours des bibliothèques monastiques; rien n'y annonçait encore la participation des moines de Saint-Denis.

Rigord, historien de Philippe Auguste, paraît avoir été du nombre de ces chroniqueurs particuliers, écrivant sous la protection du monarque, ou de ses ministres, ou des princes du sang royal. Il rapporte qu'étant peu satisfait de son ouvrage, il avait résolu de le brûler, mais que le roi ordonna qu'il fût déposé dans les registres publics, *ut per manus ejus in monumenta veniret publica;* et de là vint, sans doute, que Rigord prit le titre d'*historiographe du roi.*

On eut ainsi l'histoire, ou si l'on veut les Chroniques ou Annales de chaque époque, rédigées par des contemporains, et qui, suivant l'opinion commune, étaient déposées à Saint-Denis au fur et à mesure qu'elles sortaient des mains de leurs auteurs.

Ainsi les Chroniques de France, telles qu'elles sont venues jusqu'à nous, sous le nom de *Saint-Denis,* furent précédées non seulement d'histoires générales de la nation rédigées en latin, qui n'étaient que des compilations échelonnées de documens plus ou moins anciens, mais on avait vu concourir avec ces textes

latins, des traductions françaises partielles des originaux dont ils se composaient.

> Les sages clers d'adont par leur signifiance
> En firent les chronicques qui sont de grant vaillance,
> Et sont en l'abbaye de Saint-Denys en France,
> Puis ont esté extraites par moult belle ordonnance
> De latin en rommant.
>
> (*Roman* de Doolin de Mayence.)

Le premier concours certain des moines de Saint-
Denis à la traduction française de nos annales n'est
rapporté qu'au commencement du quatorzième siècle,
ou, au plus tôt, à la fin du treizième; c'est alors que
le nom de *Saint-Denis* figure pour la première fois
en tête des chroniques connues sous ce nom.

On peut donc distinguer quatre époques dans la
rédaction des Chroniques de Saint-Denis, qu'on a
aussi intitulées : *Grandes Chroniques de France.*

1° La compilation latine de notre histoire la plus
ancienne, que Suger est présumé avoir exécutée au
commencement du douzième siècle, mais dont il n'a,
suivant toute apparence, que rassemblé les matériaux.

2° Le même corps d'histoire augmenté des règnes
suivans, mais réduit dans ses proportions, plus ou
moins enrichi ou chargé de nouveaux faits, et traduit
en français par les moines de Saint-Denis, vers le
commencement du quatorzième siècle.

3° Le travail ordonné par Charles VII, c'est-à-dire
les deux premières compilations remaniées, et accrues
des mémoires des derniers règnes. On croit que c'est
Jean Chartier, l'auteur d'une histoire de Charles VII,

mal à propos confondue avec les œuvres du poète Alain Chartier, qui exécuta ce travail.

4° Enfin, la compilation de Chartier, augmentée de l'histoire de Charles VII, par cet annaliste, et continuée par de nouvelles additions de parties empruntées aux historiens contemporains, jusqu'en 1513-18, époque des dernières et plus amples éditions anciennes des Chroniques dites de *Saint-Denis* (1).

Ainsi, quoique la première partie de ces chroniques ait été rédigée en langue latine d'après des ouvrages latins, nous n'avons, en imprimé, que des textes français ou romans, de ces histoires.

La première édition, qui est de Paris, Bonhomme, 1476, 3 vol. in-folio, goth., finit à la mort de Charles VII, en 1461. (Le mémoire de Sainte-Palaye porte Charles VI, mais c'est une faute d'impression.) On en connaît une seconde de même date, sous le même nom de Bonhomme, et contenant les mêmes matières, mais dont les caractères et la distribution des pages sont différens. Les mêmes chroniques furent réimprimées pour la troisième fois, en 1493, Paris, Antoine Verard, avec la même continuation et quelques additions (et non pas seulement jusqu'en 1422, comme on pourrait le supposer d'après une note du P. le Long). La quatrième parut en 1514 chez Guillaume Eustache : elle contient la matière des éditions

---

(1) Ce résumé n'est pas absolument conforme à l'opinion qui a pu s'établir d'après des recherches récentes. Mais *voyez* les observations qui suivent cette notice.

précédentes, continuée jusqu'à l'an 1513, et forme également 3 volumes in-folio. Enfin, Galliot du Pré donna en 1517-18, une cinquième édition en 4 vol. petit in-folio, qui est la dernière, sauf les réimpressions modernes.

Toutes ces éditions, copiées les unes sur les autres, sont plus ou moins chargées de fautes; et la plupart des noms propres et des noms de lieux y sont tellement défigurés qu'il n'est pas toujours facile de les reconnaître.

Les manuscrits ne vont pas au-delà du sacre de Charles VI, qui eut lieu en 1380.

La première compilation mise en français, avec l'addition du siècle et demi qui s'était écoulé depuis Louis-le-Gros, est rapportée à l'année 1274. Sainte-Palaye et D. Bouquet ont pensé, selon la conjecture de l'abbé le Beuf, non pas que cette traduction fût, comme d'autres l'avaient supposé, de Mathieu de Vendôme, abbé de Saint-Denis, premier ministre et régent du royaume, ainsi que l'avait été le grand Suger; mais que Mathieu l'avait fait exécuter sous ses yeux par un tiers, qui l'avait présentée, accompagné du premier ministre, au roi Philippe-le-Hardi (1). Quel est ce tiers? Les mêmes écrivains désignent Guillaume de Nangis; mais D. Poirier prétend que Nangis n'était que le gardien des archives de Saint-

(1) *Voyez* le Mémoire de l'abbé Lebeuf sur le manuscrit de Sainte-Geneviève, t. 16 des *Mém. de l'Acad. des belles-lettres*, in-4°, hist., p. 175.

Denis, et qu'il n'eut point de part à la traduction des chroniques. Il n'y a donc rien de certain à cet égard.

Ce qui paraît au-dessus de toute contradiction, c'est que les Chroniques de Saint-Denis étaient anciennement regardées comme les monumens les plus précieux et les plus authentiques de notre histoire, et que le dépôt en était conservé et consulté avec autant de vénération que de confiance.

Voici les preuves qu'en donne Sainte-Palaye dans une Dissertation que nous suivons ici, quant aux faits, mais non pas dans les conséquences (1).

Telle était la grande réputation dont ces chroniques jouissaient dans le treizième et le quatorzième siècle, que les historiens ne croyaient pas qu'il y eût de plus sûr moyen de gagner la confiance du lecteur, que de s'appuyer de leur autorité.

Philippe Mouskes, écrivain du treizième siècle, nous apprend, au commencement de son Histoire des rois de France, qu'il l'avait tirée du monastère de Saint-Denis :

> En l'abbaye Saint Denise
> De France....... ai l'estore prise,
> Et de latin mise en roument.

Guillaume Guyart, qui écrivait dans les premières

(1) Mémoire concernant les principaux monumens de l'histoire de France, avec la notice et l'histoire des Chroniques de Saint Denis. *Mémoires de l'Académie des belles-lettres,* t. 23, in-12.

années du quatorzième siècle, faisant mention des
aùteurs des romans d'*Alexandre*, d'*Artur*, de la
Table ronde, etc., annonce que, pour lui, il a voulu
rapporter les histoires des temps passés :

> Selon les certaines chroniques
>
> . . . .
>
> Dont j'ai transcrites les mémoires
> A Saint-Denis soir et matin
> A l'exemplaire du latin
> Et à droit françois ramenées,
> Et puis en rimes ordenées :

Qu'il se gardera bien de suivre l'exemple de ceux

> Qui pour estre plus délitables
> Ont leurs rommans emplis de fables
> (*La branche aux royaulx lignages*).

Guyart avoue plus loin qu'il ne commença à marcher sûrement dans ses recherches, que lorsqu'il eut connu les chroniques, qui lui furent indiquées comme la source la plus pure. On a aussi des exemples de poètes vrais romanciers qui, pour accréditer leur récit, paraient les frontispices de leurs poèmes du nom des *Chroniques de Saint-Denis*.

Adans, autrement appelé le *roi Adenès*, dit, dans son roman des Enfances d'Ogier :

> Ala Adans plus ne volt demorer,
> A Saint-Denis en France demander

Coment porra de ceste estoire ouvrer
Par quoi la puist seur vérité fonder.

. . . .

Vns courtois moine cui Diex puisse honorer,
Dant Nicholas de Rains l'oy nomer,
Li fist l'estoire de chief en chief monstrer.

On voit, d'ailleurs, que l'opinion qu'on avait alors
de la pureté de ces sources historiques, était assez généralement partagée, et qu'elle avait son appui dans
les marques publiques d'une auguste confiance. S'a-
gissait-il de rechercher les usages anciens pour constater le cérémonial, ou d'éclaircir les généalogies afin
d'assurer l'Etat des princes; survenait-il des contestations sur le point d'honneur, ou des procès entre
les grands vassaux pour la possession de leurs terres,
on ouvrait les Chroniques de Saint-Denis, et les réponses qu'elles rendaient étaient regardées comme
des oracles.

C'est ainsi que dans l'année 1397, le roi de Navarre étant venu en France pour solliciter la restitution de ses biens, l'évêque de Pampelune, qui devait
plaider pour lui devant le conseil assemblé en présence du roi, et qui voyait que le moyen le plus
propre à justifier la demande du prince était fondé
sur sa généalogie, en puisa les preuves dans les histoires de Saint-Denis.

Quelque temps après, lorsque la valeur française
paraissait abattue par les prospérités des Anglais, Jean
de Montreuil, secrétaire de Charles VI, tira des Chroniques de Saint-Denis de quoi la relever. Il écrivit,

et peut-être par l'ordre du roi, une longue lettre adressée aux princes du sang et à la noblesse de France, pour ranimer leur courage par le souvenir de la supériorité continuelle que les Français avaient eue, dès leur première origine, sur tous leurs ennemis; et les exemples qu'il cite sont empruntés des chroniques. Il existe d'autres lettres qui prouvent que cette exhortation produisit le meilleur effet, et que pour satisfaire à l'empressement général qu'on témoignait pour la lecture des chroniques, le même secrétaire en fit répandre des copies. Il paraîtrait, enfin, que certains faits ne furent enregistrés aux archives de Saint-Denis qu'après avoir été attestés sous la foi du serment par ceux qui en déposaient comme témoins oculaires. On sait du moins que cela s'est pratiqué dans le quinzième siècle, d'après les assertions de Jean Chartier.

Mais toutes ces circonstances rapportées par Sainte-Palaye ne suffiraient pas, selon nous, pour justifier l'opinion favorable que cet écrivain avait de l'exactitude des Chroniques de Saint-Denis. Elles ne prouvent point que ces compilations, alors consultées comme des oracles, mériteraient aujourd'hui la même confiance. Pour trouver dans l'antique vénération dont elles furent l'objet, une preuve de leur fidélité historique, il faudrait admettre qu'au dix-neuvième siècle, nous devons voir les faits éloignés et douteux, des mêmes yeux, et avec les mêmes dispositions d'esprit que les écrivains du moyen âge, et que nous n'avons ni moins de préjugés, ni plus de critique que les hom-

mes de ce temps. Or cette proposition n'est pas sou-
tenable.

On peut objecter, en outre, que les faits cités par
Sainte-Palaye n'ont pas tous l'autorité et le caractère
qu'il leur attribue.

Philippe de Mouskes, premier nommé, n'a pas une
telle réputation de véracité qu'on doive toujours le croire
sur sa parole. Cet historien était avide de fables. Ses
écrits en contiennent plusieurs, de l'aveu même de
du Cange; et la Ravallière, qui le dément sur les amours
du comte Thibaut, prétend que les halles n'offrent
point de scènes plus basses que celles qu'il fait jouer
aux premiers seigneurs de la cour contre un roi pa-
rent de la maison royale de France. Que Philippe de
Mouskes ait, comme il le dit, pris son histoire dans
les registres de Saint-Denis, ce fait peut être vrai,
mais on n'en saurait rien conclure de favorable à la
chronique-mère.

On conçoit aussi que les romanciers de profession,
pour donner plus de consistance à leurs écrits, aient
emprunté l'autorité de l'histoire telle qu'elle existait
alors; cela ne veut pas dire que la source dans laquelle ils voulaient paraître avoir puisé, fût parfaitement pure, si l'on juge de l'arbre par le fruit. Il y
avait une assez grande distance entre leurs récits purement imaginaires, et l'histoire proprement dite,
quelqu'imparfaite qu'elle fût, pour qu'en se parant
de sa livrée et de son titre, ces romanciers aient cru
donner à leurs rêveries un noble et puissant appui.
Quant au serment exigé de ceux dont le témoignage

devait être enregistré à Saint-Denis, on n'en cite que
deux ou trois exemples, qui appartiennent au dernier
siècle de la chronique, et ce n'est point sur cette époque que pèse les plus forts et les plus justes soupçons
d'infidélité contre les chroniques.

Sainte-Palaye s'exprime lui-même de manière à ne
laisser aucun fondement solide à son opinion, quand
il dit : « Il faut réfléchir sur l'intention qu'on a eue en
« écrivant les chroniques, et se transporter aux siè-
« cles où elles ont été composées. On se proposait de
« rassembler dans un même recueil tout ce qui était
« répandu dans plusieurs volumes, et de n'omettre
« aucuns des faits principaux, *de quelque nature*
« *qu'ils fussent.* On se faisait surtout une religion de
« ne rien perdre de certaines traditions conservées
« dans les églises, et principalement *des miracles*
« *qui, en entretenant la pieuse crédulité des fidèles,*
« semblaient être propres à échauffer leur dévotion.....
« Au reste, toutes les traductions qui sont entrées
« dans les Chroniques de Saint-Denis n'ont pas été
« faites avec une égale exactitude; quelquefois elles
« ajoutent au texte latin; quelquefois elles y font des
« retranchemens; d'autrefois, elles copient jusqu'aux
« termes dont l'écrivain original s'était servi en par-
« lant de lui-même, en sorte que des lecteurs peu
« attentifs pourraient attribuer à la personne du tra-
« ducteur ce qui appartient à l'auteur. » Cet aveu seul
juge la question.

Il est donc permis de penser, comme le père le
Long, et de répéter avec la Ravallière et les plus ju-

dicieux critiques, que les Chroniques de Saint-Denis
sont remplies de fables, quoique ce soit la source où
ont puisé la plupart des auteurs modernes qui ont
écrit l'histoire générale de France.

Ainsi, ce monument, quelque droit qu'il ait d'ailleurs à nos respects, péche par un vice capital dans
l'histoire, qui est l'infidélité, ou le mélange du faux
avec le vrai. Mais ce vice, c'est au siècle, et non pas
aux hommes qu'il faut l'imputer; et l'on peut croire
qu'il est beaucoup moins l'effet de la corruption ou
de la mauvaise foi, que d'une confiance aveugle ou
d'une pieuse simplicité.

Il est juste de dire aussi qu'on doit faire une distinction entre les différentes parties de la chronique
dont nous avons marqué la division.

La première compilation exécutée dans le douzième
siècle, est celle dont il faut le plus se défier, parce
qu'elle embrasse les temps les plus éloignés, et que
l'auteur était lui-même fort loin de ces temps.

Pour donner une juste idée de l'exactitude de cette
partie, il suffira de rappeler que la chronique, disons
le roman, faussement attribué à l'archevêque Turpin,
est un des élémens de sa composition. On y trouve
donc la relation de la prétendue expédition de Charlemagne contre les Sarrazins, et beaucoup d'autres
fables semblables tirées de récits romanesques et de
traditions qui passaient alors pour de l'histoire.

Ce défaut d'exactitude est beaucoup moins sensible dans les parties suivantes, qui se composent de
mémoires écrits, ou recueillis et ajoutés successive-

ment les uns aux autres par les contemporains : cependant, si l'on considère que ces mémoires remaniés et refondus à différentes époques dans de nouvelles compilations, ont perdu une partie du caractère d'authenticité qui s'attache aux écrits des contemporains ; si l'on reconnaît que, de l'aveu de tous les critiques, les auteurs de ces compilations ne se sont pas attachés à suivre exactement leurs modèles, et qu'en retranchant ou altérant beaucoup de faits, ils en ajoutaient nombre d'autres, d'après de simples traditions ou des légendes accréditées dans leur siècle, on sentira que les parties moyennes des chroniques ne sont rien moins qu'exemptes de fables, et que l'erreur y est d'autant plus dangereuse, qu'elle s'y montre sous des formes plus naturelles et moins grossières que dans le tableau des premiers siècles de la monarchie.

Quoi qu'il en soit, on a recherché et trouvé les élémens de ces compilations, par la comparaison de leurs différens textes avec ceux des historiens anciens dont les écrits sont venus jusqu'à nous. Ce rapprochement a été fait dans la *Bibliothèque historique de France*, mais d'après la nomenclature beaucoup plus complète qu'en avait donnée Sainte-Palaye (1).

Voici le texte de cet auteur :

« Le premier historien que nous trouvons est Aymoin, qui comprend tout ce qu'on lit sur la première race. Je conviens que Grégoire de Tours et Fréde-

_____

(1) Mémoire concernant les principaux monumens de notre histoire.

gaire avec ses continuateurs, sont des auteurs plus
dignes de foi, ayant été plus voisins des temps dont
ils parlent; mais cette raison même les a fait entrer
dans des détails qui ne convenaient pas à une histoire
générale : les compilateurs ont mieux aimé adopter
Aymoin, dont l'histoire a plus de suite et plus de
liaison, et qui avait réduit en un seul corps d'ouvrage
tout ce qui se trouvait essentiel dans les auteurs que
je viens de citer, dont il est toujours le copiste, ou du
moins l'abréviateur.

« A l'égard des commencemens de la seconde race,
il n'y avait pas à balancer de prendre Eginhard pour
le règne de Charlemagne; les chroniques ont traduit
en entier les Annales de cet auteur, depuis l'an 769
jusqu'à l'an 813. On y a ajouté ce qui concerne per-
sonnellement cet empereur, en traduisant sa vie écrite
par le même historien. Il est vrai qu'on aurait pu se
dispenser d'insérer la chronique de l'archevêque Turpin, d'après lequel l'expédition d'Espagne contre les
Sarrazins a été rapportée; mais on ne voulait rien
omettre, et cet auteur fabuleux est le seul qu'on ait
pour cette partie, vraie ou fausse, de l'histoire de
Charlemagne. Je remarquerai en passant, qu'on y
trouve la traduction des chapitres que j'avais découverts dans un manuscrit de Braine, et qui manquent
dans les imprimés.

« L'histoire de Louis-le-Débonnaire, qui suit, est
copiée de sa vie, par l'auteur anonyme qui était attaché à sa cour à titre d'astrologue; et l'on ne pouvait
prendre encore un guide plus fidèle et mieux instruit.

A l'égard des temps qui suivent jusqu'à Louis-le-Gros, que nous avons regardés comme des temps de ténèbres, les chroniques ont recouru de nouveau à Aymoin, qu'elles avaient abandonné dans les deux règnes de Charlemagne et de son successeur, qui leur fournissent des autorités plus sûres; et dans cette partie, comme dans la première, les chroniques rapportent souvent les passages qu'on regarde ordinairement comme des interpolations faites à Aymoin; quelquefois aussi elles ajoutent à cet historien des faits puisés dans d'autres auteurs.

« C'est ici que l'historien Glaber aurait pu trouver place; mais comme il a plutôt donné une histoire universelle qu'une histoire de France, le compilateur, se contentant d'en avoir tiré quelques faits, n'a pas jugé à propos de le comprendre dans sa collection. Le laborieux auteur de la Bibliothèque des historiens de France n'y a pas fait assez d'attention, quand il a avancé que les chroniques contenaient la traduction de Glaber. A mesure que les nuages de notre histoire commencent à se dissiper, les chroniques deviennent plus instructives et plus lumineuses. Elles traduisent tout de suite la Vie de Louis-le-Gros par Suger, le livre intitulé *Gesta Ludovici VII*, que j'attribue au même auteur; la première partie de l'ouvrage qui a pour titre *Historia Ludovici VII*, l'Histoire de Philippe Auguste, par Rigord, continuée par Guillaume le Breton; les Gestes de Louis VIII, dont le même Guillaume le Breton fut peut-être auteur; les Vies de saint Louis et de Philippe-le-Hardi son fils, par Guillaume de Nangis, avec la chronique du même jusqu'à l'an 1301, et sa première continuation, qui se termine à l'an 1340. Comme depuis cette année on ne trouve plus de traductions françaises de nos historiens latins, nous jugeons que tout ce qu'on lit dans l'espace des quarante années qui suivent, jusqu'à 1380, est l'ouvrage d'un ou plusieurs auteurs qui écrivaient les faits dont ils avaient été les témoins; mais aucun ne nous est connu : quels qu'ils soient, nous pouvons assurer qu'il n'y a point de temps pour lesquels ces monumens historiques nous soient plus précieux, puisqu'ils contiennent un journal suivi et très-bien détaillé de tous les évènemens passés dans l'intérieur du royaume, dont nous sommes assez mal instruits par les historiens contemporains. L'horreur de ces évènemens, il est vrai, semble mériter un éternel oubli; mais le crime et la vertu sont les objets de l'histoire, et servent également à l'instruction des hommes (1).

« Après avoir vu dans ce Recueil, depuis l'an 1340 jusqu'à la mort de Charles V, une histoire originale qui n'est empruntée d'aucun historien qui soit connu à présent, nous recommençons, sous Charles VI, à n'y plus retrouver que des copies d'autres auteurs. Ainsi, tout ce qu'on y lit depuis l'an 1380, temps de l'avènement de ce prince à la couronne, jusqu'à l'an 1402, n'est que la répétition littérale des mêmes an-

_____

(1) *Voyez*, à la fin, les observations qui suivent cette Notice.

nées de l'histoire de Juvenal des Ursins, comme les vingt autres années qui suivent, jusqu'à sa mort, sont tirées mot pour mot de la chronique de Jean Chartier, c'est-à-dire de tout ce qu'elle contient dans cet espace de temps.

« Mais il faut observer que ces deux historiens ne sont eux-mêmes que les abréviateurs de la Vie de Charles VI, écrite en latin par un auteur anonyme qu'on désigne ordinairement par le titre de *moine de Saint-Denis;* et comme cet historien avait écrit au moins l'histoire du roy Jean et de Charles V, que nous n'avons plus, ce qui remplit l'espace de trente années sur les quarante pendant lesquelles nous n'avons plus trouvé l'original latin d'où les Chroniques de Saint-Denis étaient empruntées, il me semble qu'on peut présumer que ces quarante années, depuis 1340 jusqu'à 1380, sont extraites du même moine de Saint-Denis, d'autant plus qu'il y a beaucoup de ressemblance entre la forme dans laquelle l'histoire de cet intervalle est écrite, et celle qu'on trouve sous le règne de Charles VI, l'une et l'autre étant une espèce de journal. Ce moine de Saint-Denis, enfin, a presque toujours été regardé comme un chroniqueur de France; et il s'était trouvé, par des ordres supérieurs, à toutes les occasions importantes, soit de la guerre, soit des négociations, et aux principales cérémonies. Rien ne serait plus capable de donner une grande autorité aux Chroniques de Saint-Denis, pour ces quarante années, que de supposer, comme il y a tout lieu de le croire, qu'elles ont été empruntées du moine de Saint-Denis, l'auteur le plus exact, le mieux instruit et le plus fidèle que nous ayons; rien aussi ne serait plus propre à nous consoler de la perte que nous avons faite de son Histoire du roi Jean et de Charles V, que de penser que le précis nous aurait été conservé dans les chroniques.

« L'Histoire de Charles VII est prise toute entière dans celle de Jean Chartier; et comme l'on y a conservé la préface de l'auteur, qui se dit *chroniqueur du royaume à ce commis par le roy,* on ne peut douter que sa première destination, dès le temps où elle a été entreprise, ne fût de servir de suite aux Chroniques de Saint-Denis. C'est au règne de ce prince que finit la première édition des Chroniques. Dans les éditions postérieures, elles ont été augmentées des vies de Louis XI et de Charles VIII, et d'une partie de celle de Louis XII. (1).

« La vie de Louis XI, dans ces imprimés, est copiée sur la chronique de ce prince, appelée très-mal à propos *Chronique scandaleuse,* et imprimée sous ce titre par M. Godefroy, au lieu de celui de *Chronique additionnée,* qui lui avait été donné, avec plus de raison, par celui qui la fit imprimer à la suite de Monstrelet. Je crois que la plus grande partie a été composée par Jean Castel, chroniqueur de Louis XI. (2).

_____

(1) C'est-à-dire dans les dernières éditions du 16° siècle; car l'édition du 15°, qui suivit immédiatement la première, finit, comme celle-ci, à la mort de Charles VII. (*Edit.* C. L.)

(2) D'autres nomment Jean de Troyes comme auteur de

« L'Histoire de Charles VIII n'a point été copiée
sur la chronique de Gaguin, contenue dans la chro-

cette chronique. Ce qui a porté Sainte-Palaye à n'y voir que
l'œuvre de Jean Castel, c'est que le nom de cet écrivain,
qu'on sait avoir été revêtu de l'office de chroniqueur sous
Louis XI, se trouve indiqué au titre du second volume des
chroniques Martiniennes, dans lesquelles la chronique qualifiée de *scandaleuse*, remplit tout le règne de Louis XI. Mais
il ne faudrait pas adopter cette opinion dans un sens trop
absolu.

Le titre du t. 2 des chroniques Martiniennes, que nous
avons sous les yeux, est ainsi conçu :

*Le second de la chronique Martinienne, qui suit les dates des
temps des chroniques de France, selon le chroniqueur Castel et
monseigneur Gaguin. . . . . et plusieurs autres chroniqueurs.*

Comme ce tome contient des chroniques autres que celles de Louis XI et de Gaguin, on pourrait objecter que le
nom de Castel ne s'applique point à l'histoire de Louis XI,
ou du moins qu'on n'en peut rien conclure de positif par
rapport à l'auteur de la chronique scandaleuse ; mais nous
conviendrons que cette objection serait sans force, parce
qu'il est reconnu

Que Jean Castel écrivait sous Louis XI , avec le titre de
chroniqueur ;

Qu'à ce titre, il n'a pu être chargé de recueillir que les
évènemens du règne de Charles VII, dernier roi décédé, ou
ceux du règne de Louis XI, alors vivant ;

Qu'il n'est point l'auteur de la chronique de Charles VII,
qu'on sait être de Jean Chartier ;

Et qu'en conséquence, la chronique de Louis XI est la
seule qu'on puisse lui attribuer.

Jusque là, tout paraît exact dans le raisonnement et dans

nique Martinienne, ainsi que le titre des Chroniques de Saint-Denis le porte, et que le P. le Long l'a dit sur la foi de ce titre; mais elle est tirée mot pour mot de la chronique de Pierre Defrey, lequel, à la vérité, a quelquefois copié la chronique de Gaguin, telle qu'elle se trouve insérée dans la chronique Martinienne, mais l'a augmentée de beaucoup. L'Histoire de Louis XII contient, à peu de chose près, ce qu'on lit dans la chronique de Gaguin, contenue dans la chronique Martinienne, depuis l'an 1497

---

les faits, et l'on ne peut que partager le sentiment de Sainte-Palaye, auquel l'abbé Lebeuf s'est réuni dans un mémoire postérieur sur la chronique Martinienne. (*Acad. des bel. let.*, *Mém.*, t. 33, in-12.)

Cependant, on ne saurait dire non plus que Jean de Troyes ait été désigné sans fondement comme auteur de la *chronique scandaleuse.*

On convient généralement que ce greffier a donné une chronique ainsi qualifiée. Sainte-Palaye et l'abbé Lebeuf prétendent, il est vrai, que Jean de Troyes n'a fait que copier la partie des Chroniques de Saint-Denis qui comprend le règne de Louis XI, et que cette partie est l'ouvrage de Castel; mais ils reconnaissent d'ailleurs que Jean de Troyes y a fait des *changemens*, des *additions* et un *nouveau préambule.* On voit ensuite que Castel, qui est présumé avoir cessé de vivre ou d'écrire en 1475, ne peut avoir donné l'histoire des sept dernières années de Louis XI, mort en 1483, et dont l'auteur est inconnu, dans le sens de l'abbé Lebeuf.

Or, rien n'empêche qu'en refusant à Jean de Troyes la partie de la chronique attribuée à Castel, on ne lui laisse au moins celle qui n'est revendiquée pour aucun autre; et

jusqu'à l'an 1500, où finit cette dernière chronique.
Les années qui restent, jusqu'à l'an 1513, qui est la
dernière dont les Chroniques de Saint-Denis donnent
l'histoire, n'est qu'un abrégé très-court de la chronique de Defrey. Dans cet intervalle, il semble que
l'auteur écrivait à mesure que les évènemens se passaient, et que son âge ne lui permettait guère d'espérer qu'il verrait la fin de ceux dont il avait rapporté les commencemens, puisqu'il en abandonne le
soin aux écrivains qui en étaient chargés. »

(*Edit.* C. L.)

s'il est vrai *qu'indépendamment* du préambule, des retranchemens et des additions partiels qui lui sont propres, Jean de
Troyes a encore ajouté sept années au travail de Castel, on
peut bien admettre que cette part de labeur suffit pour lui
faire partager le mérite et le titre que Sainte-Palaye semble
attribuer exclusivement à Castel. Ainsi, la vérité serait que
la chronique dite *scandaleuse*, telle qu'elle est venue jusqu'à
nous et qu'elle se trouve dans l'édition complète de 1620,
in-4°, est l'ouvrage de deux auteurs, dont le principal et le
plus connu se nomme *Jean Castel*, et l'autre *Jean de Troyes*.

(*Edit.* C. L.)

OBSERVATIONS DE L'ÉDITEUR

SUR L'ARTICLE PRÉCÉDENT.

(1837)

Il y a dix ans révolus que la Notice précédente a été rédigée et remise au libraire-éditeur : alors la question de l'origine des Chroniques de Saint-Denis n'avait pas été complètement éclaircie : ce n'est qu'à la fin de l'année dernière (1836) que M. Paulin-Paris publia, avec le premier volume d'une nouvelle édition de ces Chroniques, une Dissertation qui apporte de grands changemens dans l'opinion établie par les membres les plus éclairés en cette matière de l'ancienne Académie des inscriptions et belles-lettres (1). Le sentiment de M. Paris, sur un pareil sujet, est d'un grand poids à nos yeux, car personne n'est plus en position d'apprécier les monumens écrits de notre vieille histoire ; et indépendamment de cet excellent esprit de critique qu'il porte dans toutes ses recherches, il a, sur les savans d'un autre siècle, l'avantage décisif de travailler en présence de ces monumens, de les posséder pour ainsi dire, d'avoir pu les étudier,

---

(1) *Les Grandes Chroniques de France, etc.*, publiées par M. Paulin-Paris. Paris, Techener, 1836, in-8º. Il n'a paru jusqu'à présent (février 1837) que le premier volume.

les comparer et les juger dans leurs rapports avec beaucoup de témoignages ignorés ou qui ne sont bien connus que de lui : aussi nous nous glorifions de nous être rencontrés quelquefois sur ce terrain avec M. Paris, quand nous avons cru devoir nous écarter de la voie frayée par nos anciens maîtres. Mais il n'appartient qu'à l'éditeur des plus importantes et plus curieuses productions du moyen âge français, de couvrir de son autorité celle qui s'attache à l'opinion des Sainte-Palaye, des Lebeuf, des Poirier et de leurs savans collègues. Nous avons évité de reproduire dans notre Notice des erreurs manifestes échappées à Sainte-Palaye, mais nous ne pouvions nous permettre de refaire son ouvrage; et s'il était possible que ce scrupule nous fût reproché, nous ne craindrions pas d'avouer hautement notre insuffisance. C'est pourquoi nous nous bornerons à établir ici, en substance, la filiation des Chroniques de Saint-Denis, d'après les nouvelles données de M. Paris. Ceux de nos lecteurs dont cette analyse éveillerait la curiosité sans la satisfaire, pourront facilement recourir à l'original; et du moins ils nous sauront gré de leur avoir inspiré le désir de le connaître.

Les Chroniques de Saint-Denis ne sont qu'un projet dans le douzième siècle, époque à laquelle on a rattaché leur origine. Suger, abbé de Saint-Denis et ministre de Louis-le-Gros, rassemble des matériaux pour servir à la rédaction de notre ancienne histoire; mais il ne produit, de son propre fonds, que les annales de son temps et la relation des principaux actes de son administration. Tous ces écrits, dans lesquels on distingue les ouvrages de Grégoire de Tours, de Frédegaire, Eginhard, Aimoin, et du faux Turpin, sont en langue latine, comme tous les livres du même temps; la chronique supposée de Turpin est le premier de ces ouvrages qu'on ait traduit en français: commencement du treizième siècle.

Viennent ensuite les curieux Mémoires de Ville-Hardoin, la traduction française de la Guerre sainte, de Guillaume de Tyr, et bientôt après l'ouvrage de Nicolas de Senlis, en dialecte semi-provençal, semi-français, qui est la plus ancienne histoire générale de France en langue romane. Elle date des premières années du treizième siècle; mais on ne saurait y voir encore la tête; ce ne serait, tout au plus, que le germe des Chroniques de Saint-Denis.

On pourrait en reconnaître le premier modèle dans le livre du Ménestrel d'Alphonse, comte de Poitiers, frère de saint Louis; cependant il n'y est pas fait une seule fois mention des Chroniques de Saint-Denis, quoique l'auteur énumère, avec une grande apparence de bonne foi, tous les ouvrages historiques qui servirent de base à sa compilation.

Un demi-siècle après, sous le règne de Philippe-le-Bel, apparaît un nouveau texte du Ménestrel, augmenté de moitié; mais rien n'y annonce encore la participation de l'abbaye de Saint-Denis au travail de l'historien.

Voici enfin une histoire générale de la nation, écrite en français, qui se présente pour la première fois sous le titre de Chroniques de France, selon qu'elles sont conservées a Saint-Denis, depuis les origines les plus reculées jusqu'à l'avènement au trône de Philippe-le-Bel : c'est que l'ouvrage se compose en grande partie de traductions des originaux latins, exécutées cette fois par les moines de Saint-Denis; mais les nombreux emprunts faits au Ménestrel d'Alphonse et à ses continuateurs, permettent de considérer cette Histoire comme une troisième édition des Chroniques dites de Saint-Denis. Elle appartient à la première moitié du quatorzième siècle.

La quatrième édition, donnée sous Charles V, s'accroît de la relation des évènemens intermédiaires. Elle offre, suivant l'auteur de ces recherches, le texte qui seul est demeuré *sacramentel;* mais les moines de Saint-Denis y sont restés étrangers, à compter de 1340 : cessant d'être historiens, ils ne sont plus que dépositaires. Depuis cette époque jusqu'au sacre de Louis XI, les Chroniques de France qui continuent de porter le nom de *Saint-Denis,* non plus traduites d'anciens textes latins, sont rédigées à neuf en français par des écrivains séculiers : ces rédactions sont mères à l'égard des derniers règnes ajoutés au premier corps de l'ouvrage.

Le texte qui finit à la mort de Charles VII doit être regardé comme le dernier des manuscrits. C'est ce texte que la presse a reproduit dans les premières éditions, proprement dites, du *quinzième siècle.*

Voici, au surplus, l'énumération des ouvrages qui

ont servi à la première compilation française de nos
Chroniques, exécutée par le Ménestrel d'Alphonse,
frère de saint Louis. Nous nous garderons bien de
changer un seul mot à la déclaration génuine de cet
auteur :

« Et por ce que l'en ne me tiegne à mençongier de
ce que je dirai, ce que je dirai est estrais des Gestes
d'ices sains : Saint Remi, saint Lou, saint Vindecel
et de la vie saint Lambert qui ensi commence *Glo-
riosus vir, etc.;* et es croniques Hues de Florence, et
es Robert d'Ancuerre, et el livre Isidore qui est
nommé Ethymologie, et es croniques saint Pere le
Vif de Sens, et en le istoire des Lombards, et el livre
Guetin qui dit que il norri Carllemaigne, et en une
estoire que l'en appelle Thupin; et en un livre qui
parole des gestes des rois de France qui est à Saint-
Germain-des-Prés ; et el livre Nithart qui parole de
la discorde des fils Loeys le Py, et es croniques de
charité, et en l'estoire de Jérusalem, et en un livre
qui parole des œuvres Loeys le Py, et de son fils Philippe qui à ce tems regnoit. Je proi aussi à celi qui
voudra lire cest livres qu'il ne me tiegne à presump-
cieus de ce que j'ai ceste euvre entreprise... je li proi
que il regart et lise es pages qui sont autentiques que
j'en trai à tesmoignage, pour ce que il sache plus
certainement que je ne sui mie faisierres ne trovierres
de cest livre, ains en sui compilierres, et ne sui fors

que racontierres des paroles que li ancien et li sage
en ont dit (1). »

(*Edit. C. L.*)

---

(1) **Extrait** du préambule de la *chronique du Ménestrel*,
d'après **M. P. Paris.**

FIN DU VOLUME.

TABLE
DES MATIÈRES
CONTENUES DANS CE VOLUME.

SIXIÈME PARTIE.
SCIENCES, LETTRES, ARTS.

CHAPITRE PREMIER.
HISTOIRE LITTÉRAIRE.

§ II (Suite).

Pages

Dissertation sur l'état des sciences, de 1031 à 1314 (suite). Par LEBEUF. 1

Supplément, dans lequel on traite plus amplement de quelques auteurs et de quelques ouvrages des onzième, douzième et treizième siècles. Par *le même.* 85

Notice des différentes sectes de philosophes qui étaient à Paris au douzième siècle, tirée d'un ouvrage manuscrit de Godefroy de Saint-Victor, écrivain du même siècle, avec quelques fragmens poétiques du même temps, à l'occasion des épitaphes composées par Simon de Chevre-d'Or, chanoine de la même abbaye, qui vivait alors. Par *le même.* 94

Extrait du roman de Gautier de Metz, composé en l'an 1245, à l'article intitulé *Comment Clergie vint en Franche,* et ensuite sur *les sept Arts.* Par *le même.* 106

Aperçu de l'état des lettres, des sciences et des arts en France au quatorzième siècle. Par M. Adolphe de P***. 113

Recherches sur l'état des lettres, des arts et des sciences en France, sous les règnes de Charles VI et de Charles VII. Par l'abbé comte DE GUASCO. 139

Additions de l'Editeur. — Relation de la découverte du livre d'or et du voyage de Gallice, par Nicolas Flamel. 385

De l'astrologie qui avait cours sous Charles V, et des plus fameux astrologues de ce temps. Par LEBEUF. 397

Observations de l'Editeur sur les Chroniques de Saint-Denis, ou Grandes Chroniques de France. 409

Observations de l'Éditeur sur l'article précédent. 430

FIN DE LA TABLE.

www.ingramcontent.com/pod-product-compliance
Lightning Source LLC
Chambersburg PA
CBHW070549030726
47505CB00001B/221